경제사상의 이해

박 천 익

탑 북 스

책머리에

이 책은 경제사상을 현실적으로 이해하기 위한 개론서이다. 경제사상은 경제학의 학문적 성격을 볼 때 매우 중요한 분야이면서도 다소 소홀하게 대접받아 왔다. 그 이유는 경제학이 사회과학 중에서는 가장 과학적인 학문으로 체계화 되면서 상대적으로 이념적인 부문이 관심에서 멀어진 탓이기도 하고 경제사상은 과학적 탐구의 필요성이 약하기 때문이기도 하다.

일찍부터 경제학은 정치경제학으로서 규범과 실증의 문제를 동시에 취급해 왔다. 즉, 비전으로서 경제학과 도구로서의 경제학이 함께 다루어져 왔다는 말이다. 그러나 신고전파 경제학이 과학주의 문명사에 편승하고 경제학의 주류를 형성하면서 비전으로서의 경제학은 관심의 비중에서 낮아졌다. 특히 오늘날 시장자본주의가 가치(value)의 문제보다는 가격(price) 문제를 경제분석의 중심에다 놓음으로써 경제학의 연구영역은 과학적 실증연구 중심으로 일반화되었다.

그러나 경제학은 인간과 물질의 관계를 연구하는 학문이고 그 실증분석의 기초가 경제학적 개념과 사고에 뿌리를 두고 있다는 사실을 인식한다면 경제사상이나 철학은 경제학의 근원적 분야에 해당함을 부인할 수가 없다. 따라서 그 근원이 어떻게 형성되어 왔고 변모되었으며 또 어떻게 변해갈 것인지를 탐구하는 일이야 말로 경제학의 매우 중요한 분야임에 틀림없다.

저자는 그러한 생각에서 십 수 년 전 『경제철학과 사상』이라는 책을 쓴 적이 있다. 급하게 책을 쓰고 보니 책의 제목과 내용이 무언가 덜 조화되는 기분이 들어 그 글을 중심으로 "경제사상의 이해"로 제목을 고쳐 다시 정리하게 되었다. 처음 작업을 시작할 때에는 많은 부분을 새롭게 접근해보고자 했으나 저자의 나태와 시간이 이를 허락지 않아 이번에도 별다른 새로운 내용을 추가하지 못했다. 이 점 독자 여러분께 죄송하게 생각한다.

이 책의 내용은 16장으로 구성되어 있다. 제1장에서는 경제철학과 사상이 어떤 학문인지에 대하여 간략하게 언급하였다. 제2장에는 경제사상의 학문적 기초에 대하여 설명하였다. 그리고 제3장에서 제14장까지는 경제학 250년을 통하여 중심적인 역할을 해온 경제학자들의 경제사상의 형성배경과 그 주요이론들을 소개하였다. 제15장에는 한국경제학의 정체성 형성을 위해 고려 이후 한국의 경제사상을 요약 정리하였다. 마지막 제16장에서는 현대자본주의 위기의 문제를 주류경제학 중심으로 살펴보았다.

이 책이 논의하지 못하고 수용하지 못한 많은 부분을 다음 기회로 미룬다. 어려운 환경하에서도 흔쾌히 본 서의 출판을 허락해준 탑북스의 김광식 사장님께 감사드린다.

2014년 2월

범어동 寓居에서 글쓴이

차 례

제1장 경제사상은 어떻게 형성되는가?

제2장 경제사상의 기초

제3장 자본주의 경제학의 태동

제4장 아담스미스의 경제사상

제5장 맬더스와 인구 경제학

제6장 리카도와 자유무역경제사상

제7장 밀과 고전학파의 완성

제8장 역사학파와 민족주의 경제사상

제9장 칼마르크스와 사회주의 경제사상

第14장 공공선택의 경제사상

第15장 한국의 경제사상

第16장 현대경제학 그 위기의 실체

제 1 장

경제사상은 어떻게 형성되는가?

1. 경제학, 경제철학 그리고 경제사상

경제학을 매우 어려운 학문으로 이야기 한지는 오래 되었다. 경제학이 왜 어려운 학문인지를 따져보면 그 원인도 다양하다. 첫째는 경제현상이 복잡하기 때문에 그 현상 자체를 보통 사람들이 이해하기 어렵다는 시각도 있다. 둘째는 경제현상을 설명하는 이론적 도구, 즉 경제학자들이 만들어 놓은 경제학이라는 학문적 틀이 어렵기 때문이라는 지적도 있다. 둘 다 맞는 말이며 오늘날의 경제현상은 실로 많은 변수들과 관련되어 있고 현대경제학은 매우 까다로운 분석의 틀을 이용하고 있다.

경제현상을 설명하기 위하여 물리학, 수학 그리고 통계학의 정교한 분석의 틀을 이용하고 있는 경제학에는 이제 싸구려 식당의 단골 메뉴처럼 고등수학이 등장한다. 또한 설명의 단순화와 명료함을 위하여 경제학자들이 제시하는 추상적인 분석모형은 경제학자들에게 조차 흥미를 잃고 있다.

일상생활에서 끊임없이 부딪히고 있는 복잡한 경제문제-이를테면, 물가, 실업, 경제성장, 국제수지, 분배, 구조조정, 시장개혁 등의 과제들은 어느 하나도 간단한 분석의 틀로는 설명할 수 없을 만큼 복잡하게 얽혀 있다. 오늘날 경제학자들은 경제학의 허구와 추상과 무력함을 탄식하고 있다.

금세기 최고의 경제학자로 추앙 받는 Paul Samuelson 교수는 계량경제학이 과거는 평가할 수 있어도 미래는 예측할 수 없다는 자백을 한 바 있다. 사실 동일한 경제현상을 두고도 관점에 따라 판이하게 다른 설명모델들이 경제학설사의 지면을 꾸준히 채워왔음은 이미 잘 알려진 바이다. 일찍이 경제학은 '세상은 다스리고 백성을 구제하라' 경학으로의 평가를 받았다.

19세기의 위대한 경제학자 Alfred Marshall(1842~1924)은 경제학을 성직으로 발전시키기를 소망했다. 인류의 4대 성직 중 첫째를 꼽을 수 있는 학문은 의학이다. 의학이란 인간의 생명을 다루는 학문이다. 의학은 인류를 질병의 고통에서 구하고 삶의 궁극인 목숨을 구하며 수명을 연장시켜 준다. 그래서 서양 최초의 명의 히포크라테스의 '선서'를 읽는 독자들은 언제나 가슴 한 구석에 뭉클함을 느낀다.

둘째는 법학이다. 법학은 외견상 냉정한 조 같지만 그 본질은 따뜻함과 바름에 있다. 지구상의 생명체는 본성적으로 약육강식의 냉정한 생존경쟁의 법칙 속에 존재한다. 인간이라고 다를 바 없다. 강자는 자신의 이익을 위하여 남의 이익을 희생시키는 경우가 허다하다. 법학은 이러한 인간사회에 양심과 정의의 칼을 세워 세상을 공평하게 만든다. 법에 의하여 강자의 욕망을 절제하고 약자의 이익은 보호된다.

셋째는 신학이다. 신학은 인간의 선을 계발하는 학문이다. 인간은 무언가 자신보다 강하고 유능한 존재가 있다고 생각할 때 겸손하고 착해진다. 불완전하고 불안정한 인간의 주재자로서 신을 믿고 의지할 때 인간은 내면의 양심세계에 눈을 돌리게 된다. 인간을 성(聖)스럽게 만드는 신학은 분명히 성직에 속하는 학문이다.

마지막 네 번째는 경제학이다. 경제학은 인간의 생존을 연구하는 학문이다. 대학시절 명문 켐브리지의 수학과 장학생이었던 마샬은 경제학에 눈을 돌리게 된 동기는 자못 감동적이다. 그는 어느 날 우연히 영국의 빈민가를 지나게 되었다. 질병과 가난으로 찌든 창백한 17세 소년의 창 밖의 얼굴은 젊은 목사 희망생 마샬에게 엄청난 충격으로 다가왔다. 그는 가난을 연민했고 이를 해결하기 위하여 경제학에 입문했다. 인류에게 빈곤을 투영하고 행복을 실현하기 위한 경제학 역시 성직의 학문에 속한다고 말할 수 있다.

오늘날 경제학이 어떤 학문인지에 대해서는 수많은 정의가 내려지고 있다. 이제 기사도의 시대가 지나가고 끊임없는 계산주의자의 시대가 도래한 경제전쟁의 사회에서는 경제학에 대한 평가가 한층 더 어렵고 다양하다. 잘라 말한다면 경제학은 보다 잘살기 위한 학문이다. 경제학의 목적이 그와 같음에도 불구하고 경제현실을 그와 같은 경제학의 비전에는 너무도 멀리 떨어져 있는 느낌이 든다. 세상에 빈곤과 불평등은 여전하며 경제학자들은 눈앞에서 야기되는 사소한 경제문제에 대해서도 문외한이 알아듣도록 시원한 설명과 처방을 내리지 못한다. 오늘날 경제학자들에 대한 비난의 목소리는 높다. 밝은 계산주의자들은 경제학자들이 비용이나 이익을 정확하게 계산해 내지 못한다고 비난한다. 정반대로 박애주의자들은 경제학자들이 너무 계산적이라고 불평을 털어놓는다. 또한 정치가나 사회운동가들은 경제학자들은 꼭 계산의 틀 안에서만 움직이는 답답한 존재라고 공격한다.

경제학자들에 대한 이와 같은 불평이 있음에도 불구하고 경제학은 큰 줄기에서 보면 인류를 위해 지대한 공헌을 하였다고 자부할 수 있다. 경제학에 대한 비현실성을 끊임없이 매도하더라도 경제학의 비전에 살아 있는 한 경제학은 제 길을 찾아 갈 것이다.

경제철학은 경제학의 학문적 비전을 제시하는 학문이다. 경제현상을 바라보고 경제행위를 함에 있어서 기본적으로 경제학의 비전과 경제원리에 맞는 행위를 선택하게 하는 학문적 기초이다. 경제철학을 순수철학처럼 형이상학의 논리적 꼬리를 파헤치는 학문이 되어서는 안 된다. 경제학이 근원적으로 제시하는 학문적 비전에 맞추어 모든 경제행위와 경제현상을 바르게 판단하고 행동하게 하는 비교적 보편적 가치관을 바탕으로 한다.

경제현상에 대한 관찰자의 시각이 어떠하냐에 따라 경제철학이 곧 경제사상이 된다. 경제철학이 다양하듯이 경제사상 역시 다양하고 천차만별이다. 경제학자들의 경제사상은 물론 시대와 환경의 산물이기도 한다. 그가 자본주의 경제사상을 갖고 있느냐, 공산주의 경제사상을 갖고 있느냐 하는 문제는 스스로가 살아온 환경, 가치관 및 경제철학에 의존한다. 경제사상이란 곧 경제학의 세계관이다. 자유주의 경제학의 궁전을 지었던 아담 스미스는 자연적 질서의 원리를 신뢰했던 사람이다. 그는 신앙으로서 우주의 섭리와 자연의 조화를 믿으며 인간의 삶의 원리를 이기심의 보호와 개인의 자유의 보장에서 찾았다. 인간의 도덕적 이기심의 보장은 경제발전의 원동력이므로 국가는 특별한 이유가 없는 한 이를 보장해 주어야 한다. 사회구성원으로서 개인은 본성적으로 끊임없이 자신의 이익을 위해 노력하며 그 결과 가장 효율적인 경제수단이 동원되는 것이다. 경쟁력의 원인인 효율성은 개인의 이기심 보장의 산물이며 결과적으로 한 사회는 '보이지 않는 손'(Invisible hand)에 의하여 원래의 경제정책 입안자들이 의도했던 내용 이상의 결과를 얻을 수 있다는 것이다. 스미스에게 있어서 자유주의는 그의 사상의 바탕이었던 신앙적 사고에 근거했듯이 마르크스의 사회주의적 사고 역시 그를 지배해온 환경의 산물이다. 그는 타고난 언변, 뛰어난 분석력과 함께 지배자적인 과격성을 지니고 있었다. 평생을 빚에 쪼들리면서 뒷골목의 비참함을 경험했고, 고발정신이 강한 언론계에 발을 들여놓게 되었다. 그는 일생을 자본주의가 낳은 빈곤과 불평등과 싸우며 비참한 프로레탈리아에게 운동가적인 열정과 동정심을 지녔었다. 그의 눈에는 자본주의의 신비한 조화와 온정의 손길이 보이지 않았고, 연민과 격정 그리고 혁명의 깃발에 공명심을 가졌다.

비단 스미스와 마르크스뿐만 아니라 모든 경제학자들의 경제사상 역시 그들이 처한 환경과 사고를 결정하는 유인적 동기에 의하여 형성된다. 경제사상은 그 형성된 사상에 의하여 경제문제를 인식하게 되고 직면하는 과제를 해결하기 위한 이론적 체제를 만들어 낸다. 그러므로 경제이론은 경제사상의 산물이다.

2. 비전으로서의 경제학과 도구로서의 경제학

위대한 경제학자에게서 보듯이 경제학의 비전은 거룩하고 장대하다. 스미스의 국가와 민족의 번영을 위한 원대한 포부에서 마샬에게 이어지는 빈민구제의 소망에서 이르기까지 경제학은 인류구원의 학문으로서 비전을 갖고 있다. 오늘날은 국민 모두가 자신의 경제문제의 해결에 몰두해 있고 개인주의적 가치가 지배하기 때문에 경제학의 거추장스러운 비전이 퇴색되고 있는 느낌이 있다. 그러나 오늘날 경제문제의 중요성을 생각해 본다면 경제학의 비전을 과거에 비하여 결코 축소될 수 없는 것이고 또 축소되어서도 아니 된다.

경제학은 빈곤과 불평등을 추방하고 인류의 삶을 보다 풍요롭게 하기 위함이라는 그 본래의 목적에서 결코 한 걸음도 벗어나지는 아니하였다. 다만 경제학이 지금에 와서는 그러한 국가적, 전체적 측면만큼이나 개인적·개별적 문제를 중요시하고 있다는 점이 다르다. 그것은 경제학이 만들어 놓은 시대적 변화이기도 하지만 이것 때문에 오늘날의 경제학은 역으로 영향을 받고 있다. 경제학은 이제 생산과 소비라는 전통적인 문제에만 매달려 있는 것이 아니다. 삶의 환경변화와 함께 인간생활에서 발생하는 모든 문제가 경제학과 연관되어 있고 그 경제주체가 국가이든 개인이든 경제와 관련된 문제라면 모두가 경제학의 관심사이다. 인간개발을 위한 교육문제의 대부분이 경제문제이며, 국민의 안전을 위한 국방의 문제, 고통문제, 위생문제, 환경문제, 공공질서문제, 범죄문제, 사회개혁운동, 문화와 예술의 발전 및 종교의 문제가 경제문제와 무관하지 않은 문제임이 이미 오래 전부터 인정되어왔다.

경제문제는 한 인간의 생활과 관련되는 모든 행위와 관련을 맺고 있음은 물론 한 집단이나 단체의 발전과 유지에 관계되는 결정적인 문제이기도 하다. 축구협회의 관리, 예술협회의 유지 역시 경제문제와 무관할 수는 없다. 이렇게 본다면 모든 개인이나 집단의 욕구실현을 위한 선택의 행위는 대부분 경제문제와 관련이 있으며 그러므로 이들은 경제학의 과제이기도 하다.

비전으로서 경제학은 신념의 문제이며 가치의 문제이다. 예를 들어 부자의 소득을 이전시켜 가난한 자의 부를 높이는 소득이전 행위나 재분배의 문제는 경제적 정의의 관점에서 간단하게 다룰 수 없는 문제이다. 어떠한 정책과 어느 정도의 재분배가 가장 바람직한 정책이 되는지는 사람의 가치기준에 따라 다르다. 비전으로서 경제학이 빈자의 퇴치나 경제적인 풍요를 실현함에 있다고 해서 구체적인 해결의 방안에서까지 동일하지는 않기 때문이다. 일찍이 M. Weber는 경험과학에 있어서 가치판단의 문제를 배격하고자 하였다. 즉, 경제학자는 무엇이 좋고 무엇이 나쁜지, 어느 정도로 경제적 문제가 해결되는 것이 바람직스러운지를 판단할 수는 없다고 했다. 가치판단의 많은 문제는 윤리학이나 철학 또는 신학의 영역이라고 주창하였다. 물론 경제학자는 주관적인 가치판단의 문제를 왈가왈부해서는 안 된다. 그렇다고 경제학자가 완전한 몰가치적(沒價值的)인 입장에 설 수는 있는가? 그가 전능의 군주이든 완벽에 가까운 전문가이든 누구든 가치로부터 자유로운 자는 결코 없을 것이다. 그렇다고 비전으로서의 경제학이 아무렇게나 결코 옹호되어서는 안 된다. 경제현상에서 시시각각으로 일어나는 수많은 경제사상(經濟思想)은 시대마다 가변적인 실증적 자료를 만들어 낸다. 경제성장률, 분배적 불평등도, 저축률, 물가상승률, 이자율, 배당률 등 수많은 경제통계와 실증적 자료들은 각국의 경제상태를 진단하고 평가하는 기준들을 만들어 낸다. 다양한 객관적 지표들은 경제학자와 경제정책 입안자들에게 어떤 의미를 갖고 있는가? 경제학자가 실증적 데이터를 밝히는데 불과하다면 정책의 입안자는 어떤 사람이어야 하는가?

비전으로서의 경제학은 비전 자체의 틀을 어떻게 짜고 어떻게 발전시키는가 하는 것 외에도 그 비전을 어떻게 현실 속에 실현시키느냐의 고민도 함께 가진다. 경제학이 경제학 본래의 비전을 실현시키기 위해서는 결코 비전의 실현을 고민하지 않을 수 없다. 경제학이 현상의 학문이라면 경제학의 비전도 어느 정도까지는 구체화된 것이어야 하고 그것은 결국 시대적 가치의 영역을 넘어설 수가 없는 것이다.

도구로서의 경제학(Apratus)은 현대과학의 발달과 함께 많이 발달되었다. 물리학과 수학 그리고 통계학의 발달과 함께 도구로서 경제학도 자연과학의 방법을 원용하고 있다. 오늘날 경제학에 도입된 고등수학의 논리적 전개는 전문가들에게 조차도 난해하다는 얘기를 듣는다. 이제 컴퓨터의 발달로 인하여 계산상의 어려움과 모델빌딩의 거추장스러움이 어느 정도는 해결될 수 있다고 본다. 그러나 오늘날 과학경제학의 상징처럼 느껴지는 '계량경제학'(econometrics)이 미래를 예측하는 데는 너무나도 허약하다는 사뮤엘슨의 자백은 도구로서의 경제학의 한계성을 충분히 알려주고 있다고 본다.

3. 경제학의 본질과 인식의 틀

경제학은 인간과 물질의 관계를 연구하는 학문이다. 인간과 물질의 관계를 연구한다고 할 때는 오직 인간과 물질과의 관계만을 연구하는 학문이라는 말이 아니다. 인간과 물질의 관계는 물론, 인간과 인간, 물질과 물질의 관계 역시 경제학의 관심의 대상이다.

인간사회는 실로 복잡하다. 개인과 개인, 개인과 집단, 집단과 집단, 개인과 재화, 시장과 상품, 부자와 가난한 사람, 중소기업과 대기업, 후진국과 선진국, 채권국과 채무국 등의 수많은 관계가 존재하는 것이 인간사회이다.

경제학을 공부하는 것은 인간의 마음을 알아야 하고 소중한 것이 무엇인지도 알아야 한다. 인간을 단순하게 이익의 노예로 전락시키고 있는 현대경제학이 그 한계성을 드러냄은 당연한 것이다.

경제학을 연구하는데 있어서 무엇보다도 중요한 것은 인간의 본질을 잘 관찰하는 것이다. 결코 인간이 경제학을 위해서 존재하는 것이 아니고 경제학이 인간을 위해서 존재하기 때문이다.

인간은 어떤 존재인가? 인간을 작은 우주라고도 한다. 인간은 인간 밖의 모든 것에 대하여 완벽하게 알 수 없듯이 인간 자신에게도 결코 완벽한 지식을 가질 수는 없다. 그러나 인간은 이성적 가치를 지닌 고차원의 생명체이다. 물론 다른 동물들도 어느 정도의 사유의 능력을 갖고 있다. 그러나 인간과는 비교할 수 없을 정도로 인간의 영성은 높고 사유는 고차적이다. 다른 동물처럼 욕망과 이기심 본능과 지배욕들을 골고루 갖추고 있지만 도의와 양심은 그 어떤 동물과는 비교할 수 없을 정도로 탁월하다. 인간의 정의감, 인간의 용기, 인간의 분별력 등 인간의 정신세계는 지구상의 그 어떤 존재와도 비교할 수 없을 정도로 높고 고결하다.

인간을 단순한 경제적인 동물로 생각하고 경제이론을 정립하고 그것을 실천하려한다면 크나큰 실수를 하는 것이다. 인간은 이기적이지만 양심과 고결의 본능을 가진 존재이다. 현대경제학은 모형의 편의를 위해서 합리적인 인간을 가정한다. 물론 인간은 합리성을 추구하는 존재이다. 그러나 인간에게는 합리성이라는 개념 자체가 경제학이 규정하는 것처럼 그렇게 간단하지 않다. 인간의 감정은 매우 복잡하며 경제적 행위 자체도 구체적인 측면에서는 많은 요인에 영향을 받는다.

그러므로 경제학의 논리체계도 복잡할 수밖에 없다. 그러나 복잡한 것은 이해가 어렵고 행위의 인과관계를 분석하기가 힘들기 때문에 경제학자들은 단순화시키기를 좋아한다.

이를테면 수요의 법칙에서 등장하는 수요함수는 D=f(P)라는 함수식으로 표현되는 데 이는 '수요는 곧 가격의 함수'라는 뜻이다. 그 재화의 가격이 상승하면 수요는 감소하고 그 반대이면 수요는 증가한다는 수요와 가격의 함수관계를 표현한 등식이다.

인간의 경제행위가 오직 그 재화의 가격에만 의존한다면 이 원리는 현실에서도 굉장한 설명력을 갖고 있음은 물론이다. 경제학자들은 이 등식을 전개함에 있어서 흔히들 '다른 사정이 동일하다면'(ceteris paribus, other things being equal)이라는 가정을 전제로 한다. 경제학의 모든 이론이 거의 다 그렇다. 이러한 가정 속에서 도출한 결론은 경제학자들에 의하여 힘을 싫으며 현상을 설명한다는 정설로 변모한다.

여기서 우리는 몇 가지 사실을 주목할 필요가 있다. 그 첫째는 경제법칙의 정립의 문제이다. 경제원리 또는 경제법칙은 이해의 편의를 위하여 단순화되어야 함은 당연하다. 그러므로 이론을 모델빌딩하기 위해서는 무엇보다도 가장 설명력 있는 변수(요인)를 끄집어내어야 한다. 경제현상을 바라보는 시각은 변수를 도출함에 있어서 다양한 견해를 갖게 한다. 예를 들면 가격이 아닌 소득으로 관찰될 수도 있는 것이다. 고전학파 경제학자들은 가치의 본질이 무엇인지를 두고 논쟁을 벌렸다. 가치의 본질이 노동인지 토지인지에 따라 완전히 판이한 경제모델이 구축된다. 우선 경제학자라면 가장 설명력 있는 변수를 끌어내기 위하여 현상에 대한 정확한 분석과 인식이 있어야 한다.

둘째는 만들어진 모형(이론)을 근거로 하여 현실의 경제문제를 어떻게 해설하느냐 하는 문제이다. 소비자들의 수요는 가격 이외의 많은 요인 이를테면, 소득 다른 재의 가격, 취미(기호), 상대방의 소비, 광고(선전), 시장환경 등의 많은 변수에 영향을 받기도 한다. 경제학자에게 총명함을 요구하는 이유 중 이 부문이 가장 큰 것으로 생각된다. 단순한 이론으로 복잡한 현실을 관조하는 지혜는 경제학을 공부하는 사람들의 필수요건이다.

셋째는 모형의 정립에 있어서 기술적인 문제이다. 경제모형은 필요에 따라, 언어, 수식, 기호, 그림(도표) 등의 다양한 형태로 표현될 수 있다. 그러나 어떤 형태로 표현되든지 기본적으로 요구되는 사항은 모델의 정립을 남이 이해하기 쉽도록 한다는 것이다. 모델의 정립에 있어서 쓸데없는 현학성을 보여 많은 사람에게 오해와 혼돈을 야기시키지 않도록 주의해야 한다.

이와 같은 기본적인 조건이 요구되고 준수되었다고 하더라도 경제현상은 바라보는 인식의 틀은 다양할 수밖에 없다. 그 몇 이유는 사람마다 경제철학과 사상이 다르고 경제현상이 끊임없이 변하고 있기 때문이다. 개혁주의자들은 변화를 이 시대만의 특별한 과제인 것처럼 착각하지만 변화는 영원한 것이다.

경제학자들마다 경제현상과 시대의 과제들을 바라보는 눈은 달랐다. 하나의 제도가 지존의 틀로서 안정적 터전을 마련한다는 것은 물론 중요한 일이다. 그것은 적어도 한 사회의 이데올로기나 제도는 그 시대의 환경에 있어서는 모든 복합적인 요인을 고려해 볼 때 가장 설득력 있는 이념이며 제도였기 때문이다. 인류역사는 결코 하루아침에 이루어지는 것이 아니다 로마가 하루에 이루어지지 않았듯이(Rome was not built in a day) 역사는 언제나 시대인의 요구와 필요에 순응하기 때문이다.

아담 스미스의 인식의 틀은 절대왕정과 중상주의적 가치에 대한 도전이었다.

스미스에게는 한 나라의 富(Wealth)는 국왕(King)의 부가 아니였다. 국왕의 富는 곧 국가의 富는 국력이며 국민적 풍요로 이어지는 것이 아니였다. 왕권이 절대적이었던 중상주의 시대는 국왕은 부유하나 국민은 가난했다. 국왕의 권위와 부를 위해 국민의 희생이 미덕이라고 생각했던 사고는 꿀벌의 세계에서나 가능한 논리였다. 스미스는 신앙인이었기에 하나님의 피조물로서 평등한 인간, 그 인간의 존엄성, 그리고 사랑과 자유를 누릴 권리가 있는 한 인간으로서의 사회를 바라보았다. 어느 정도의 도덕성을 바탕으로 한 인간의 이기심과 자유는 한 국가의 발전을 위해서 반드시 필요한 요소였다. 그는 신이 창조한 조화론은 세계를 사랑이 가득한 눈으로 관찰할 수 있는 성정을 갖추었다. 그래서 스미스는 자유방임주의를 제창했다. 스미스의 경제학에 대한 인식의 틀은 자유주의였다. 한편 음울한 지성인 칼 마르크스에게 있어서 자본주의 사회는 차별과 착취가 판을 치는 세상이었다. 마르크스 자신이 일생을 빚더미 속에서 살며 자본주의 사회의 뒷골목에서 처절한 가난을 맛보아야 했던 그는 자본주의를 거부할 수밖에 없었다. 그에게 있어서 이상적인 인식의 틀은 다같이 평등하게 살기 위한 공산주의 모형이었다.

시대의 풍운아 케인즈에게 비췬 자본주의 사회는 혼돈의 연속이었다. 미국 인구의 25%에 달하는 실업으로 시장은 혼란스러웠고 거리를 배회하는 실업자와 범죄자의 무질서한 행동은 자유의 한계를 절감케 했다. 그에게 있어서 보다 살기 좋은 세계는 절제된 자유였다. 경제적 질서는 분명히 개별적인 관점과는 다른 전체적인 측면이 있었다. 한 사회의 실업, 물가 등은 개인의 문제를 넘어서는 과제였고 경제문제는 스승 마샬이 가르쳐준 바와 같이 '구성의 모순'(fallacy of composition)이 존재한다고 믿었다. 케인즈에게 있어서 인식의 틀은 '혼합경제'(mixed economy), 즉 자본주의와 사회주의의 조화였다.

케인즈의 '인식의 틀'은 당시의 경제상황에서는 혁명적이었다. 그의 모형은 대공항의 늪에 빠진 세계경제를 구했다. 경제학의 인식의 틀은 경제현상을 바라보는 눈이며 경제문제의 해결을 위한 경제철학과 사상의 근거이기도 하다. 그러므로 경제현상이 변하고 새로운 경제문제가 발생하면 인식의 틀도 새로워 져야한다.

4. 경제학자의 고뇌

케인즈의 얘기처럼 경제학자들은 그가 처해 있던 시대에서 어떤 행태로든 많은 영향을 미쳐왔고 또 미치고 있다. 과거보다 경제현상이 몇 갑절 더 복잡하고 경제변수가 수없이 증가된 지금 경제학자들은 세상사람들로부터 다양한 불만의 대상이 된다. 기업의 경영자들은 경제학자들이 비용과 수익을 정확하게 계산해내지 못한다고 불만을 털어놓는다. 정치가들은 경제학자들이 사회를 지나치게 기계주의적으로 만든다고 비난한다. 문학자나 도의과학을 공부하는 사람들은 경제학자들은 너무 꼼꼼하고 계산주의적인 사람들이라고 논평한다.

경제학자들에 대한 이와 같은 평가는 오늘날에 이르러서는 너무도 당연한 자연스러움으로 받아들여진다. 경제학이 세상의 경제문제를 해결하는 능력이 미약하고 미래를 예측하는 힘이 형편없다는 주장이 나온지도 이미 오래이다.

그러나 이와 같은 세상의 불평에 대하여 경제학자들은 억울함은 호소하기도 한다. 세상 사람들은 경제학에 대하여 너무나 큰 기대를 하고 있다는 것이다. 인간은 에덴동산을 떠난 지 이미 오래되었다. 아담과 이브가 선악과를 따먹은 이후로 인간은 영원히 낙원에서 추방되었다. 인간의 향수는 에덴동산을 꿈꾸지만 에덴동산은 결코 도달할 수 없는 피안에 존재하는 것이다. 구체적으로 다 얘기 할 수는 없어도 실로 인류사회는 너무도 많이 변했다. 인간의 욕망은 끝이 없고 지혜 역시 놀랄만하다. 더 좋은 자동차, 더 맛있는 먹거리, 더 좋은 쓸 것을 찾으면서 더 좋은 물과 공기를 원한다. 실컷 놀면서도 많은 것이 생산되기를 바라고 자신의 사랑은 로맨스 남의 사랑은 스캔들로 생각한다. 무한한 욕망과 이율배반의 가치가 혼재된 사회에서도 경제학자들은 명쾌한 비법을 찾아야 한다고 요구하고 있는 것이다.

경제학은 복잡한 사회를 실험실로 하고 있다. 오늘날 경제학자들은 경제학이 도의과학이기를 거부하고 있다. 욕망의 세상이 얼토당토 않는 짓을 하더라도 경제학자들은 그것을 시시비비하지 않으려고 한다.

경제학은 선택의 학문이다. 독자가 오늘 경제철학사상 강의를 듣던, 인터넷으로 홈트래이닝(컴퓨터 주식거래)을 하던, 그린야드에서 골프를 치러가든 그것은 독자의 자유이다. 경제학자들은 경제의 전망을 처방하기 위해 명약을 조제하려는 의사나 약사와도 같다. 수많은 약과 처방법을 제시하면서 어떤 약은 어떤 병에, 그리고 또 어떤 처방은 어떤 체질의 사람에게 적합한지를 알려주는 의사와도 같은 것이다.

그러나 경제학자에게도 뜨거운 심장이 있기 때문에 선의의 열정은 표출하려는 수도 있다. 캠브리지의 거장 알프레드 마샬과 같이 거룩한 열정을 언제나 잊지 않고 있다.

시대가 다양하고 복잡할수록 현상을 제대로 보기란 여간 어렵지 않다. 고도의 금융기법이 주식시장에 등장하고, 복잡한 게임의 원리가 국제금융시장에 끊임없이 출몰하는 한 세계자본주의 시대에 명쾌한 경제원리로 세상을 다스린다는 것은 진조(珍鳥)의 눈을 가진 천부의 경제학자에게조차 불가능한 꿈일 뿐이다.

그렇다고 경제학자들은 결코 실망하기나 포기하지 않는다. 지금까지 지구상에 경제학이 없는 시대를 생각해 보자. 지구촌은 과연 어떠했겠는가? 현대경제학의 복음이 전수되지 않는 아프리카 오지(奧地)의 삶은 보는 이로 하여금 처참함을 느끼게 한다. 동물적인 생활수준에 근접하는 세계 6대 빈국(모잠빅, 탄자니아, 방글라데시, 소말리아, 에디오피아, 북한)의 삶은 경제학의 위력이 얼마만큼 큰 것인지를 보여주고 있다.

경제학자는 정도의 차이는 있겠지만 자나 깨나 잘살기를 꿈꾸는 사람들이다. 세상은 경제학자의 숫자만큼 잘산다는 말도 있다. 우리나라보다 다섯 배를 잘산다는 미국에는 우리나라 경제학자 수의 다섯 배 이상의 경제학자가 있고 다른 선진국들의 경우도 마찬가지이다.

제 2 장
경제사상의 기초

1. 경제사상의 출발

경제학은 경제현상을 연구하는 학문이고 경제현상이란 곧 인간과 물질의 관계에서 나타나는 경제질서의 모습이다. 경제문제는 경제주체인 人間과 경제객체인 재화 및 용역의 관계에서 발생한다. 경제문제를 해결해나가는 경제행위나 경제문제가 해결되어 가는 경제현상의 주체는 말할 것도 없이 인간이다.

인간생활에 있어서 경제문제가 존재한다는 것은 곧 생존과 행복을 추구하고자하는 인간의 욕구와 행위가 존재하기 때문이다. 인간이 삶을 영위해 나가기 위해 반드시 필요한 경제행위는 당연히 합리성, 능률성 또는 과학성의 과제와 연관되어 있는데 이 경제행위의 근원이 되는 사고체계가 곧 경제철학이 경제사상이다.

인간은 삶을 영위함에 있어서 가능한 한 보다 풍요하고, 보다 나은 삶의 양태를 추구하게 되는데 이러한 목적을 실현하기 위해서는 특정의 경제행위를 관장하거나 경제현상을 관조하는 일반적인 가치체계를 갖기 마련이다. 다 같은 경제행위라도 어떤 측면을 중요하게 생각하고 행동하느냐에 따라서 다양한 경제행위의 결과가 나타난다. 경제철학이나 경제사상은 곧 경제문제에 대한 경제행위자의 기초적 인식의 틀이라고 볼 수 있다.

이러한 인식의 틀은 인간본성의 문제와 관련되어 있다. 동서고금의 수많은 철학자, 종교가, 사상가들이 저마다 갈파해 놓은 인간본성에 대한 천명들은 물론 다양하기 이를 데 없다. 기독교적 가치관에서는 초월적인 신의 존재에서부터 인간의 사유를 출발시키고 있으며, 불교는 우주적 순환과 불변적 존재의 틀에 뿌리를 두고 있다. 인간의 육신적 삶에 대한 근원적 규명을 회피하고 있는 유교나 동양사상은 대부분 '天理' 또는 '本性', '天性'의 인식론에서 인간본성의 근원을 찾고 있다. 인간본성에 대한 형이상학적인 사유를 깊이 있게 논의한다는 것은 경제철학의 본 주제를 넘어서는 복잡한 문제이지만 그러한 근원적 논의를 제쳐 두고서도 우리는 경제철학이나 사상의 문제를 얼마든지 경제학 영역 속에서 찾아야 할 보다 현실적인 당위성을 우리는 쉽게 알 수 있다.

그것은 다름 아닌 삶의 수단으로서 경제행위를 어떠한 가치기준(價值基準)에 근거해서 해야하며 실존하는 경제현상을 어떠한 가치체계 위에서 관조해야 하느냐 하는 문제를 해결하기 위해서이다.

그렇게 본다면 경제철학 및 경제사상은 경제윤리 경제정의의 문제와도 깊은 관련성을 갖고 있음을 부인할 수 없다. 경제철학이나 경제사상은 경제현상을 관조하는 종합적인 가치체계이므로 경제윤리의 문제나 경제정의에 관한 규범적인 문제를 필연적으로 포함하고 있기 때문이다.

2. 경제철학의 의의

경제철학은 당연히 경제현상에 대한 연구를 위한 인식의 틀을 수립하기 위한 근원적인 부문이다. 그런 시각에서 본다면 경제철학은 경제과학(경제현상을 과학적 기초 위에서 분석하는 분야)과도 엄연히 다르다. 경제철학은 어떤 것이든 대부분 주관성을 띄고 있다. 경제과학은 일반적으로 경제현상에 존재하는 객관적인 법칙성을 찾아냄으로써 과학적인 실증성을 밝히는데 있다. 그러나 경제철학은 다분히 주관적인 인식, 즉 가치관의 문제와 관련되어 있다.

따라서 경제철학은 경제윤리, 경제정의, 경제사상과 같은 다분히 주관적인 기초 위에서 출발한다. 인간의 인식의 틀은 우선 감성적 직관으로부터 시작하고 그 다음으로 분석적 틀에 연결되어진다. 그렇기 때문에 경제철학은 바로 경제학과 같은 경험과학 또는 실증과학이 다루기 어려운 속성을 갖고 있다. 그러한 이유로 경제철학은 경제학의 분과 중에서도 매우 중요한 기초적 분야이면서도 과학지향주의적인 주류경제학이 아직까지도 이렇다할 연구의 방향을 잡지 못하고 있는 것이다.

그러나 경제철학은 사실상 모든 경제현상을 가늠하고 규제하는 본질적인 분야이기 때문에 어떤 시대, 어떤 환경에서도 반드시 고려되어야 할 중요분야이다.

경제현상 속에서 다양하게 제기되는 수많은 경제문제들은 어떻게 이해하고 어떻게 해결해야 하는가라는 과제를 풀기 위한 가장 본질적인 부분인 것이다. 경제학 논쟁 가운데 대부분의 과제는 기본적으로 경제철학의 차이에서부터 출발한다. 경제현상에 대한 인식의 차이는 경제문제의 해결방법에 대한 차이를 가져오고 그것은 결국 이론의 차이를 낳게 된다.

경제철학이 안고 있는 수많은 과제들을 압축하여 처리한다면 결과적으로 경제철학은 인류의 행복, 최선의 선택, 최대다수의 최대만족 등의 일반적 과제와 연관하게 된다.

3. 경제철학의 학문적 틀

경제철학은 어떻게 접근하고 학문적 분석의 틀을 수립할 것이냐 하는 문제는 매우 광범위하고 까다로운 주제이다. 그것은 우선 엄청난 과제와 연결되어 있고 그러한 각 과제들마다 다양한 분석의 틀이 존재할 수 있기 때문이다.

많은 복잡한 사실들을 제쳐두고 우선 본질적인 시각에서 접근한다면 무엇보다도 필요한 선결과제는 인간의 도의 철학의 문제이다. 인간은 어떤 존재이며 어떻게 살아야 가장 사람답게 사느냐 하는 인간본질의 문제를 제대로 정립한 후 거기에서 파생되는 인간과 물질, 즉 인간과 재화의 관계를 정립하는 것이 필요하다. 따라서 경제철학을 이해하는 바탕에는 우선 인간에 대한 바른 인식이 필요하다. 인간에 대한 인식의 문제에서는 인간성, 인간다움, 바람직한 삶, 올바른 경제생활 등의 도덕적·윤리적·철학적 과제에 접하여 나름대로 합리적이고 체계적인 가치체계를 수립해 두어야 한다. 이는 인간의 본성, 인간의 이상, 삶의 가치 등등에 대한 근원적인 분석을 어느 정도로 필요로 한다.

일찍이 수많은 현자들이 이 문제에 대하여 나름대로 그럴듯한 분석을 하였다. 그러한 수많은 분석과 통합의 결과를 경제학이라는 실용학문 속에서 압축적으로 정리한다면 합리적이고 바람직한 인간상으로 표현할 수가 있다.

인간에게는 생존의 본능과 이를 충족하기 위한 무한한 욕망이 존재하며 또한 다른 어떤 동물보다도 고상하고 탁월한 영적 가치를 추구하는 속성이 있다.

인간의 본성과 경제적 행위가 이상적 세계의 실현을 위해 합리적이면서도 도덕적이고 또한 윤리적이며 종교적인 차원에 이르기까지 종합적으로 조화되는 인간의 모형을 추구하는 것이 경제철학의 전체적인 분석의 대상이요, 이론적 틀의 내용에 포함된다고 볼 수 있다.

따라서 경제철학이 학문적으로 체계화되기 위해서는 우선 필요한 분석의 영역은 첫째, 인간과 물질에 관한 바람직한 인식의 틀의 정립이다. 학문이란 곧 바람직하고 합리적인 사고가 바탕이 된 체계적인 지식의 구조이다. 경제현상에 관한 객체적 관찰자로서 보다 더 경제현상 속에서 그 현상을 주도해 가는 경제주체로서 인간과 물질에 관한 바람직한 가치체계를 수립하는 일은 경제철학의 중요한 과제 중의 하나이다. 그러나 경제철학은 순수철학이나 종교학·윤리학 등과 같이 형이상학적인 논리성 그 자체에만 매달리지는 않는다. 많은 경제적 사실들을 경제적 욕구충족의 수준을 넘어 이상적인 복지사회의 실현을 꿈꾸는 현실적 가치와 적절히 조화되어야 한다.

둘째는 경제적 과제를 바르게 해결할 수 있는 방법론의 문제이다. 경제적 과제를 해결하기 위해서는 무수한 방법들이 존재한다. 그러한 방법들이 과연 얼마만큼 실천가능하며 또한 바람직한 방법인지에 대하여 윤리적·과학적으로 검증하고 선택할 수 있는 이론적 체계를 찾는 것이다.

셋째는 각종의 경제모형을 구체적으로 이해하는 것이다. 경제문제를 해결하기 위해서는 과학적 분석과 추론이 포함된 많은 모델들이 이용된다. 이를테면 시장모형, 가격모형, 균형이론, 게임이론, 소득결정모형 등등의 수많은 모형들이 경제현상을 설명하고 이해하기 위하여 동원된다. 이러한 모형들에 대하여 올바른 평가와 비교우위를 설명하고 모델의 현실성을 검증해나가기 위한 가치론적 분석이 필요하다.

넷째는 경제관념과 경제현실의 동태적 이해이다. 원리적이나 현실성에서 정체적이기 쉽다. 경제현실은 시장원리나 경제 자체의 조정력에 의해서 동태적으로 변모한다. 이 둘의 관계는 모순적이고 상충적인 관계를 갖기가 쉽다. 관념의 중심적 사고는 현실과 미래적 가치 또는 구체적인 비전과 이익에 의하여 조정되고 변화되어야 한다. 물론 원론적인 공동이익의 실현이라는 본질적 가치에서는 설사 변함이 없다고 하더라도 구체적인 가치의 실현에서는 현실적 이익을 수용하여야 한다.

따라서 경제철학의 학문적 체계를 어떻게 수립할 것인가에 관해서도 다양한 의견이 존재할 수 있다. 구체적으로 거론될 수 있는 내용들을 요약하여 정리해보면 다음과 같다.

첫째, 경제현상에 대한 형이상학 증 정성적 분석이다.

경제문제도 물질적 가치와 문화적 가치, 문화적 과제와 자연적 과제, 정신적 가치와 물질적 가치 등의 대립되는 과제와 항상 부딪히게 된다. 경제의 문제는 물질의 문제라고 규정하고 있지만 완전하게 정신의 문제에서부터 벗어날 수 없는 속성을 갖고 있다. 결국 경제 문제의 상당한 부분이 개인의 효용, 만족도, 복지(행복) 등의 주관적 문제와 관련되어 있기 때문이다.

둘째, 성장과 형평 및 경제정의의 문제이다.

경제의 주요 변수로 등장하는 상반된 가치에 대하여 과연 경제분석가들이 어떠한 입장에 서 있느냐 하는 문제이다. 경제성장과 형평한 분배, 즉 경제적 효율성과 분배적 정의를 어떻게 조화시키느냐 하는 문제이다. 오늘날 경제학자들은 근원적인 가치분석이 없이 실증적 분석의 결과를 놓고 막연한 상대평가를 하고 있다. 선진국에 비하여 성장률이 얼마이기 때문에 또 분배의 불평등도가 어떠하다라는 식의 비교분석을 한다. 그러나 과연 그것이 얼마만큼이 정의적 기준을 갖고 있느냐는 별도의 문제이다.

셋째, 경제인식의 틀이 개인주의적인가 공동체주의적인가 하는 문제이다.

자본주의적 시각을 가진 분석자는 개인주의적 시각에 무게를 둘 것이다. 그러나 그가 만약 사회주의적 시각에 중점을 둔다면 그는 공동체 가치에 상대적으로 높은 점수를 줄 수가 있다.

넷째, 경제윤리에 대한 인식이다.

경제철학은 경제윤리의 문제라고 할 정도로 경제윤리의 틀이 어떠하냐에 따라 경제분석의 결과와 해석은 달라진다. 경제윤리의 일반적인 바탕 역시 공동사회에서의 조직집단의 번영과 행복이라는 가치와 연관지어지는데 궁극적인 가치는 결국최대다수의 최대행복의 규범이다.

4. 경제학과 경제철학 및 경제사상

앞에서 언급했듯이 경제학의 뿌리는 철학과 사상 그리고 정치학이나 법학이다. 고대 그리스 철학자들도 그들의 사상의 내면에는 경제적인 문제의 해결과 관련된 부분이 많았었다. 그리고 초기의 철학자들은 오히려 현대의 철학자들보다도 훨씬 더 경제학에 대하여 더 많은 관심을 갖고 있었다.

그리스 철학자 플라톤은 富를 삶의 필수조건으로 보기도 했고 사치스러운 것으로 보기도 하였다. 그는 인간이란 꼭 생활에 필요한 부에 대하여 만족하며 살아야 한다고 생각했다. 아리스토텔레스 역시 물질관에 대하여 비교적 합리적인 생각을 하고 있었다. 그는 人間이 자신의 능력을 발휘하면서 올바르게 살기 위해서는 물질적 편리와 공정한 기회가 주어져야 한다고 주장했다. (p. 295 참조. 박우희, 경제철학)

스토아학파나 에피큐로스학파는 인간이 살아가는데 필요한 외적 조건으로서 독립성의 개념을 생각했다. 독립성이란 인간이 정치적으로 말할 것도 없고 기타의 외적 조건에 구애받지 않고 독자적으로 살아가기 위한 조건을 의미한다.

기독교 사상도 이러한 사고체계와 유사한데서 출발했다고 보여진다. 인간이 외적 환경인 세속으로부터 독립하여 굳건히 살아 갈 수 있는 사상체계로서 기독교는 강력한 구원의 세계를 그렸다. 인간을 오직 무형적 존재인 신과의 관계에 의해서 독립적으로 살아 갈 수 있는 존재로서 의미를 갖고 있다고 본 것이다.

동양의 불교사상이나 노장사상 역시 이러한 독립적인 존재로서 인간의 존재의 의미를 부여한 사고체계이다. 오늘날 서구 자본주의 사상의 기초가 될 개인주의 철학은 '스토아학파'나 '에피큐로스학파'에 의하여 세워졌다. 그들은 개인주의의 출발을 욕망의 억제를 통해서 실현가능하다고 보았다. 스토아학파는 개인들이 금욕에 의해서 국가나 세속적인 틀에서 보다 더 강한 독립성을 유지해 나갈 수 있다고 보았다. 개인을 자연 속에서 얼마든지 독립적인 존재로서의 살아갈 수 있다는 것이었다. 외부의 세계에서부터 구속되지 않고 인간이 독립적으로 살아갈 수 있다고 보는 것은 인간의 개인행위의 자율성의 의미를 높게 평가함을 뜻한다.

개인으로서 독립성이 보장되는 인간으로서 사회생활은 협력과 경쟁이라는 새로운 가치를 창출해 낼 수가 있다. 르네상스 이전 중세 암흑기에 신에 의한 인간의 구속적 가치에서부터 해방될 수 있었다는 것은 사상적으로 보면 계몽주의 가치를 얘기할 수 있지만 인간의 본성에 대한 재발견의 의미를 지닌다.

인간은 스스로의 의지에 의하여 살아갈 수 있고 그것은 곧 경제적 자유에 대한 신뢰이기도 하다. 자본주의 경제사상의 근원은 곧 인간 본성의 예찬으로부터 출발했다고 볼 수 있다. A・Smith에게 있어서 '도덕적 이기심'은 곧 왕권신수설적인 시대가치에 대한 혁명적 도전이며, 기독교적 이타주의에 대한 반역이라고도 볼 수가 있다.

그렇다면 경제학이 크게 보아 경세치용(經世致用) 또는 경세제민(經世濟民)의 학문에 그 목적을 두고 있던 작게 보아 한 인간 또는 한 경제주체의 보다 합리적이고 효율적인 경제적인 삶을 보장하기 위함에 그 목적을 두던 경제철학과 경제사상이란 경제학과 불가분의 관계에 있음은 분명한 것이다. 한 개인이 어떠한 경제생활을 하느냐 하는 문제는 기본적으로 그 사람의 경제철학 또는 경제사상이 어떠하냐와 깊은 관련을 맺고 있다. 경제철학과 경제사상은 경제윤리와 경제정의의 형성에도 역시 밀접한 관계가 있다. 그것은 또한 한 사회의 사고체계와도 관련을 맺고 있다.

역사적으로 살펴보면 경제학적 사고의 틀이 어떻게 짜여 있느냐에 따라 한 국가의 국부와 국력 및 흥망성쇠가 달려 있었다. 강한 나라일수록 보다 효율적이고 능률적인 경제적 인식의 틀이 짜여 있었다. 발달된 문명국가일수록 경제철학과 경제사상은 체계화되어 있고 견고한 틀을 갖추고 있어 왔다.

제 3 장

자본주의 경제학의 태도

1. 자본주의의 시작

인간은 시대를 초월하여 삶의 문제를 두고 고민하여 왔다. 어떻게 사는 것이 보다 편리하고 보람있는 삶인지를 은연중에 모색하며 살아왔다. 물론 지구상의 모든 사람이 이 문제에 대하여 머리를 맞대고 어떻게 살 것인지를 함께 고민해 왔다는 말은 아니다. 시대의 지도자적 지식인일수록 상대적으로 보다 많은(양적, 질적) 고민을 해왔다고 일반적으로 얘기할 수 있다. 그러한 고민의 일부가 곧 지식이라는 이론적 체계로 나타났다. 다양한 지식은 그 나름 데로 많은 것을 밝혀 나가고 있다. 사람은 어떻게 사는 것이며, 어떻게 살아왔으며, 또 어떻게 살아야 하는지를 둘러싼 많은 정보들이 바로 그것이다.

인간의 이데올로기나 신념, 제도 등도 마찬가지이나 그것은 어떤 형태이든 한 사고(思考)의 결집(結集)이다. 인간이 보다 인간답게 고차적이며 보람있고 행복하게 살 수 있는 방책의 하나로서 이데올로기나 제도는 의의를 갖고 있다.

고대원시사회의 삶이란 역사가 밝히고 있듯이 현대생활에 비하여 단순하고 불편했다. 경제적으로 보면 효율성이 낮았으며 구조적으로 단순했다. 인간은 자연과 인간도전에 적절히 순응·극복하면서 끊임없이 보다 나은 삶을 추구해 왔다. 그러한 가운데 원시적인 삶이 차츰 진보하고 국가나 조직체계는 변모되었다. 사유재산제도가 정립되어 가고 지배계급과 그렇기 못한 계층 사이에 차별이 나타났으며 국가의 조직체계는 강화되고 질서가 자리를 잡아갔다.

왕권이 크게 강화되던 봉건사회나 절대왕정국가에서는 개인의 富보다는 국가 또는 국왕의 富가 존중되던 시기였다. 그 시대는 빈발하는 전쟁과 동원된 국가의 힘이 필요하던 시기에는 비축된 국력으로서 국왕은 항시 이를 준비하고 있어야 했다. 이러한 시대에는 현명하지 못한 다수의 국민에게 흩어진 국력보다는 국왕을 중심으로 뭉쳐진 힘이 더 효율적일 수도 있다.

그러나 어느 시대이든 세월은 인간의 본래의 마음을 변화시킨다. 귀족은 나태하고 사치하며 국왕은 과도한 왕권을 휘두르게 마련이다. 국왕의 권력이나 부나 재산이 국민의 것과는 구별되는 사회에서 국가의 발전을 국왕의 풍요와 등식화하는 사고란 잘못된 것이다.

자본주의 경제사상의 출발은 여기에 있다. 국왕이나 귀족이 자신의 부와 영화를 위해서 국민의 부를 구속하는 상황에서는 국가의 발전을 기대하기 어렵다는 자유주의적 사고의 등장이 자본주의의 사고의 뿌리가 된다. 엄밀하게 얘기한다면 경제학자들 사이에서 자본주의가 무엇이며 어떤 제도인가 하는 질문에서 동일한 답을 구하기란 불가능하다고 볼 수도 있다. 자본주의 경제학의 창시자인 아담 스미스는 자본주의라는 표현을 쓰지 않았다.

쉽게 얘기한다면 자본주의란 자본이 역사 발전의 중심이 되는 사회이다. 초기 중상주의 시대에는 대부분의 생산이 아직 생산수단을 소유하고 통제하는 노동자들에 의하여 이루어졌다. 자본가들은 대부분 상인이었고 그들의 자본은 주로 화폐 또는 판매될 재화의 재고로 이루어졌다. 축적된 자본이 한 사회의 중심으로 기능하기 까지는 자본축적의 원천인 이익(잉여)을 어떻게 나누어 가지느냐가 중요한 관심거리가 아닐 수 없었다. 봉건맹주들은 생산을 통제하며 잉여를 착취했고 상인들은 거래를 통해 이윤을 남기고 있었다. 즉, 생산과정을 통해서 얻어지는 이윤은 봉건영주가 갖고 감에 거래활동을 통해서 얻어지는 이윤은 상인이 갖게 되었다. 상인과 영주의 교환으로 이윤은 서로 나누어 가지게 되었다. 여기에서 이윤의 원천이 무엇인지에 대한 새로운 인식이 싹텄다. 상인들은 이윤의 원천을 생산 그 자체가 아닌 교환으로 보았다. 중상주의적 배경하에서 상인자본의 위력은 막강했다. 그들의 축적된 자본은 재화를 사들이고 수송하며 여기서 판매수단은 소유했다. 그 당시의 산업자본은 아직 미천했으며 상인자본은 광범했고 거대화되어 왔다. 이와 같은 생산 자본화 및 상인자본을 중심으로 한 자본주의의 발달은 생산과정이나 상업조직 등에 커다란 영향을 미쳤다.

국가사회의 역할구도에서 16세기와 17세기에 관심의 대상은 여전히 국가권력을 어떻게 강화시키느냐 하는 문제였다. 중세의 봉건영주의 세력을 물리치고 강건한 민족국가를 만들고 싶은 것이 국왕, 즉 국가통치자의 꿈이었다. 군주는 귀족과 싸워 정치권력을 증대하였고 국가경제를 건설하였다.

이 투쟁에서 군주는 자연스런 동맹자를 만났다. 그것은 소읍과 도시의 상인계급이었다. 상인들은 상업에 대한 지역적 장애가 철폐된 통일 경제하에서 거래를 통해 이익을 향유할 수 있었다. 그래서 그들은 귀족을 복종시키는데 필요한 군주의 군대를 지원해 주었다. 이외에도 소지주, 법률전문가 등의 대영주에 저항하는 세력들은 모두 국왕의 편에 서게 되었다. 이리하여 국왕, 상인, 소지주계급, 전문직업인 등은 모두 정치적 경제적으로 뭉쳐서 강력한 군사력을 지닌 중상국가를 만들었다. 이를 뒷받침하는 이론은 중상주의(mercantilism)였다.

무역으로 급격하게 부와 국력이 증가된 영국은 경제성장을 자극하기 위해 통화공급을 확대시켰다. 시장이 제한되어 있었고 구매력이 충분치 못했던 당시에서는 경제성장에 대한 장애중의 하나가 바로 현금과 신용의 부족이었다. 그러므로 화폐정책이 중상주의자들의 중요 관심사가 된 것은 당연한 현상이었다. 영국의 중상주의자들은 세계가 거미줄처럼 상호 연관성이 있다는 사실을 일치감치 알고 있었다 그들은 날카로운 분석과 생생한 경험에 의해 만약 국내의 통화공급과 구매력이 판매 가능한 재화의 공급보다 더 급격히 확대된다면 국내가격이 상승하고 수입은 증대하여 수출은 감소된다는 사실을 알았다. 수출감소와 수입증가는 무역역조(Unfavorable balance of trade)를 초래하여 이를 보상하기 위해서는 금·은이 수출될 것이며 그 결과 통화공급은 감소하고 국내경제는 쇠약해진다고 생각했다. 그래서 중상주의자에게 수출초과의 신앙이 있었다. 물론 중상주의라고 해서 나라마다 사정이 다 같은 것은 아니었다. 그러나 중상주의자들은 무역과 상업이 고취되지 않는 한 국가의 부는 형성되기 어렵다고 생각했다. 따라서 그들에게서 富의 원천은 곧 '상업'(Commerce)이었다.

2. 중상주의에 대한 반대

18세기 중엽에 이르러 중상주의 사상은 성장하고 있는 일부의 시장경제의 이익집단의 경제적 이해관계에서 다소 어긋나기 시작했다. 중상주의 정책은 대상인(大商人)과 대자본가(大資本家)에게는 썩 좋은 것이었다. 국력이라는 기본목표는 통치자를 만족시켰으며 정부관리와 군신들은 정부의 경제적 특혜로 상당한 이익을 누릴 수가 있었다. 그러나 농공업종사자나 일반국민에게는 상대적으로 크게 이익을 두지 못했다. 소기업가들은 대자본가에게 특혜가 되고 있는 독점, 국왕을 중심으로 한 부와 권력의 집중이 상당히 불만족스러웠다. 그들은 개인적인 이익과는 동떨어진 국가권력을 유지하기 위해 부과되는 세금제도에 대해 분개했다.

프랑스에서는 온갖 종류의 세금과 통행세가 있었으며 수입과 수출에 대한 규제는 엄격했다. 그런데 귀족들은 세금이 면제된 반면, 소농과 독립자영업자에게는 엄청난 세금이 부과되었다. 게다가 정부는 부패하고 비능률적이었다. 그리하여 많은 사람들은 중상주의적 환상에 대해 실망감을 느끼게 되었다.

프랑스의 대표적인 반중상주의(反重商主義者)는 케네(Francis Quesnay, 1694~1774)였다. 그는 루이 15세의 궁정의사였으며 스스로는 중농주의자(重農主義者, Physiocrats)로 불렀다. 케네는 부의 근원이 상공업과 무역에 있다는 중상주의적 사고에 동조하지 않았다. 그는 자연의 생명력에 의해 농업만이 투하된 노력 이상의 잉여가치를 얻을 수 있다고 보았다. 그는 1758년 유명한 「경제표」(Economic

Table)를 만들었다. 그는 얄팍한 이 책의 지면을 통해서 농업에서 생산된 잉여가 사회 각 구성원에게 어떻게 순환되는지를 설명했다. 그는 이 분석에서 두 개의 정책적 결론을 얻었다.

첫째, 무역과 산업에 대한 규제는 경제를 활기 있게 해주는 소득과 상품의 흐름을 방해함으로써 경제발전을 저해한다.

둘째, 모든 세금은 지주가 납부하여야 한다. 지주는 농부와는 다르며 그들은 생산적이지 못하고 사치스런 생산방식으로 소득의 흐름을 왜곡하기 때문이다.

케네는 의사로서 인체의 혈액순환에 감동받아 경제원리는 생물학적 순환과 같은 것으로 이해하였다. 그는 모든 부는 결국 생명의 창조과정과 같은 것으로 믿었다. 자연법의 우월성을 믿었던 그는 경제적 자유가 참된 부를 창조한다고 생각했다. 중농주의자들은 궁극적으로 부는 토지로부터 나온다는 기본적인 경제철학에 동조하고 있었다. 제조업은 자연으로부터 나온 부를 형태만 바꾸었을 뿐이며, 상업은 그 위치와 소유만 바꿀 수 있다고 생각했다.

3. 자유주의 경제학의 대두

중농학파의 사상을 뿌리로 한 자유주의 철학은 17세기와 18세기를 거쳐 19세기 경제사상의 주류가 되었다.

18세기 후반 아담 스미스에 의해 체계화되기 이전까지의 경제적 자유들의 사상가들은 우선 국제무역에 대한 제재를 반대했었다. 그들은 관세, 독점, 제약 등 각종 경제적 규제를 철폐하기 위해 싸웠다.

영국 최초의 경제적 자유자는 더들리 노스(Dudlley North, 1641~1691)였다. 그는 부유한 상인이며 지주였고 또한 영국재무성의 관리였다. 그는 일명으로 출간한 「무역에 대한 이야기들」(*Discourses Upon Trade*)에서 강력하게 자유무역을 옹호하였다. 그는 수출 초과가 바람직하다는 중상주의 사상을 공박했다. 사람들이 무역을 하는 것은 특화, 분업, 배의 증대를 촉진함으로써 거래 쌍방이 모두 유리하기 때문이라고 주장했다. 제약은 무역을 감소시키고 억제함으로써 이익을 저해하며 실질적인 부를 감소시킨다고 보았다.

노스의 주장은 철학자이며 역사학자였던 데이버스 흄(David Hume, 1711~1776)의 지지를 받았다. 흄은 1752년 자동적 운행과정이 무역에서 수출의 초과를 없어지게 한다고 했다. 즉, 수출이 증가하면 金·銀이 많아지고 많아진 金·銀은 수입을 증가시키며, 화폐공급의 증가와 물가상승을 초래하여 다시 수출과 수입이 균형을 이루게 된다는 것이다. 따라서 중상주의 정책이 계속적으로 수출초과와 金·銀의 대량적 유지를 보장하지 못한다고 보았다.

중상주의 정책에 대한 이와 같은 곤란이 지속되고 있을 때 전통적인 인기를 가진 버나드 맨더빌(Bernard de Mandeville, 1670~1773)의 「꿀벌들의 우화」(*The fable of bees*)가 출간되었다. 이 책의 주제는 문명의 진보가 善의 결과가 아니고 惡의 결과라는 것이었다. 진보는 열심히 일하고 절약하는 자연스런 성향이나 자애심에서 나는 것이 아니라 개인의 이기적인 사욕, 즉 안락과 사회적 사치와 쾌락에 대한 욕망에서 나온 것이라고 했다.

이기심이라는 악은 인간으로 하여금 자신들의 목표를 극대화하도록 재촉하였고 이에 따라 國富는 증가한다는 것이다.

"... 악은 정교한 재능을 키우고,
시간과 근면과 어울러져,
삶의 편리함을,
삶의 쾌락과 안락과 편안함을
가난한 사람들이 이전의 부자들보다
더 잘살게 될 때까지,
부지런히 일하게 만든다."

맨드빌의 이 같은 이기주의의 찬미는 자유주의 경제이론의 기초가 되었다.

18세기의 경제적 자유주의자들은 부의 근원을 무역이나 공업에서 찾지 않고 인간의 노동에서 찾았다.

그들은 생산이 행해지고 인간의 필요성을 만족시키는 것을 결국 노동이라고 보았다. 자연은 사람이 생존할 수 있는 과실을 조금밖에 생산하지 않으며 인간의 생산적 노력이 없다면 결코 자연의 생산물은 별 쓸모가 없는 것이라고 했다. 이것이 바로 노동가치설(Labor theory of Value)이다. 부는 그 자체가 목적일 수는 없으며 국력의 증대 역시 그 자체가 적절한 목적이 아닌 것이다.

노동의 동기는 의식주와 안락함을 누리는 데 있다. 노동의 요인이 크다면 클수록 부의 생산을 더욱 커지고 풍요로운 사회를 향한 인간의 꿈은 더욱 가까워진다.

영국의 철학자 죤 로크(John Locke, 1632~1704)는 노동과 富의 생산에 대한 이같은 思想을 사유재산(私有財産)과 연결시켰다. 그렇게 하면서 그는 재산제도를 자유주의(自由主義) 이데올로기의 주춧돌

중 하나로 삼았다. 천연자원(天然資源)에다 노동을 첨가함으로써 인간은 최종생산물에 그들 자신의 일부분을 더하였고, 생산물을 '자신의 것'으로 하였다. 富와 사유재산(私有財産)은 모두 인간의 노동에 의해 동시에 생산되었던 것이다. 룩크의 표현은 다음과 같다.

> "神은 인간에게 공동으로 이 세계를 주셨다. · · · 그러나 각 사람들은 자신의 재산을 가지고 있다. 그의 육체와 손의 노동력은 당연히 그의 것이다. 그러기에 그가 自然이 제공하고 남겨 주었던 상태로부터 무엇을 빼내 가든지, 그는 자신의 노동력을 거기에 혼합시켰고, 그 자신의 것을 무언가 첨가시켰으므로, 따라서 그것을 자신의 재산으로 하는 것이다."

그 후 경제적 자유주의자들은 勞動, 富, 그리고 財産 사이의 이 같은 관계를 귀중하게 여겼다. 그들은 국가의 경제성장을 위한 첫 번째 필요조건은 바로 私有財産의 보호라고 주장했다. 財産權이 유지되지 않는다면 노동에 대한 인센티브(誘因)는 감소되고, 따라서 富의 생산도 줄어들 것이기 때문이다. 이 같은 원리에 대한 좋은 예는 영국의 富와 터키의 가난과의 비교였다. 옛날에는 터키가 번창한 도시를, 부유한 농업, 대규모 수출, 세계적으로 유명한 제조품 등을 가진 세계에서 가장 부유한 나라였다고 자유주의자들은 지적했다. 그러나 독재적이고 전제적인 정부가 정당한 근거 없이 富를 장악하고, 엄청난 세금을 부과하였으며, 뇌물체제로 사법부와 정부를 운영하였다. 그 결과 터키인들은 노동과 생산과 자본축적에 대한 의욕을 상실한 채 가난 속에 무기력해지고 말았다. 그도 그럴 것이 그들의 노동과 생산과 자본축적은 부패한 정부에 의해 장악되거나 파괴될 것이기

때문이었다. 이와는 반대로 행복하고 번창한 영국은 富가 증대되었다.[1)]

1) D.R. 퍼스펠트 著. 정연주. 장상한 공역. 경제학사 입문, 비봉출판사. 1983. pp. 36~37.

제 4 장

아담 스미스의 경제사상

고전학파 경제학이 성립된 시기는 영국을 중심으로 산업혁명이 본궤도에 오르고 있던 때이다. 수많은 시대적 변화들이 영국을 중심으로 하여 일어났다. 지리상의 발견, 새로운 기계와 원리의 발명 등이 끊임없이 이어지면서 사람들의 사고체계는 엄청난 속도로 변해갔다. 클라이브(Robert Clive, 1725~1774)와 해스팅즈(Warren Hastings, 1732~1818)는 인도를 지배했고, 쿡(James Cook, 1728~1779)은 오스트렐리아와 뉴질랜드를 식민지화 시켰다. 또한 뱅쿠버(George Vancover, 1757~1798)는 북미서해안을 답사하였으며 부르스(James Bruce, 1730~1794)는 아프리카를 처음으로 관통하고 나일강의 근원을 발견하였다.[1)]

한편 영국의 랭카셔와 리버풀은 면방직공업의 중심지가 되었다. 1738년 케이(John Key, 1704~1764)의 직조기 발명, 하그리브스(James Hargreaves, 1745~1778)가 방직기를 발명하였고 아크라이(Richard

1) 주명건 지음, 경제학사, 박영사, 1993, p. 167.

Arkwright, 1732~1792)는 이를 개량하였다.

이 시기에는 이념적으로나 과학적으로나 사회전반에 걸쳐서 놀라운 혁신과 재발견이 지속되었다. 14~15세기부터 진행되어온 르네상스 운동의 여파로 16세기에는 종교개혁이 일어났으며 뉴턴(Issac Newtor, 1642~1727)이 자연현상을 설명하는 운동의 3법칙이 체계화되었다.

사회과학에 있어서도 그로티우스(Hugo Grotius, 1583~1645)는 자연법 사상에 근거해서 사회현상을 분석한 자연법 사상을 주장했고, 로크(John Locke, 1632~1704)는 자유로운 질서유지를 위해서 스미스는 중농주의의 철학을 많은 부분에서 수용하고 있었다. 그 본질은 기존의 중상주의 경제철학이 갖고 있는 국가 또는 국왕 중심적 국가운영에 대한 비판이며 개인의 자유와 창의성이 존중되는 자연질서의 순리를 중시여기는 가치관이다. 이리하여 18세기 영국사회는 정치의 영역이 개방적인 사회가 되었다. 개인적인 창의와 혁신이 시대적 조류를 형성하고 있었다.

1. 아담 스미스의 생애

A. smith는 1723년 스코틀랜드의 커칼디(Kirkaldy)에서 태어났다. 아버지는 세무관리사였으나 스미스가 태어난 후 3년 후에 돌아가셨고 그는 어린 시절을 편모 슬하에서 자랐다. 1737년 14세의 나이에 글라스고(Glasgow) 대학에 입학하였는데 이는 요즘 수준으로는 고등학교 정도에 해당한다. 그는 여기서 3년 동안 공리주의 철학

의 권위자인 허치슨(Francis Hutcheson, 1694~1746) 교수에게서 철학을 배웠다. 허치슨의 제자로는 스미스 이외에도 흄(David Hume), 카마이클(G. Carmichael) 등이 있었으며 이들은 자유주의 사상에 심취해 있었다. 당시에 스미스는 그 학문적 능력을 인정받았다. 1740년부터 1746년까지 옥스퍼드의 벨리올(Balliol) 대학을 다녔다. 스미스는 대학시절 많은 독서를 하였고 그것이 후일 그가 좋은 책을 쓸 수 있었던 박학다식(博學多識)의 밑거름이 되었다.

1748년 그의 나이 25세에 그는 에딘버러(Edinburgh) 대학의 교수가 되었으며 1751년(28세)에는 그의 모교 글라스고 대학의 논리학 교수가 되었다. 1752년 그는 그의 스승 허치슨 교수의 뒤를 이어 도덕철학교수가 되었으며 30세까지 글라스고 대학에서 강의를 하며 많은 책을 썼다. 그 중에서도 가장 유명한 책이 1759년에 쓴 「도덕감정론」(*The Theory of Morel Sentiments*)이다.

도덕적 정조론이 인연이 되어 1763년 그의 나이 40세 때 타운센드(Charles Townshend)재무상의 초빙으로 그의 의붓아들인 버크릭(Buccleuch) 공의 개인교수가 되어 유럽여행을 떠나게 되었다. 그때 제시된 조건이 연봉 300파운드로 글라스고 대학 교수자리보다 많았다. 스미스는 3년간의 여행을 통해서 볼테르, 케네, 튤고 등의 학자들과 교류를 했으며 이것은 그가 「국부론」(*An Inquiry into the Nature and the Causes of the Wealth of Nations*, 1776)을 저술하는데 많은 영향을 미쳤다.

국부론은 전체 구성이 5권으로 되어있으며 총분량이 900페이지가 넘는다. 국부론을 인정받게 한 부분은 처음의 두 권이며 제1권은 주로 국부의 증대와 생산물의 분배문제를 다루고 있다.(전체 25%) 제2

권은 자본의 축적과 그의 역할을 다루고 있는데 전체 분량의 14%를 차지한다. 제3권은 경제발전사이며 전체적으로 보면 큰 비중을 차지하지 못한다. 제4권은 경제학사를 다루고 있으며 전체의 28%, 제5권은 재정학을 다루고 있는데 전체의 29%를 다루고 있어 지면상으로는 가장 많은 비중을 차지한다.

2. 스미스의 경제사상과 철학

불멸의 위대한 경제학자로 칭송 받고 있는 아담 스미스는 그의 생시에 그렇게 명석한 사람으로 대접받지는 못한 것 같다. 경제사가들은 아담 스미스가 약간 얼빠진 사람처럼 보였다고들 한다.[2)]

그가 글래스고 대학에서 교수로 있었던 시절 하원의원인 찰스타운젠트(C. Townshend)가 글래스고 대학을 방문하게 되었는데 그때 한참 자유무역에 대하여 열강을 하던 스미스는 그만 물웅덩이에 빠지는 실수를 범하기도 했다. 또한 그는 가끔 자다가 침대에서 일어나 잠옷차림으로 한참동안 거리를 배회하기도 했다. 매부리코와 개구리 눈알을 가진 그는 인물 또한 추남에 속해 그 스스로도 이를 인정하고 "나는 늘 책 속에서만 아름다울 수가 있지"라고 농담을 하기도 했다.

그러나 학자로서 아담 스미스는 명석했고 박학다식했으며 당시의 사회제도를 강력하게 비판해온 하나의 소신 있는 개혁주의자였다.

---

2) 토드부크 홀츠 저(이승환 역), 죽은 경제학자의 살아있는 아이디어, 김영사, 1997, pp. 36~37.

그는 이에 「국부론」을 쓰기 전에 「도덕감정론」(*The Theory of Moral Seutiments*)를 통해서 이내 저명한 학자로 이름을 떨쳤다. 책의 인기가 높아짐에 따라 그는 철학자 스미스로 불리어 졌다. 도덕감정론은 도덕적 가치의 근원을 자연과학적 질서 속에서 파헤친 책이다.

마치 태양이 다른 행성들의 한가운데 위치하듯이 사람들은 결국 세상의 한가운데 자기 자신을 두고 산다. 모든 사람들이 본능적으로 자기자신의 이익을 추구한다면 타인들을 만족시키는 도덕적 행위란 있을 수 없는 것이 아니겠는가? 그럼에도 불구하고 이 세상은 지금까지 유지되고 있다. 그 이유는 도대체 무엇인가 스미스는 이러한 패러독스와 씨름을 하였다.

사람들이 모두 이기적이라면 이 사회는 정치철학자 흡스(T. Hobbes)가 「리바이어던」(Leviathan)에서 묘사한 것처럼 타락하고 부도덕한 상태로 변해야 하는 것이 아닐까? 흡스는 강제적 규율을 앞세운 강력한 군주가 나타나기 전까지는 인생은 고독하고 궁핍하며 야만적이라고 생각했다.

그러나 스미스는 이러한 고민에서 결국 해결의 방안을 찾았다. 사람들은 도덕적 결정을 내릴 때 일종의 공명정대한 관찰자(impartial spectator)가 된다는 것이다. 사람들은 세상에 누군가가 항상 자신의 양심을 내려다보고 있기 때문에 순수한 자신의 이익을 챙기기보다는 양심적인 결정에 따를 때가 많다는 것이다.

스미스의 이와 같은 생각은 매우 뛰어난 것이었다. 이타주의(利他主義) 만으로 모든 경제행위를 규명하는 것은 불가능하며 그 돌파구로서 이기주의를 주장했으나 그 이기주의 역시 맹목적인 것은 아니라는 것이다. 이기주의에는 여러 가지 차원이 있다. 남을 해치고 자신의 이익만을 도모하는 이기주의도 있고, 합리적으로 잘 타협하여 다같이 이롭게 하는 방법이 있는가 하면 자신의 모든 것을 바쳐서 남을 위함으로써 자기의 존재가치와 의미를 높이는 방법도 있다. 그러므로 이타주의란 다른 시각에서 보면 이기주의의 한 형태라고 볼 수도 있다.

스미스는 이기주의를 인간행위의 강력한 원동력으로 전제함으로써 경제행위를 일관성 있게 설명했다. 인간은 태어나면서부터 일생동안 그러한 이기주의적 속성을 지닌다고 보았다. 그러므로 사람들은 모두가 자유롭게 자신의 이익을 추구하면서 산다면 결과적으로 공익의 실현에 도움이 된다는 것이다. 그는 이기주의란 결코 나쁜 것이 아니라고 생각했다.

쉽게 말해서 모두가 이타주의자라면 세상은 곧 멸망하게 된다. 이기주의는 스스로를 존재하게 하고 발전하게 하여 사회 전체적으로 보면 결국 이득이 된다는 것이다. 다만 맹목적인 이기주의, 즉 어느 정도의 도덕적 가치가 전제되지 않는 이기주의는 문제가 된다고 보았다.

스미스는 근본적으로 세상에 대한 낙관론자였다. 그는 독실한 기독교인으로서 예정조화적인 우주관을 갖고 있었다. 삶에 있어서 중요한 문제의 하나는 그 사람이 어떠한 우주관을 갖고 있느냐이다. 물론 여기서 우주관이라고 하면 곧 인생관과 연결되는 것이다. 우주의 질서를 믿고 조물주의 신비한 창조의 능력을 믿는 자와 그렇지 않는 자의 인생관은 백 팔십도 달라진다.

스미스는 우주의 질서를 낙관하는 사람이었다. 우주는 창조주의

계획과 의도에 의하여 질서정연한 법칙성을 준수한다고 보았다. 우주에 생명이 존재하고 그 질서가 파괴되지 않고 정연히 운행유지된다는 것은 절대자의 의도에 의한 것으로 믿었다. 만약 지구가 조금만 더 기울어 졌다든지 자전과 공전은 정확한 질서에 의하여 운행하지 않는다면 이에 지구상의 생명체는 존재할 수 없었을 것이다. 인류가 이처럼 지구상에서 번영되고 복된 삶을 누릴 수 있다는 것은 자연의 본성이 그렇게 되어 있기 때문이다.

스미스는 각 개인이 자유롭게 이익을 추구하고 증진할 수 있는 '자연적 자유의 체계'(system of natural liberty)를 옹호하였다. 이 체계는 개인과 사회에 모두 가장 큰 부를 가져다 줄 것이라고 그는 주장했다. 중상주의자와 정부규제를 옹호하는 사람들은 인간의 행동이 규제되고 통제되지 않는다면 개인들의 이기적인 행위 때문에 경제적인 富는 감소할 것이라고 생각했다.

그러나 그 같은 주장은 틀린 것으로 스미스는 생각했다. 만약 내가 애초부터 무엇을 원한다면, 나는 네가 원하는 무엇을 생산하여, 네가 가지고 있는 것과 그것을 교환해야 한다. 이렇게 되면 우리들은 모두가 이익이다. 왜냐하면 우리들은 모두가 교환으로부터 받는 생산물의 가치보다 가치가 적은 것은 포기하기 때문이다. 그 결과 두 사람의 복지는 교환이 없을 경우보다 증가한다.

스미스는 이렇게 간파한 적이 있다. 즉, "우리가 저녁식사를 기대할 수 있는 것은 푸줏간의 주인, 양조장 주인, 또는 빵 가게 주인의 자비심 때문이 아니라, 그들이 자신의 이익을 생각하면서 행동하고 있기 때문이다. 우리는 그들의 휴머니티가 아니라 그들의 자애심(self-love)에 호소하는 것이며 우리 자신의 필요에 의해서가 아니라 그들의 이익에 관해서 얘기 해야하는 것이다."라는 것이다.

아담 스미스에 의하면 자유사회에서 이기적인 욕심은 한 국가가 성취할 수 있는 가장 빠른 진보와 성장을 가져다준다는 것이다. 사람들은 자신의 지위를 개선하기 위하여 근면하게 일하며 부를 축적하고 싶어한다. 한마디로 말하면 가장 효율적인 방법을 이용하여 삶을 영위해 나감으로써 경제적 이익의 폭을 늘려가고자 하는 것이다.

경제발전의 가장 큰 장애는 정부라고 스미스는 생각했다. 자연적 자유의 체계에서 정부의 간섭은 가능한 한 배제되어야 한다고 그는 생각했다. 그는 자유방임주의에 대한 공익을 일치시키는 것이 사회적으로 가장 유익하고 지혜로운 방법이라고 생각했다.

스미스 이론에 수많은 사람들은 야경국가를 주장했으며 오늘날도 그러한 생각의 틀을 유지되고 있다.

그는 세계주의자였으며 국제무역이 모든 나라를 다 잘 살수 있게 해준다고 생각했다. 그는 일찍이 자유무역이 각 국가간에 이익을 준다는 교역이론을 제창한바 있다. 예를 들면 프랑스는 포도주 생산을 특화하고 영국은 방직생산을 특화하여 상호교역을 하면 양국에게 모두 이익이 된다는 이론이다.

3. 스미스의 경제이론

1) 중농주의와 스미스 경제사상

스미스는 그의 학문적 배경이 매우 자유로웠던 사람이다. 그가 국제도시 글래스고 마저 답답하게 생각하여 1764년 교수직을 사표 내고 故 버크릭 공작의 장남 개인교사가 되었다. 아마 이때 스미스의 강사료는 교수 봉급의 두 배쯤 되었다고 한다. 가정교사가 된 스미스는 소년의 교육을 위하여 함께 유럽여행을 떠나기도 했다. 유럽의 귀족생활을 직접 체험하며 지도하기 위한 현장교육인 셈이다. 스미스는 학기 중간에 교수직을 사표내게 되자 학생들의 수업료를 되돌려 주려고 생각했다. 그러나 평소 스미스를 존경했던 학생들은 이를 거절했다고 한다.

이 여행의 과정에서 그는 중요한 인사들을 만나게 된다. 그 중 결정적인 인물이 중농학파의 창시자인 케네(F. Quesnay)였다. 그는 콧대 높은 외과의사로 루이 15세의 시의(侍醫)였으며 경제에 막강한 영향력을 지닌 인물이었다.

중농주의자들의 현학적인 재주는 「경제표」(Tableau economigue)를 만들어 경제순환 현상을 일목요연하게 나타내고자 했다. 누가 보아도 다소 난해함을 면할 수 없는 이 「경제표」는 케네의 명성과 함께 프랑스 지식인의 자존심이기도 했다.

중농주의자들은 계몽사상가들 처럼 자연의 법칙을 깨달았으나 그들처럼 자연을 완전히 지배할 수 있다고는 생각하지 않았던 것 같다. 중농주의자들은 오히려 인간은 자연의 질서를 존중하고 순응하면서 살아야 한다고 생각했다.

「경제표」는 중농주의 사상을 압축한 것이다. 인간의 혈액순환계가 동맥, 정맥, 심장으로 구분되듯이 케네는 경제라는 몸을 생산계급(농민), 비생산계급(상공업자), 소유계급(지주, 군주, 승려) 등 상호 의존하는 3계급으로 나누었다. 전문가들이 한참 정신을 차려 들으면 금방은 알 듯하다가도 돌아서면 또 애매해지는 「경제표」에 대해서 사실 당시에 제대로 이해하는 사람은 없었다고 한다. 케네의 수제자 미라보(M. Mirabeau)마저 경제표의 지그재그적 수렁에서 벗어나지 못했다고들 한다.[3] 그럼에도 불구하고 미라보는 경제표를 일컬어 문자와 수레의 발명과 더불어 인류역사상 위대한 발명이라고 찬사를 보냈으니 이는 적당한 아부라고 해야 할런지? 그러나 중농주의자들은 몇 가지 중요한 사실을 스미스에게 전해주었다.

첫째, 富란 중상주의자들이 주장하는 것과 같이 금・은에서 나오는 것이 아니라 생산에서 나온다는 사실이다. 둘째, 농업만이 부를 창출해 줄 수 있는 유일한 수단이며 상공업이나 제조업은 그렇지 못하다는 것이었다. 제조업은 투입한 만큼의 가치를 생산하며, 상업은 이에 생산된 가치를 분배할 뿐이라고 했다. 이러한 주장들이 오늘날의 경제학적 시각에서 보면 틀린 것이지만 스미스에게는 생각의 범위를 넓혀주는 계기가 되었다.

스미스는 중농주의를 일컬어 '지금까지 무해했고 앞으로도 모해할 학문체계'라고 언급하고 1766년 버크럭 공작의 아우가 열병으로 파리에서 급사하자 고향 커칼디로 돌아왔다. 그 후 그는 10년이라는 긴 시간동안 「국부론」의 저술에 매달렸다.

2) 국부론

스미스가 시간을 보내기 위해서 쓰기 시작했다던 「국부론」(*An Inquirly into the Causes and Nature of the Wealth of Nations*,

3) 토드부크 홀츠 저(이승환 역), 죽은 경제학자의 살아 있는 아이디어, 김영사, 1997, pp. 40～42.

1776)이 드디어 1776년에 출판되었다. 스미스가 존경했던 흄(D. Hume)은 「국부론」에 대하여 극찬을 아끼지 않았으나 책이 너무나 방대하고 지루하게 쓰여진 탓으로 세상에 인기를 얻는데는 다소 시간이 걸릴 것으로 예상했다.

그러나 이 책은 흄의 예상을 뒤엎고 6개월만에 초판이 절판될 정도로 인기가 대단했다. 스미스는 900여 페이지의 지면을 통해 한 나라의 富가 어떻게 축적되고 국가가 발전할 수 있는지에 대하여 희랍의 대작들처럼 도도하고 해박한 지식을 쏟아 내었다. 현실에 대한 구체적인 분석, 예언, 역사적 사실 및 미래에 대한 예언들을 거침없이 전개해나갔다. 예리하고도 비판적으로 그리고 바탕은 지극히 낙관적인 시각에서 세상을 관조하고 독자들은 엄청난 문명의 역사 속으로 끌어 들였다. 성실하고도 경건한 태도를 갖고 한 시대의 이데올로기에 도전하는 경제학의 대헌장을 선언한 셈이다.

「국부론」은 그 책의 원제목이 밝히고 있듯이 '富의 원인과 성질'을 밝히고자 한 책이다. 인류역사의 동력을 있는 그대로의 관점에서 냉철하고도 뿌리깊게 파 해친 책이다. 그는 책을 통해서 무엇보다도 인간을 주의 깊게 성찰하였다.

그는 첫째, 인간은 누구든지 잘 살고 싶어하는 욕구를 갖고 있다고 보았다. 모든 인간은 모태에서부터 죽을 때까지 스스로의 욕심을 완벽하게 충족시키는 경우는 단 한 순간도 없다고 그는 생각했다. 둘째, 인간은 교육의 본능을 갖고 있다고 했다. 자기의 것을 남의 것과 바꾸고 싶어하는 욕구를 기본적으로 갖고 있다고 보았다. 인간이 갖고 있는 이러한 본질적인 욕구를 억지로 억누르는 것보다는 적절히 이용하는 것이 오히려 국가를 부강하게 하는 첩경으로 보았다.

인간의 이기심을 억압하는 것은 바람직하지 않다고 보았다. 국가사회를 관용, 인정(人情), 동포애 등의 도의적 정서에 의존하여 끌고 가는 것은 오히려 국가를 빈곤하게 만든다고 했다. 인간은 누구나 타인의 도움을 필요로 하지만 무작정 타인의 자비심에 기대한다는 것은 헛된 일이다. 자신의 도움으로 타인들도 이득을 볼 수 있다는 것을 알아야만 남도 도움을 원하게 되는 것이다. 앞에서도 언급했듯이 스미스는 이렇게 공언했다. 즉 “우리가 저녁식사를 할 수 있는 것은 푸줏간 주인이나 양조장 주인, 제빵업자의 박애심 덕분이 아니라 그들의 이기심 때문”이라는 것이다.

물론 스미스는 오직 이기심에만 의존하여 움직인다고는 보지 않았다. 그는 다만 이기심이 박애심이나 희생정신 보다 더 강력하고 지속적으로 인간행위의 동기가 될 수 있다고 보았다.

스미스는 천문학을 연구한 경험도 있었다. 그는 각 행성들이 궤도의 이탈 없이 우주 전체가 조화와 균형을 이루어 가는 것을 경이롭게 생각했다. 그는 「국부론」에서 경제질서 역시 이와 같은 ‘보이지 않는 손’(invisible hand)에 의하여 조화를 이루어 나간다고 보았다. 그래서 그는 자유방임에서 대한 확실한 믿음을 갖고 있었던 것이다.

스미스는 그의 책에서 오늘날 경제학에 해당하는 내용들을 기탄없이 쏟아 놓았는데 대략 요약 정리하면 다음과 같다.

첫째는 분업론이다.

아담 스미스가 경제학에 기여한 공로 중에서 가장 큰 것은 생산이론이다. 당시는 산업혁명 초기단계이기 때문에 물자가 극히 부족했다. 저발전국 모두가 그렇듯이 생산은 물자가 부족한 사회에서는 가장 절박한 과제이다.

스미스는 그 생산을 증가시키는 방법을 분업(divison of labor)을 통한 전문화라고 보았다.

그는 핀 제조공장을 예로 들어 분업의 생산성을 실감나게 표현했다. 즉, "핀 제조업에 대한 교육을 제 데로 받지 않는 노동자는 제아무리 노력을 하더라도 하루에 핀 20개는커녕 단 한 개의 핀도 제대로 만들 수 없다"고 했다. 그러나 전체 작업공정을 세분화시켜 한 사람은 철사를 가져오고 두 번째 사람은 그것을 바르게 펴며 세 번째 사람은 그것을 자르고 네 번째 사람은 그 끝을 뾰족하게 하고 다섯 번째 사람은 핀 머리를 붙이기 좋도록 하고 또 다른 조는 끝을 갈아내는 등 18가지의 세부작업을 부담시킨다면 노동자 한 사람 당 4800개의 핀을 생산할 수 있다고 했다.

분업을 하면 각자의 공정을 최대한 능숙하게 수행할 수 있기 때문에 생산성이 증대한다. 고도기술사회가 되어 갈수록 분업의 중요성을 증가한다. 오늘날 현대산업사회에서는 분업이 없는 생산공정을 생각할 수 없다. 분업이 개인으로서 인간능력을 무기력하게 만드는 약점도 있으나 오늘날과 같은 자본주의 경제의 빛나는 업적은 분업 때문에 가능했다고 볼 수가 있다.

스미스는 지역과 국가간의 분업도 중요하게 생각했다. 분업은 공장 노동자들 사이 뿐만 아니라 각 지역간에도 이루어져야 한다고 보았다.

1750년의 미국을 예로 들어 설명할 수도 있다. 볼티모어에서 보스턴에 이르는 동부 해안지방의 통상로는 비교적 상거래가 원활했지만, 펜실바니아로부터 서쪽에 자리잡은 이주민들은 모든 물자를 자체 조달해 나가야 했다. 물자를 자급자족해야 하는 지역은 핀을 자르고 구부리고 칠하고 배달하는 일을 혼자서 다해야하는 핀 공장과도 같다.

점차 육로와 수로를 통한 교통망이 발달하고 운송비가 절감됨에 따라 많은 지역들이 공동상업권에 포함되었고 각 지역은 물질적 풍요를 누리게 되었고 국부는 증대되었다. 해운업의 발달로 대서양 교역운송비는 절약되었고 영국과 식민지 미국간의 교역은 융성했다.

스미스는 자유무역의 지지자였다. 그는 각국이 특화된 상품을 생산하여 교역한다면 양국이 모두 이익을 얻는다고 설명했다. 예를 들면 프랑스산 백포도주 한 병의 수입가격이 1파운드인데 반해 영국산 백포도주의 병당 생산비가 2파운드라면, 영국은 포도주를 아예 생산하지 말고 전량을 프랑스로부터 수입하는 것이 낫다는 것이다.[4)]

하이에크는 스미스의 주장에 동조하면서 과대한 정보의 확산이야말로 오히려 사회발전에 장애요인이라고 지적했다. 생산자에게 필요한 것은 시장가격이 시시각각으로 어떻게 변하는 것인지를 알려주는 일이라고 스미스는 생각했다. 밀턴 프리드먼 (M. Friedman) 역시 스미스와 하이에크의 주장에 공감하고 있다. 그는 그의 저서 「자유로운 선택」(*Free to Choose*) 표지 사진에서 연필 한 자루를 손에 들고 있는데 그는 아무리 노벨 경제학상 수상자일지라도 혼자 힘으로는 연필 한 자루도 생산할 수 없음을 상징적으로 보여주고 있다.

스미스는 자유무역과 상업활동의 동기를 찬양했으나 부르주아 세력의 꼭두각시 노릇을 하지는 않았다. 그는 「국부론」 곳곳에서 상인들에게 매서운 비판을 가했다.[5)]

---

4) 토드부크 홀츠 저(이승환 역), 죽은 경제학자의 살아 있는 아이디어, 김영사, 1997, pp. 55~56.

둘째는 노동 가치이론이다.

스미스는 가치의 본질은 노동이라고 생각했다. 그는 다양한 재화의 가격이 각기 다른 원인을 노동력의 차이에서 찾고자 했다. 이를테면 해달 한 마리를 잡는데 사슴 두 마리를 잡는 노동이 들어간다면 해달 한 마리의 가격은 사슴 두 마리의 가격과 같다는 것이다.

그는 가치의 문제를 접근함에 있어서 주로 교환가치에 반영되는 노동을 생각했다. 가치에는 사용가치와 교환가치가 존재하는데 사용가치는 객관적인 가치평가에 크게 영향을 미치지 못한다고 생각했다. 물론 사용가치와 교환가치의 구분은 이미 스미스 이전에도 있었다. 그러나 스미스는 이 문제를 본격적으로 구분지워 언급했다. 그는 물은 사용가치가 큰 재화이고 다이아몬는 교환가치가 큰 재화라고 했다. 그러나 물과 다이아몬드의 현저한 가격차이를 구체적으로 설명할 수가 없다. 다만 '가치의 모순'(Smith's paradox)이라고 언급했을 뿐이다.

이 문제는 후일 한계효용학파들이 나와서 분명하게 해결해 주었다. 1832년의 한계효용학자들이 재화의 가격은 한계효용에 의하여 결정된다고 하였다. 즉, 물은 워낙 존재량이 많아 한계효용이 매우 낮고 다이아몬드는 그 반대여서 한계효용이 높다는 것이다.

상품의 교환가치는 기본적으로 그 상품이 구입할 수 있는 노동량에 의해서 결정된다고 하는 것이 분업론의 논지이다. 분업이 전반적으로 이루어지게 되면 대부분의 재화가 다른 사람의 노동에 의해서 공급되기 때문에 사람들은 그가 구입할 수 있는 노동량에 따라서 빈

5) 앞의 책, p. 60.

부가 결정된다. 재화의 가치는 그 재화를 얻을 수 있는 노동량에 의해서 결정되며 상품의 교환가치는 노동에 의하여 결정된다고 보았다.

셋째, 스미스는 가격을 시장가격과 자연가격으로 구분하였다. 시장가격이란 실재적인 가격으로서 수요와 공급에 의해서 결정되는 가격을 말하며, 자연가격은 자기 생산비, 즉 임금과 이윤과 지대를 위해 지불되어야 하는 액수에 의해 결정된다. 어떤 상품의 시장가격이 그 상품의 자연가격과 다를 때마다 시장의 힘은 그것을 되돌려 놓기 위해 작용하게 된다. 스미스는 「국부론」에서 이렇게 설명하고 있다.

> "어떤 상품의 가격이 토지의 지대와 노동의 노임을 지불하고 또한 상품을 재배하고 다듬고 시장에 가져오는데 사용된 자본의 이윤을 자연율 만큼 보장하기에 충분한 정도보다 높지도 낮지도 않을 경우 그 상품은 자연가격이라고 불리어질 수 있는 가격으로 그러니까 그 값어치대로, 또는 그 상품을 시장으로 가져온 사람에게 실제로 소요된 금액으로 팔려지게 된다."

어떤 상품의 량이 실제의 수요를 초과할 때에는 그 상품은 그것을 시장으로 가져오기 위해 지불해야 하는 지대, 임금, 이윤 등 모든 가치를 기꺼이 지불하려는 사람들에게 모두 팔려질 수는 없다. 그렇게 되면 시장가격은 하락하게 될 것이다.[6)]

스미스는 시장가격이란 실제로 시장에 공급되는 양과 그 상품에 대하여 자연가격을 지불하고자 하는 사람들의 유효수요에 의해서

---

6) D.R. 퍼스펠트 저 / 정연수·장상환 역, 經濟學史 入門, 비봉출판사, 1983. p. 51.

결정된다고 보았다. 만일 어떤 상품의 시장가격이 자연가격보다 높을 경우에는 더 많은 량이 생산되고 시장가격이 자연가격보다 낮은 경우에는 생산은 감소하게 된다. 그는 시장에 나오는 모든 상품의 량은 유효수요에 자연히 적응한다고 보았다. 그것이 실제의 유효수요를 초과하는 경우에는 가격이 떨어지고 실제의 유효수요에 부족한 경우는 가격이 상승하게 된다. 따라서 자연가격은 곧 모든 상품의 가격이 계속적으로 끌리고 있는 중심가격(central price)이라고 보았다.

넷째, 분배론에서 스미스는 임금과 이윤 및 지대가 어떻게 배분되는가를 다루었다.[7] 그는 경제이론적으로 비용불변과 고정비율생산함수를 가정하고 있다. 또한 자연가격하에서 임금과 이윤과 지대는 자연율에 따라 결정되므로 토지가 사유화되지 않는 상태에서 생산물은 노동자의 소유가 된다. 그러나 지주와 자본가계급이 등장하게 되면 생산물은 지주와 자본가들에게 배분된다. 스미스 시대에는 엔클로우즈 운동(Enclosure Movement)의 결과로 수많은 극빈자들이 도시로 이주하여 공장노동자가 되었기 때문에 임금수준이 생계비에 미치지 못할 정도로 낮았다. 경제가 발전하면 임금이 상승하고 따라서 인구도 증가하게 되지만 인구증가는 또다시 임금하락을 가져올 수 있다. 스미스는 단순한 시각으로 분배문제를 이해하였는데 임금, 지대, 이윤 등을 인구문제와 연결시켜 자연스러운 관계로 파악했다. 임금에 대해서는 인구의 증감, 지대에 대해서는 독점지대, 이윤에 대해서는 자본축적과 경쟁의 문제를 인식하였다.

7) 스미스에게 있어서 이윤이란 이자까지 합한 개념으로 이해된다.

다섯째, 스미스는 자본축적을 매우 중요하게 생각하였다. 자본축적이 있어야만 생산성이 증대하고 우회생산 역시 자본축적이 있어야만 가능하다고 보았다. 그는 축적을 위해서는 근검·절약하고 특히 정부의 낭비와 관료의 비대, 군부의 팽창, 고리재산의 축적 등을 반대했다.

여섯째, 스미스는 해외무역보다도 국내교역을 오히려 더 생산적이라고 생각했다. 왜냐하면 해외무역보다 국내교역이 고용과 국민소득을 동시에 증가시킬 수 있는 장점을 갖고 있기 때문이다. 그러나 국내의 초과 생산물에 대해서는 자연적으로 수출이 발생하므로 이 경우는 정부의 간섭이 없이 자유롭게 무역을 할 수 있도록 하는 것이 바람직하다고 보았다.

일곱째, 스미스는 경제사상적으로 중상주의를 못마땅하게 생각했다. 중상주의자들은 금·은을 중요하게 생각했는데 스미스는 생산을 증대시킬 능력이 없는 금·은은 소용이 없다고 보았다. 그는 보호무역주의보다도 자유무역주의를 그리고 개인의 이기심을 인정하여 자유와 창의가 보장되는 경제상황을 조성하는 것이 국가경영의 바람직한 방향이라고 보았다.

여덟째, 스미스는 재정에 대하여도 자율적인 조정의 메카니즘을 중요하게 생각했다. 그는 작은 정부가 사회발전에 유용하다고 생각했다. 그래서 정부의 예산규모와 기구를 축소하고 민간부분을 확대함으로써 경제를 활성화시켜야 한다고 주장했다. 스미스의 이 같은 생각은 자본주의 경제학의 모체가 되었다.

그의 공헌은 무엇보다도 다양한 경제이론을 집대성하여 하나의 체계적인 학문의 틀을 만들었다는 점이다. 경제학사 전체를 통해서 아담 스미스는 이상의 큰 업적을 남긴 경제학자는 일찍이 없었다고 본다. 그는 경제학이라는 학문의 터전을 닦고 거기에 굵직굵직한 돌기둥을 놓고 석가래를 보태어 저택을 지은 사람이다. 그 후의 위대한 경제학자들이 방을 하나씩 꾸렸다면 노벨상을 탄 경제학자들은 방의 모양을 바꾸었거나 작은 셋방을 설계한 정도로 평가할 수 있을 것이다.

1980년 로널드 레이건이 미국대통령에 당선되었을 때 축하연에 참석한 많은 사람들이 아담 스미스의 넥타이를 메고 다녔다는 얘기는 오늘날 시장자본주의의 중심에 그가 있음을 확신하게 해주는 사건이다.

제 5 장

맬더스와 인구 경제학

1. 맬더스 경제학의 배경

맬더스는 1766년 2월 13일 루커리에서 태어났다. 그의 아버지 다니엘 멜더스는 기벽이 심한 사람이었는데 루소(Jean J. Rouseau, 1712~1778), 흄(David Hume, 1711~1776), 볼테르(Voltaire, 1694~1778) 등을 숭배했다. 맬더스는 그러한 아버지 밑에서 자유롭게 학문을 탐구했으며 일찍부터 총명함을 드러내기 시작하였다. 키가 훤실한 미남청년이었던 맬더스는 1784년 성직자가 되기 위하여 켐브리지 대학의 지저스 칼리지에 입학하였고 수학과 철학 그리고 물리학, 논리학, 문학 등의 서적을 읽으며 광범위한 공부를 했다. 그도 역시 아담 스미스처럼 뉴튼에게 매료되었고 그래서 뉴톤이 쓴 「프린키피아」(*Philosophia Naturalis Principia Mathematica*)를 속독하였다.

성격적으로 맬더스는 성숙된 지성과 개성적인 멋을 즐길 줄 아는 전형적인 캠브리지 맨이었다. 그는 농담과 유머가 풍부했으며 금빛 곱슬머리를 어깨까지 치렁치렁하게 늘어뜨리고 머리에다 핑크 빛

분가루를 바르고 다닐 정도로 멋을 좋아했다.[1)]

1788년 졸업을 앞두고 지저스 칼리지의 학장을 맬더스는 선천성 구개파열 때문에 목사로써 성공하기는 어려운 것으로 보았으나 대학시절 워낙 화려했던 웅변경력을 믿고 교역에 봉사하기로 했다.

1793년 그는 다시 지저스 칼리지의 연구원이 되었다. 맬더스가 지저스 칼리지에 돌아왔을 무렵 혁명의 파도는 드세게 일고 있었다. 특히 프랑스 혁명의 자유와 평등사상은 영국의 정치체제를 뿌리부터 흔들어 놓았으며 운송수단이 발달하지 않았던 당시의 상황에서는 영국에 있어서 식량파동이 크나 큰 사회문제가 되었다.

자연과학에서의 변화와 마찬가지로 사회과학에서도 새로운 시각이 형성되었다. 뉴턴 이후 자연현상에 대한 체계적인 이해는 사회과학에서도 체계적인 분석이 가능함을 인식하게 되었다. 경제학계의 거두였던 리카도와 맬더스는 그러한 시대적 변화의 와중에서 경제현상을 바라보는 인식의 틀이 상이했던 대표적인 인물이었다.

맬더스와 리카도는 둘 다 새로운 시대의 변화를 알고 있었던 사람이다. 그러나 기존의 문제를 두고 어떻게 해결할 것인가에 대한 방법론에서는 차이가 있었다. 맬더스는 기존의 질서의 테두리 내에서 변화를 생각했고 리카도는 새로운 개혁을 주장했다고 볼 수가 있다. 둘 다 냉정했고 그 시대의 학자로서 스스로의 양심에 충실했던 사람이었다. 맬더스는 자신이 지주가 아니면서도 지주계급을 옹호했으며, 리카도 역시 자신은 지주였지만 지주들을 비판했다.

맬더스 이전에 사상가이자 정치철학자이며 수필가로서 당시에 상

---

1) 토드부크 홀츠 저(이승환 역), 죽은 경제학자의 살아 있는 아이디어. 김영사, pp. 73~75.

당한 영향력을 갖고 있었던 윌리엄 고드윈(W. Godwin)은 "인간은 완벽해질 수 있으며 영원한 발전을 이루어 낼 수 있는 존재"라고 생각했다.[2] 그는 또한 '진리의 전지전능함'에 대한 확신을 가졌다. 인류가 완벽에 도달해 가면 범죄, 전쟁, 고독, 고통 따위의 모든 병고의 역사는 사라질 수 있다고 보았다. 그는 심지어 죽음과 수면(잠)까지도 없앨 수 있다고 보았다.

1794년에 「인류의 정신적 발달에 관한 역사적 고찰을 위한 초고」를 펴낸 프랑스의 철학자이자 수학자였던 콩도세(M. Condorcet) 역시 그와 비슷한 낙관론에 휩싸여 있었다. 맬더스를 가장 거슬렸던 것은 고드윈과 윌리엄 패일리(W. Paley)의 인구증가에 대한 비판론이었다. 패일리는 인구감소야말로 한 국가가 겪을 수 있는 최대의 재난이라고 하였다. 맬더스의 아버지 다니엘 맬더스 역시 고드윈, 패일리, 루소의 견해에 고개를 끄덕이고 있었다. 토마스 맬더스는 아버지와 함께 숲속을 거닐면서 논쟁을 벌렸다. 끊임없는 논쟁에서 아들의 탁월성에 감복한 아버지는 마침내 아들을 칭송하고 말았다.

맬더스는 1803년 인구론 개정판을 내었는데 표현은 한결 부드러워졌다. 그는 인구문제 해결의 가장 합리적인 방법은 도덕적 견해라고 생각하여 결혼을 늦게 해야 한다고 주장했다. 그 자신도 38세가 되어서 결혼을 했고 자녀도 2남 1녀만을 두었다. 그는 1805년 동인도회사가 동인도대학을 세우자 그 대학 최초의 경제학 교수가 되었다.

그는 1820년 리카도의 「경제원론」을 공박하기 위하여 「정치경제원론」(*Principles of Political Economy*)을 저술하였으며 이 책에서

---

2) 앞의 책, pp. 75~77.

과소소비에 의한 경기침체가 있을 수 있다는 것을 주장했다. 이 이론은 후일 케인즈의 '유효수요 이론'의 정립에 크나큰 기여를 하게 된다.

맬더스는 일생일대의 학문의 적수였던 리카도보다 여섯 살 위였다. 당시에는 리카도의 명성이 워낙 높아 언제나 리카도에게 얼간이 경제학자로 구박을 당했지만 두 사람의 우정은 매우 깊었다. 그는 자신보다 일찍 죽은 리카도와 깊은 인연을 맺고 있었다.

2. 맬더스의 인구론

맬더스의 인구론은 당시의 영국적 상황이 낳은 이론이다. 1810년대 영국의 인구는 1,000만 명이었으나 1821년에는 1340만 명의 인구증가가 있었다. 맬더스는 이같은 폭발적인 인구증가를 직접 경험했고 생활수준이 나아질수록 인구의 증가는 더욱 심각한 것으로 생각되었다.

「인구론」은 개인의 이기심에 따라 행동할 때 경제문제가 가장 효율적으로 해결될 수 있다는 스미스의 낙관주의를 부정하는 내용으로 출발한다. 물론 맬더스가 스미스 경제학의 본질을 부정하지는 않았다. 그러나 인구라는 측면에서만은 자연상태에 맡겨둘 수 없다는 확신을 가졌었다. 미국의 벤자민 플랭클린이 제공한 자료에 근거하여 맬더스는 인구가 25년마다 2배씩 증가한다고 주장하였다.

실제로 플랭클린은 어떤 지역의 경우는 15년마다 인구가 배가되는 지역도 있다고 보고했다. 맬더스는 상식적인 수준에서 식량공급이 절대로 인구증가를 따라갈 수 없다고 보았다. 그는 「인구론」에서 인구와 식량의 관계를 다음의 3가지 측면에서 관찰하였다.

첫째, 인간이 생존하기 위해서는 식량이 절대로 필요하다.

둘째, 인간에게는 성욕이 있어 대체로 25년만에 두 배로 증가할 것으로 예상된다.

셋째, 식량의 증가는 인구의 증가와는 달리 수확체감의 법칙이 존재하므로 산술적으로 증가할 수밖에 없다.

이러한 기본적인 전제하에서 맬더스는 인구론의 3대 명제를 제시하였다.

첫째, 생존에 필요한 식량이 충분히 공급되지 않는다면 인구증가는 억제될 수밖에 없다.

둘째, 생활조건이 개선되어도 결국 문제는 근원적으로 해결되는 것이 아니며 빈곤과 고통을 완화시키려는 시도는 결국 개선되지 않는다.

셋째, 인구문제의 해결은 결국 인구억제로만이 가능하게 되는데 그 인구억제의 방법에는 적극적 억제 방법과 예방적 억제가 있다.

예방적 억제(Preventice checks)는 출생률의 감소인데 이를 위해서는 불임, 성적절제, 산아제한 같은 것이 있다. 적극적 억제(Positive checks)는 사망률을 증가시키는 것인데 여기에는 기근, 빈궁, 역병, 전쟁 그리고 궁극적 필연적 억제인 기아 등이 있다.

맬더스는 빈민을 구제하기 위한 입법적 시도를 반대했다. 그는 자유사업이나 구빈법은 위장된 잔인성에 불과하다고 하였다. '빈민구제법'(Poor Law)은 인구문제의 해결을 지연시켜 결과적으로 더욱 심각한 양상을 초래한다고 보아 철폐를 주장했다.[3)]

그는 「인구론」에서 인구문제를 실증적 자본에 의거하여 구체적으로 분석하지는 못했던 것 같다. 인구는 기하급수적으로 증가하고 식량은 산술적으로 증가한다고 주장하였으나 이는 어디까지나 논리였을 뿐 실증적인 근거를 갖지는 못했다.

또한 그는 과학기술의 발달은 예측하지 못하였다. 기술의 발달로 농업생산의 혁명이 일어날 수 있다는 사실을 미처 생각하지 못했다. 오늘날처럼 기술이 인류발전에 있어서 가장 중요한 요소인줄은 진작에 간파하지 못했던 것이다.

이와 함께 그는 인간의 사고방식에 있어서의 변화를 예견하지 못했다. 오늘날 인구문제로 어려움을 겪는 나라들은 대부분 후진국들이다. 선진국일수록 자녀를 덜 낳으려고 한다. 북구의 선진국은 인구감소 때문에 걱정하고 있지 않은가?

그러나 그는 인구문제를 심각하게 생각하고 인류가 그 해결책을 찾아 고심하게 만듦으로서 경제학의 본질적인 과제인 수요와 공급의 문제를 한층 더 철저하고도 현실적으로 해결하려는 새로운 방법을 찾아 나서게 하였다.

3. 맬더스의 정치경제학

엉뚱하고 재미있기로 소문났던 맬더스는 결국 경제이론을 주창함에 있어서도 그 소질을 유감없이 발휘했다. 고전학파 경제학은 수없

3) H. W. Spiegel, *The Growth of Economic Thought*, 1983, p. 278 및 주명건, 경제학사 -경제혁명의 구조적 분석-, 박영사, 1989, p. 203.

이 암송되는 소위 '세이의 법칙'에 의하여 압축적으로 표현된다. 즉, "공급은 곧 그 스스로 수요를 창조한다"는 낙관이요 여유로움이다. 그러나 오늘날 이 이야기는 얼마나 어림없는 얘긴지 경제학의 초보자도 충분히 감지하고 있다. 생산과 소비는 절대로 스스로 같아지지 않는 성질을 갖고 있다. 케인즈의 주장처럼 오히려 유효수요의 부족으로 경제는 안정적인 불황에 빠질 가능성이 높다.

맬더스는 세이의 법칙을 부정하고 경제가 항상 완전고용을 달성할 수 없다고 보았다. 물론 당 시대에는 그와 같은 맬더스의 주장을 따르자는 자는 적었다. 후일 그의 이론은 케인즈에 의하여 인정을 받았다. 많은 경우에 있어서 저축은 개인적으로 좋은 것이지만 사회적으로는 그렇지 않다는 것과 수요의 문제가 생산문제 이상으로 중요한 과제가 될 수 있다는 것을 맬더스는 예언자처럼 게시해 주었다.

맬더스는 매우 사교적인 사람이었다. 그는 많은 유명인사들과 폭넓은 인간관계를 갖고 있었다. 정치경제 클럽(The Political Economy)과 제왕클럽(The King of Clubs)의 회원이기도 했다. 그는 「정치경제원론」(*Principles of Political Economy*)을 비롯한 몇 권의 책과 소책자를 저술하기도 했다. 그러한 그의 전 생애를 통해서 우리에게 깊은 인상을 심어 주는 특별한 분야는 그의 학문적 우정에 관한 문제이다. 그는 당대의 최고의 학자이며 또한 정치가였던 리카도와 매우 친하게 지냈다. 학문적으로 완전히 정반대의 입장에 섰던 사람들이 그렇게 훌륭한 우정을 나눈다는 것은 정말 진귀한 일이다.

리카도는 투하노동자가치론을 주장했으나 맬더스는 지배노동자가치론을 주장했다. 맬더스는 상품의 가격결정에 영향을 주는 것으로 지대도 생산요소의 하나로 포함시킬 수 있다고 생각했으나 리카도는 이를 인정하지 않았다. 불변가치의 척도로 맬더스는 노동을 들었으나 리카도는 금을 들었다. 가치의 결정요인에 대해서도 그는 리카도와는 달리 수요 · 공급의 요인을 중요하게 생각했다.

맬더스는 생시에 리카도에게 항상 멍텅한 경제학자로 비난받았으나 리카도가 세상을 떠날 무렵 그에게서 가장 소중한 한 사람으로 리카도의 유산을 상당부문 유언으로 얻기로 했다.

제 6 장

리카도와 자유무역경제사상

1. 리카도의 생애와 사상

리카도(David Ricardo, 1772~1823)는 화란계 유태인 이민자의 아들로 태어났다. 21살이 되던 해에 아버지의 반대를 무릅쓰고 퀘어커 교도인 프리실라(priscilla)와 결혼함으로써 집에서 쫓겨났다.

그는 탁월한 理財능력을 발휘해서 증권에 손을 대어 40대에 일확 70만 파운드라는 거액의 재산을 모았다. 그 후 그는 은퇴하여 아일랜드에 땅을 사서 지주대표로 국회의원이 되었다. 당시에는 선거구가 인구비례하지 않았고 넓은 땅을 사면 자동적으로 국회의원이 될 수 있었다.

그는 대학의 문전에도 못 가 보았다. 그러나 그는 당대의 어떤 학자보다도 탁월한 능력으로 경제이론을 전개했다. 명석한 두뇌와 실물적 지식을 지닌 리카도는 학계의 거물들과 격렬한 논쟁을 벌렸는데 이러한 논쟁에서 그는 이기지 않은 적이 없었다. 그는 항상 "그런 소리는 바보 같은 주장을 하는 대학교수들에게나 통할 수 있는 소리"라고 교수들을 비난하기도 했다.

리카도는 1799년 바스(Bath)라는 온천에서 중이염 때문에 휴양하고 있던 중 아담 스미스의 「국부론」을 읽고 감명을 받아 경제학공부에 전념을 하였다. 그는 1817년에 「정치경제와 조세의 원리」(*On the Principles of Political Economy and Taxation*)라는 책을 출판하였다. 이 책은 「국부론」이 나온 후 41년 동안 발전된 이론들을 집대성하여 경제학이론을 새롭게 정리한 力作이었다.

리카도가 살던 시대는 스미스가 살던 시대와는 여러 가지 면에서 많이 달랐다. 산업혁명은 이미 본궤도에 올라 있었고, 산업의 각 부문에는 공급과잉으로 문 닫는 공장이 발생할 지경이었다. 나폴레옹전쟁으로 영국은 심각한 식량위기를 맞게 되었으며 정부기구는 계속 확대되어 관료화는 더욱 심화되었다. 더 이상 스미스의 낙관론은 설득력을 갖지 못했으며 공허한 이론들은 현실의 여러 가지 복잡한 현상들을 설명하는데 한계를 드러냈다.

1809년 리카도는 경제평론가가 되었다. 통화와 인플레이션에 관한 그의 논설 소책자들은 많은 사람으로부터 칭송을 받았다. 당대의 지적 앨리트였던 제임스 밀(존스튜어트 밀의 아버지) 권유로 런던의 지식층사회에 발을 들어놓은 리카도는 맬더스 처럼 정치경제 클럽과 제왕클럽에 회원이 되었다. 그는 언제나 뛰어난 달변과 구수한 화젯거리로 토론의 중심이 되었다.

리카도는 경제학의 개념들을 논리화하고 체계화하기 위해 많은 노력을 기울였다. 그리하여 그는 경제학을 과학의 학문으로 변신시키고자 했다. 사실 그는 많은 부분에서 새롭게 변화된 영국경제를 예리한 눈으로 관조하고 있었다.

그 당시는 산업혁명이 궤도에 올랐고 나폴레옹 전쟁으로 대륙이 봉쇄되어 식량가격이 폭등하여 생계비가 상승하였다. 리카도는 스미스의 경제학을 전승하였지만 더 이상 그의 낙관적 경제관을 추종할 수 없었다. 스미스는 이기주의에 의한 세상의 조화는 평화로운 인류 발전을 보장한다고 생각했으나 리카도는 그렇게 볼 수가 없었다. 리카도의 눈에는 세상은 매우 심각한 생존의 대결장으로 보여졌다.

신흥자본가와 지주들은 식량문제로 극한 대결을 하고 있었다. 자본가들은 아무리 열심히 사업을 하더라도 식량가격이 오른 만큼 높은 임금을 주어야하기 때문에 이윤은 줄어들고 지주들만 좋아지는 꼴이 되었다.

1813년 전쟁이 한창일 때 밀 한 부셀 당 가격이 14셀링으로 그 당시 노동자의 평균 주급의 2배나 되었다. 전쟁이 끝나자 상황은 호전되어 곡물가격은 하락하고 사회는 안정되었다. 경제발전의 궁극적인 이익이 지주에게 돌아가고 자본가와 노동자는 다같이 지주들로부터 착취당한다고 생각하게 되었다.[1] 그 결과 지주들과 자본가 및 노동자와의 투쟁은 1832년 '곡물법'(corn Law)이 폐지될 때까지 계속되었다.

리카도는 벤담(J. Benthan, 1748~1832), 밀(J. S. Mill, 1806~1873), 세이(J. B. Say, 1767~1832) 및 맬더스와 같은 당대의 지성들과 교류하면서 학문적 틀을 형성하였고 돈과 학문 그리고 양심과 권력을 동시에 가진 영향력 있는 인물로 평가받았으며 많은 사람들로부터 존경을 받았다.

---

1) 주명건, 경제학사, 박영사, 1993, pp. 214~215.

그는 지주이면서도 지주들을 비판했고 뛰어난 논리와 현실을 직관하는 예리한 분석력으로 당대의 대표적 학자였던 맬더스와 맞섰다. 그들은 언제나 서로 다른 입장에 서 있었다. 맬더스는 가난하면서도 '곡물법'을 지지하여 국민들로부터 비난을 받았다. 그러나 맬더스와 리카도는 훌륭한 학문에 적수였던 서로를 존경하였다. 맬더스는 자기보다 여섯 살이나 아래였던 리카도의 죽음을 매우 슬퍼하였다.

리카도 시대는 확실히 스미스 시대와는 달랐다. 빈곤의 문제가 심각해졌고 생산보다도 분배의 문제는 더욱 중요한 과제가 되었다. 식량가격 상승으로 자본가의 이윤은 줄고 경제성장은 정체되었다. 그는 단기에 혁신적인 성장을 기대할 수 없었으므로 장기적인 면을 강조했다.

2. 리카도의 경제학

리카도의 「경제원리」는 3편 32장으로 구성되어 있다. 제1편은 8장으로 구성되어 있는데 가치론, 분배론, 국제무역이론을 중심으로 다루었고 제2편은 10장으로 구성되어 있으며 조세, 재정문제를 다루고 있다. 그리고 제3편은 14장으로 구성되어 있으며 기계론을 포함하여 시사성 있는 논쟁들을 다루고 있다. 자유무역이론의 토대가 되고 있는 그의 비교우위론은 아직도 국제무역의 가장 설득력 있는 모형으로 인정받고 있다.

1) 노동가치론

리카도 경제학에서 매우 중요한 분야중의 하나가 바로 노동가치론이다. 가치의 본질이 무엇이냐를 두고 스미스에게 제기된 투하노동가치설과 지배노동가치설 중에서 리카도는 투하노동가치론을 주장했다. 투하노동가치설은 직접 그 재화의 생산에 노동이 얼마나 투입되었느냐, 즉 노동투입량을 의미하는 것이다. 지배노동가치설은 그 재화가 얼마만큼의 노동량을 지배하고 있느냐, 즉 그 재화를 소유함으로써 생각할 수 있는 노동 또는 다른 사람에게 課할 수 있는 노동을 말한다. 아담 스미스는 지배노동과 투하노동의 개념을 혼동하였다. 지배노동가치설의 대표적 지지자는 맬더스 였다.

리카도는 가치척도로서 지배노동량을 부정하고 투하노동량과 지배노동은 결코 일치하지 않는다고 보았다. 왜냐하면 지배노동량은 노동의 수요와 공급의 변화에 따라서 변화되는 가변적인 수량이라고 보았기 때문이다. 그는 상대적인 노동투입량만이 교환가치를 결정한다고 보았다. 노동투입량이 상품의 가치를 결정하기 위해서는 노동이 동질적이어야 하고 생산과정에서 노동과 자본의 투입비율도 같아야만 한다고 생각했다. 그러나 현실에서 반드시 이러한 리카도의 주장이 지켜진다고 보기는 어렵다.

리카도는 가치란 교환가치로서 효용, 희소성, 노동에 의하여 영향을 받으나 효용이나 희소성에 대해서는 가치결정의 주요요인으로 생각하지 않았다. 희소성으로 가치가 있는 화가의 그림, 조각, 진귀한 책 등은 그 숫자가 적기 때문에 크게 문제가 안 된다고 보았다. 유용하지 않는 재화가 높은 가치를 가질 수는 없으나 그렇다고 효용이 가치를 결정한다고 볼 수는 없다고 했다.

그는 가치론을 주장하면서 불변가치를 찾고자 했다. 불변가치란 상품을 생산하는데 투입된 노동량에 의하여 측정되고 가치로 실질가치, 자연가치, 또는 절대가치라고도 한다. 옷을 생산하는데 더 많은 노동량이 투입되었다면 옷의 실질가치가 상승했고, 자동차를 생산하는데 더 적은 노동을 투입하게 되었다면 자동차의 실질가치가 하락했다는 것을 의미한다. 어떤 상품이 불변가치의 척도가 되기 위해서는 그 상품의 노동투입량은 항상 일정해야 하며, 그 상품을 생산하는데 투입되는 고정자본과 유동자본의 결합비율도 다른 모든 상품과 일치하는 조건에서 생산되어야 한다고 생각했다.

이러한 리카도의 생각은 결코 오늘날의 교환가치나 가격의 차원에서 생각한다면 수긍할 수 없는 것이다. 상품의 가격이 반드시 투하노동량에 의하여 결정된다는 생각은 잘못된 것이다.

리카도는 가격을 주로 생산측면에서 다루었으나 오늘날에는 소비측면이 중요하다고 본다. 공급곡선과 수요곡선이 시장가격을 결정하는 주요변수이다.

오늘날에는 가치와 가격의 의미가 과거와는 좀 달라졌다. 가치는 상당부분 그 재화가 갖고 있는 본질적인 측면이고 가격은 시장적인 측면이다. 과거에는 사용가치(효용가치)와 교환가치로 구분하여 사용가치는 오늘날의 가치의 개념에 가깝고 교환가치는 가격에 가깝게 사용되었다고 볼 수도 있다.

노동가치설은 노동의 질적 차이, 노동량의 측정문제, 상대노동에 대한 평가 등 많은 복잡한 문제를 내포하고 있다. 초보자의 노동과 기술자의 노동을 어떻게 평가하고 서로 다른 종류의 노동을 어떻게 비교 평가하느냐 하는 본질적인 문제를 갖고 있다.

그럼에도 불구하고 노동가치설은 상당부분 가치 및 가격의 결정 요인을 설명하는 주요이론임에는 틀림이 없다.

2) 지대론

리카도는 노동가치론에 근거하여 분배론을 전개하였으며 가치론과 분배론을 바탕으로 하여 경제이론을 새롭게 구축하였다. 그의 가치론과 분배론은 당시의 경제이론 중 가장 중요한 부분이며 이는 마르크스 경제학의 선구자적 역할을 하였다.

리카도에게 있어서 분배문제를 설명하고 대표적인 이론이 바로 지대론이다. 그는 토지가 다르면 생산비가 다르며 생산물의 교환가치는 최열등지 생산비에 따라 결정된다고 보았다.

예를 들면 곡물의 가격은 비옥도가 가장 낮은 곳에서 생산되는 곡물의 생산비를 감당할 수 있는 수준에서 결정된다는 것이다. 그럴 경우 우등지에서는 동일한 생산량수준의 경우 상대적으로 생산비가 덜 들게 되는데 그것이 곧 차액지대라는 것이다. 지대는 한계지 보다 유리한 토지소유자에게 지불되는 잉여금으로 이는 생산물의 가치를 결정하는 요인이 포함되지도 않는다.

그의 지대발생요인에 대한 설명은 덧붙이면 다음과 같다. 즉, 처음 신 개척지에서는 가장 우수한 토지만이 경작되기 때문에 지대는 존재하지 않는다. 그러나 점차적으로 2급지, 3급지가 경작되면 1급지, 2급지에도 지대가 발생한다. 그는 경제발전은 2중적으로 지주에게 이익을 준다고 했다. 그 첫째는 분배분의 증가이며, 둘째는 생산물의 가격상승으로 인한 이득이라고 하였다.[2)]

2) 주명건, 경제학사, pp. 222~223.

인구가 증가하고 식량수요가 증가하면, 과거에 경작하지 않았던 상대적으로 열등한 땅을 경작하게 되므로 비옥한 땅의 경작자는 저절로 돈을 더 벌게 된다. 인구의 증가와 경제의 발전은 결과적으로 지주에게 점점 더 높은 이득을 보장해주는 꼴이 되기 때문에 그는 토지의 국유화를 주장했다.

이러한 리카도의 주장은 공포의 경제학을 탄생시키게 된다. 경제성장에 따라 소득은 증가하고 증가한 소득은 또다시 인구의 증가를 가져온다. 인구의 증가로 노동자수의 증가를 초래하고 노동의 공급초과는 다시 임금수준을 떨어뜨린다.

영국은 배고픈 노동자를 먹여 살리기 위해 더 많은 경작지를 개간해야 하고 곡가는 인상된다. 결국 농민이나 농업자본가들은 큰 수익을 얻지 못하며 지대를 철저히 받아 챙기는 지주들만이 이득을 보게 된다.

이를 올바르게 해결하기 위해서는 지대를 낮춰야 하고 토지는 국유화시키는 것이 바람직하다고 보았다.

3) 임금과 이윤의 결정

리카도는 임금은 노동의 자연가격과 시장가격에 의하여 영향을 받는다고 보았다. 노동의 자연가격은 노동자가 일정수준에서 생활을 유지할 수 있는 최저생계비 수준의 임금이며 임금결정의 근원이다. 노동의 시장가격은 자연가격과 반드시 일치하지는 않으나 자연가격에 접근하는 경향이 있다고 보았다.

고임금으로 인구가 증가하면 노동의 공급도 증가하고 이것은 임금수준을 하락시킨다. 임금의 하락은 인구의 감소를 가져오며 임금은 다시 자연가격 수준으로 상승한다. 자본의 축적은 노동의 수요를 증가시키며 이는 임금수준을 증가시킨다. 임금의 증가는 다시 인구의 증가와 식량수준의 증가를 가져온다. 그 결과는 결국 지주에게 이득을 안겨주며 결국 자본축적률 보다 인구증가율이 높아지면 임금은 하락한다.

이윤은 임금에 따라 결정되며 임금은 생계비에 의하여 결정되고 이것은 주로 곡물가격에 의존하므로 수확체감의 법칙에 따라서 곡가가 인상될 경우 이윤은 장기적으로 하락할 수밖에 없다.

이윤이 하락하면 자본축적의 유인이 없어지고 이는 경제발전을 저해하게 된다. 그는 경제발전을 위해서 토지의 사유화는 제한되어야 한다고 보았으며 오늘날 사회주의 경제사상의 이론적 근거를 제공했다고 볼 수 있다.

4) 자유무역사상

리카도는 경제가 정체하지 않도록 하기 위해서는 자유무역을 해야한다고 주장했다. 자유무역의 이론적 근거는 비교우위론(Law of Comparative Advantage)이다. 그의 비교우위론은 무역의 이익을 규명함으로서 무역을 하지 않을 때 보다 무역을 할 때에 각국은 서로가 유익하다는 것을 설명하는데 있다.

그는 비교우위론을 설명하기 위해서 영국과 포르투갈의 교역을 예로 들었다.[3)]

3) 주명건, 경제사상사, pp. 226~227.

〈표 1〉 영국과 포르투갈의 생산비 대비표

	노동투입량	
	모직 (1단위)	포도주 (1단위)
영국	100	120
포르투갈	90	80

〈표 1〉에서는 영국과 포르투갈의 생산비를 나타내고 있다. 영국은 모직 1단위를 생산하는데 100명이 필요하고 포도주 1단위를 생산하는데 90명이 필요하다. 그리고 포르투갈은 모직 1단위를 생산하는데 90명이 필요하고 포도주 1단위를 생산하는데 80명이 필요하다고 가정한다면 영국의 경우는 모직을 생산하는 것이 그리고 포르투갈의 경우는 포도주를 생산하는 것이 각각 유리하다는 것이다. 물론 포르투갈은 모직의 생산과 포도주의 생산이 모두 영국에 비해 유리하다. 그러나 포르투갈은 상대적으로 더 유리한 포도주만 생산하고 영국은 상대적으로 덜 불리한 모직만 생산해서 상호 교역하는 것이 양국에 유익하다.

이와 같은 국제분업과 교역이 왜 유리한지를 따져보기로 하자. 국가간에 무역이 개시되기 전에는 포르투갈에서는 모직물 1단위와 포도주 9/8단위가 교환되며, 영국에서는 모직물 1단위와 포도주 5/6단위가 교환되게 될 것이다. 그러므로 영국의 모직 판매자는 포르투갈에서 판매하고자 하는 반면에 포르투갈의 포도주 판매자는 영국에서 판매하고자 한다. 그러므로 영국에서는 모직물생산을 전문화해서 수출하고자 하며, 포르투갈에서는 포도주생산을 전문화해서 수출하고자 할 것이므로 상호 교역의 이익을 얻을 수 있다.

이것이 바로 무역의 비교우위론이다. 리카도는 자유무역의 논리를 비교적 정리한 논리로 설명했다. 그러나 그는 모직 1단위와 포도주 1단위가 교환된다는 가정에서 양국이 모두 이익을 얻을 것이라는 지극히 단순한 논리를 펼쳤을 뿐 국가간에 무역의 이익이 어떻게 정확하게 배분될 것이냐에 대해서는 언급하지 않았다. 만약 영국의 모직물을 수출해서 얻을 수 있는 포도주의 수량이, 영국에서 얻을 수 있는 포도주의 수량 5/6단위보다 적다면 모직물을 수출하지 않을 것이다. 마찬가지로 포르투갈 역시 국내에서 보다 더 많은 포도주를 포기해야만 모직을 얻을 수 있다면 포도주를 수출하지 않을 것이다.

비교우위론에는 구체적인 미해결의 조건들이 남아있지만, 논리 자체는 자유무역의 이익을 그럴 뜻하게 설명함으로써 국제교역의 이론적 근거를 제시하였다.

3. 리카도의 공과

리카도는 스미스보다는 한층 더 경제문제를 구체적인 시각에서 관찰했던 경제학자였다. 그는 우선 변화하는 시대를 냉철한 현실의 눈으로 바라봄으로써 경제이론의 시대적 가면성을 감지한 실천적 경제학자였다. 또한 그는 경제이론을 철저한 논리와 인과론에 의하여 체계화함으로써 본격적으로 경제학의 과학화를 시도했던 경제학자였다.

그는 가치론과 분배론에서도 그의 독특한 분석적 능력을 보여줬으며 지대론, 국제무역론에서 그 진수는 더욱 빛났다. 그는 당대의 영국의 지성들과 교류하면서 빈틈없는 연역과 논리의 고리들을 이어 나갔다. 그는 유크릿드(Euclid) 기하학이나 뉴턴의 역학을 경제학의 설명논리에 적용시키고자 했다. 케인즈와 슘페터(J. Schumpeter)는 리카도의 지나친 논리화를 비판하기도 했다.

슘페터는 '리카도식 악덕'(Ricardan Vice)을 지닌 경제학자가 또 한 명이 있는데 그가 바로 케인즈(J. M. Keynes)라고 경쟁자를 비난하기로 했다.

리카도는 단기적인 분석보다는 장기적인 분석을 즐겼다. 그는 이렇쿵 저렇쿵 어째든 많은 그럴 듯한 모형을 만들기를 좋아했다. 맬더스는 한번도 정교하고도 영속적인 모형을 만들어 내지 않았다. 리카도는 언제나 맬더스를 '얼간이 경제학자'라고 놀려 주었다.

케인즈와 슘페터는 리카도를 공격했지만 마르크스와 왈라스, 마샬 등은 그의 위대함을 찬양했다. 경제학자들은 오늘의 경제학이 과학적 분석의 틀을 갖추게 된 공을 리카도에게 돌리기도 했다.

그의 비교우위론과 차액지대론은 200여 년이 지난 오늘날에도 여전히 경제학의 이론 속에서 빛나고 있다. 특히 1980년대, 1990년대 그리고 2000년의 새 밀레니엄을 맞이해서도 리카도의 인식의 틀은 변함없이 당당하게 경제학도들의 우상이 되고 있다.

제 7 장

밀과 고전학파의 완성

1. 고전학파들의 인맥과 밀의 생애

아담 스미드 이후 영국의 거의 모든 경제학자들은 혈연, 학연, 우정 등으로 끈끈한 인맥을 구성해 왔다. 스미스의 친한 친구였던 데이비드 흄은 토머스 맬더스의 학문적 대부였고 맬더스는 리카도의 친구인 동시에 학문적 적수였다. 또한 리카도는 제임스 밀(존 스튜어트 밀의 아버지)과 학문적, 정치적 동료이면서 지성의 동반자였다. 그러므로 J. S. Mill은 그와 같은 영국고전학파의 배경 속에서 성장했다.

이러한 학문적 연결의 고리는 마샬과 케인즈 등의 현대경제학과 최근의 캠브리지 경제학자들과도 이어진다. 존스튜어트 밀 보다 약 38년 늦게 태어난 '근대경제학의 성자' Alfred Marshall(1842~1924) 역시 리카도의 친구인 F. Y, Edgeworth(영국의 경제학자, 「이코노믹 저널」지의 초대 편집장)와 J. S, Mill의 영향을 많이 받았다.

알프레드 마샬은 수제자 A. C, Pigou와 J. M, Keynes를 길렀고 케인즈는 J. Robinson 등의 오늘날 캠브리지 大學의 세계적인 석학을 성장시켰다. J. S, Mill의 일생은 이념과 사고의 혼돈을 정화시키고자 했던 한 천재의 격정적인 삶이었다. '사람은 누구나 한번쯤 끼어들고 싶어 하는 존재'라고 갈파했던 코메디언 지미 듀란테의 지적처럼 경제학자들도 역시 그러했다.

인류최대의 과학자였던 I. Newton은 모든 위대한 경제학자들에게 스스로가 경제학의 뉴턴처럼 학문적 영웅이 되고 싶어 하게 하였다. 스미드, 리카도, 맬더스 등은 모두가 자연의 섭리를 발견하여 경제학의 뉴턴이 되고자했던 대표적 인물이다. 경제이론사에서 불멸의 논리로 인정받는 비교우위의 법칙, 세이의 법칙, 인구의 법칙 등이 모두 뉴턴 시대에 만들어 졌다. 같은 시대를 살았던 도덕철학의 한 거성 J. Bentham은 도덕과학자(moral scientist)로서 도덕학의 뉴턴이 되고자 했다. 당대의 지성과 능력을 자타가 공인했던 제임스 밀은 스스로가 道義경제학에 심취하여 아들 존 스튜어트 밀에게 경제학의 벤담이 되기를 강요했다.

1806년 런던에서 태어난 존 스튜어트 밀은 어머니의 젖 맛을 채 잊기도 전에 엄격한 천재교육을 私師 받았다. 아버지 제임스 밀은 그가 3살 때 희랍어를 가르쳤다. 8살이 되었을 때 그는 플라톤, 디오게네스 등의 저서를 읽을 수 있을 정도가 되었고, 곧 라틴어를 배웠다. 존 스튜어트 밀의 어머니 역시 냉철한 지성의 소유자였다. 아들에게 일상의 어머니가 배푸는 따뜻한 감성보다는 명철한 지성을 안겨주었다. 8살에서 12살 사이에 존 스튜어트 밀은 아리스토텔레스와 아리스토파네스(그리스 희곡시인)를 끝내고 도서관에 있는 방대한 분량의 책들을 섭렵했으며 미적분과 기하학을 마스터했다. 휴식시간에도 그는 동생에게 라틴어를 가르치도록 강요받았으며 취미가 공부였고

가여울 정도로 또래의 친구는 하나도 없었다.[1)]

혹독하리만큼 엄격한 교육을 받은 결과 밀은 당시의 동년배들보다도 25년이나 앞설 정도로 조숙한 지식인이 되었다. 그는 이미 18살 때 창의적인 논문을 쓸 수 있었으며 당시의 영국 지식인들과 당당히 토론할 수 있는 능력을 갖추었다.

그는 아버지 제임스 밀로부터 난해한 리카도 경제학을 공부하였으며 아버지의 뜻에 따라 벤담의 추종자가 되었다. 그는 벤담의 공리주의 사상에 심취하여 '최대다수의 최대행복'이 모든 가치판단의 기준이라는 전제하에 경제원리를 전개하였다.

그는 스미드, 리카도, 맬더스로 이어지는 고전경제학과 벤담의 공리주의를 종합하여 고전학파경제학을 지식의 결집체로 완성시켰다. 그는 1826년부터는 공리주의에 대한 회의를 느끼고 인간이 이기주의적으로 행동한다고 보는 것은 편협한 사고라고 생각했다. 그는 젊은 시절 그 자신이 갖지 못 했던 인간의 감성을 동경하며 차츰 인도주의자로 변화되는 모습을 보였다. 그는 영국의 낭만주의자 콜라지(Jammel Coleridge, 1772~1834), 문학자인 카일라일(Thomas Carlyle, 1975~1881), 프랑스의 철학자인 콩트(Augest Conte, 1798~1857)의 영향을 받아 벤담의 품에서 벗어나 한층 더 깊이 있는 경제학자와 철학자로 성장하였다.[2)]

---

1) 토드부크 홀츠 저(이승환 역), 죽은 경제학자의 살아있는 아이디어, 1997.
2) 주명건, 경제학사, 박영사, pp. 254~255.

2. 벤담의 공리주의 철학

벤담은 1748년 변호사의 장남으로 태어나서 옥스퍼드 대학교의 퀸즈 대학(Qeen's Colledge)을 졸업했다. 청년시절에는 몽태스큐(Montesquieu, 1689~1755), 흄(David Hume, 1771~1776), 하틀리(Hartley, 1705~1757)의 저서를 탐독했고 도덕철학을 과학적인 방법론을 통하여 설명하려고 했다. 그는 결국 사회과학에 자연과학적 방법론을 적용시킨다는 것이 얼마나 힘들고 무리한 일인지를 알고 번민하다가 1832년 세상을 떠났다. 그러나 당시의 수많은 지식인들은 벤담을 흠모했고 벤담의 영역에서 서성거렸다.

도대체 벤담의 사고는 어떤 논리였기에 그토록 강력한 설득력을 갖고 있었을까? 숙명적으로 인간은 고통과 쾌락이라는 과제에서 벗어날 수가 없다. 즉, 모든 인간은 궁극적으로 쾌락을 갈망하고 고통을 싫어한다. 따라서 인간은 가능한 한 쾌락을 맛보려고 한다. 그렇다면 이상적인 사회란 곧 행복이 최대한 크고 고통이 최소가 되는 사회이어야 한다.

'최대다수의 최대행복'(greatest happiness for the greatest number)이라는 표현이 바로 그러한 사회를 지향하는 압축된 표현이다. 벤담은 행복의 총괄을 계산하는데 신분의 구분이 없다고 주장하여 당시의 정치가들을 감동시켰다. 그는 국왕의 고통이든 거지의 고통이든 다를 바 없다고 했다. 결코 고통이란 행복의 크기를 계산하는데 신분과 지위의 고하가 문제될 수 없다는 민주적 가치를 기반으로 하고 있었기 때문이다.

그는 도덕세계의 뉴턴답게 행복의 크기를 계량화할려고 노력하였다. 쾌락이나 고통도 그 정도에 따라 크기가 다르다고 그는 생각했다. 그는 쾌락을 부, 기술, 명성, 권력, 친목 등 14개 요소로 보았고 고통을 열망, 실망, 후회 등 12개 요소로 분류하며 强度, 期間, 確實性, 近接性에 따라 계산할 수 있다고 믿었다.[3)]

그는 정말 현대의 경제학자들도 꿈도 꾸지 못한 감성적, 엄청난 주관적인 과제를 감히 객관적인 지표로 나타내고자 했다. 끝내 그는 그러한 자신의 꿈이 결코 실현될 수 없다는 것을 알고 크게 실망하였다. 그리하여 그는 스스로의 저작을 불태우기도 했다.

3. 세이의 고전학파 정리

존 스튜어드 밀을 이해하기 위하여 필요한 또 하나의 경제사상가는 Jean Baptiste Say(1767~1832)이다. 세이는 프랑스 리옹에서 신교도의 가정에서 태어났다. 당시 프랑스는 강력한 카톨릭국가였으나 세이의 집안은 신교를 믿었다. 12살에 사업에 종사했으나 부친의 직물상인 사업이 실패하자 전전긍긍하다 21세에 스미스의 「국부론」을 읽고 크게 감명받아 경제학을 공부하였다. 그 후 15년이 지난 1803년 그의 나이 36살에 「경제학 원론」을 출판하여 경제학계의 주목을 받았다. 나폴레옹 집권시 재무위원직을 맡았으나 정부로부터 미움을 사서 영국으로 망명하였다가 1814년에 나폴레옹이 실각하자 다시 프랑스로

3) Robert Lekaman, *A History of Economic Ideas*, McGraw-Hill Book Company, 1975, 9. 10.

돌아와 「경제학원론」2판을 내어 선풍적인 인기를 거두었다.

그는 영국에서 리카도, 말더스, 벤담 등과 폭넓은 교제를 하며 영어권에 자신의 책을 번역판으로 내기도 했다. 1850년에는 하바드 대학에서 그리고 1870년에는 다트마우스(Dartmouth) 대학에서 그의 책이 교재로 채택되는 영광도 맛보았다. 세이의 경제학은 흔히 "공급은 곧 스스로 그 수요를 창조한다"는 법칙으로 대변된다. 그 이론의 핵심은 자금의 흐름에서 유출된 지출은 곧 투자되기 때문에 저축과 투자는 항상 일치한다는 것이다.

이자율이 상승하면 저축은 증가하고 투자는 이자율과 역의 관계를 갖는다.

고전학파는 물물교환경제를 전제하였고 화폐는 가치척도와 교환수단으로서 실물경제의 움직임을 가지고 있는 베일에 불과하다고 보았다. 이렇게 본다면 저축함수는 실물자본의 공급함수이며 투자함수는 실물자본의 수요함수가 된다.

[그림 7-1]은 이자율의 변화에 따른 저축과 투자를 설명하고 있다. 이자율의 r_1일 때에는 투자(수요)가 저축(공급)을 초과하기 때문에 투자자들의 경쟁에 의하여 이자율은 상승한다. 결국 이자율이 r_0일 때 저축과 투자는 S_0I_0로 균형을 유지한다. 만일 투자가 I'로 늘어나면 이자율은 r_2로 증가하여 새로운 균형점 S_1I_1가 이루어질 수도 있다. 세이에 의하면 저축은 소비되지 않은 잉여로서, 만일 저축이 증가하면 투자도 역시 증가하므로 지출의 흐름이 자체적으로 증가한다고 보았다. 따라서 저축의 증가분과 투자의 증가분은 일치하므로 경제는 항상 완전고용상태에 있게 된다는 것이다.

그림 7-1

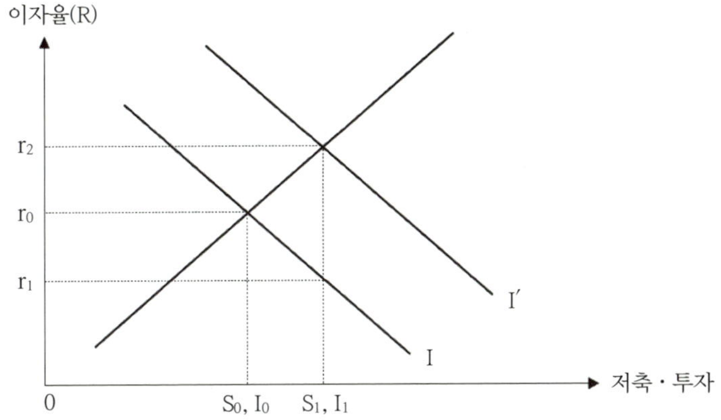

공급은 스스로 수요를 창조한다는 세이의 법칙은 여러 가지 의미를 갖고 있다. 세이의 법칙이 발표된 시기는 산업혁명 초기였다. 그 당시는 산출량이 막대하게 증가하였고 그에 따른 고용의 유지가 문제였다. 이를 두고 당시의 사람들은 다양한 의견을 갖고 있었다. 상당수의 사람들은 정부정책에 의해 소득수준을 보장시켜 주지 못한다면 공급에 상응하는 구매력의 증대가 없을 것으로 보았다. 세이는 단기적으로 경제혼란을 예견했지만 본질적인 문제는 역시 소비자 수요보다는 산출량의 구조적 모순에 있다고 보았다.

이같은 세이의 견해는 자본주의를 너무 순수하고 온건하며 자동적인 조절능력을 갖고 있는 제도라고 본 탓이다. 스미스는 세이와 비슷한 견해를 갖고 있었는데 그는 「국부론」에서 저축의 문제를 다음과 같이 생각하였다. 즉, 저축이 증가하면 투자가 늘고 투자는 다시 소득을 증가시켜 소비를 증가시킨다는 생각이다.

4. 밀의 사상과 경제이론

1) 밀의 철학과 사상

가슴 속에 담겨져 있는 따뜻한 감성을 잊어버리고 살아온 밀은 20세가 되어 처절한 인생의 고뇌에 빠지게 되었다. 지금까지 철저한 사유의 기계로 훈련되어진 자신의 이성에 대하여 그는 크나큰 회의에 빠졌다. 자신이 지금까지 추구하고 목표했던 것들이 한 순간에 무의미하다는 생각이 들었다. 실의에 찬 밀은 자살을 생각하며 나날을 보냈다. 그는 한번도 인간적 감정을 개발할 기회를 갖지 못했다. 매몰찬 아버지로부터 사랑과 사유에 대하여 관심을 둔 기회를 뺏겨버린 채 그는 이지적인 논리의 기계가 되어버렸던 것이다. 그는 수많은 변수와 진통을 겪으며 감성을 지닌 인간 존 스튜어트 밀이 되고자 몸부림 쳤다. 그리고 수많은 고뇌의 시간을 보낸 후에 밀은 낭만주의에 대하여 눈을 뜨게 되었다.

니체는 그의 작품 「비극의 탄생」에서 인간심리를 지배하는 두 가지 유형을 모사한 바 있다. 그 하나는 '아폴로 형'이며 다른 하나는 '디오니스스(Dianiysius)형'이다. 디오니스스(Dioniysius)는 변덕, 감정을 의미한다. 아폴로(Apollo)는 이성과 질서를 의미한다. 그는 말하자면 여태까지 아폴로형의 세계 속에 존재했었다.

1836년 아버지 제임스 밀이 세상을 떠났다. 아버지의 죽음은 밀에게 해방과 고통의 동시적 과제를 안겨주었다. 1838년 그는 논문 「벤담」에서 밴담은 인간의 정신을 황폐화시켰다고 비판했다. 그토록 어린 시절부터 그의 사유를 지배해왔던 벤담이었다. 그는 새로운 인간의 내면세계들 보다 종합적으로 관찰한다고 했다. 그는 감성과 이성의 영역을 동시에 넘나들면서 보다 인간적인 것을 추구했다.

그는 과부 해리엣과 결혼하면서 대리석 어머니에게서 찾지 못했던 따스함과 포근함을 얻었다. 밀은 아내 해리엣을 다음과 같이 묘사했었다.[4)]

> "그녀의 지성은 모든 문제의 핵심을 꿰뚫을 수 있는 완벽한 도구였기에 언제나 가장 본질적인 원리를 파악했다. 그녀의 정신능력뿐 아니라 감각능력에까지 깃든 정확성과 신속성은 타고난 정서와 상상력에 힘입어 그녀를 예술의 명인으로 만들었다. 열정적이면서도 맑고 온화한 영혼과 유창한 달변은 그녀를 당대 최대의 웅변가로 만들었다. 이 모든 재능은 내가 일생동안 경험했던 성품 중 가장 고결하고 균형 잡힌 성품, 즉 바로 그녀의 성품이었으리라."

그렇다면 밀은 정말로 영원히 벤담의 곁을 떠났는가. 그렇지 않다. 밀은 결국 벤담에게로 다시 돌아왔다. 그러나 새로운 모습, 보다 발전된 시각을 갖고 벤담의 공리주의를 다듬고자 했다. 벤담은 쾌락의 양만 같다면 고스톱을 하던, 음악을 듣던 다를 바 없다고 생각했다. 그러나 밀은 이에 동조하지 않았다. 그는 만족한 돼지가 되기보다는 불행한 소크라테스가 되겠다고 벤담을 반박했다.

그는 지독한 정신적 위기를 극복하고 학문적 방법론에 익숙해져

4) 토드부크 홀츠, 앞의 책, pp. 143～144.

갔다. 연역법과 귀납법을 적절히 구사하여 1848년 명저 「정치경제원론」(*Prineiples of Political Economy*)를 내 놓았다. 옥프포드 대학은 1919년까지 이 책을 교재로 사용했는데 역사 속의 역작들과 마찬가지로 이 책도 생명력이 있었다. 경제학의 저서들 가운데 끈질긴 생명력을 지닌 대표적인 책이 5권 있는데 그것은 스미스의 「국부론」, 리카도의 「원론」, 밀의 「원론」, 마샬의 「원론」, 사뮤엘슨의 「원론」이 그것이다. 공교롭게도 이들은 모두가 원론의 이름을 달고 있다.

2) 밀의 경제학

밀은 비상한 능력을 소유한 탁월한 문장가였다. 그의 학문적 논리 전개는 이전의 경제학자들에 비하여 확실하고 정연했다. 그는 방대한 지식과 문장력으로 고전경제학을 집대성하였다.

밀의 「경제학 원리」에는 부제가 붙어 있는데 그 정확한 명칭은 「경제학 원리 및 사회철학에 대한 그것의 응용」이다. 경제학 연구에 있어서 사회철학에의 적응이라는 임무를 고려하도록 한 것은 프랑스의 사회학자 콩트의 영향 때문이라고 한다.

경제학은 살아있는 인간의 경제행동에 대한 이론을 세우려는 것이므로 아무래도 인간행동의 기준에 대하여 일정한 가설을 세우지 않으면 안 된다. 물론 그러한 가설에 의하여 세워진 경제이론은 추상적 세계의 법칙이며 현실이 그러한 이론과 동일한 것은 아니다. 밀은 경제이론의 추상적 성격에 따라서 잠재적 성격이란 것을 명백하게 인식하고 있었다.

고전학파 경제학이 인간은 이기적 동기에 의하여 움직인다는 가정 위에 세워진 경제학이라는 가설을 비판한 것은 독일의 역사학파였지만 존 스튜어트 밀은 이미 그 이전에 이 점을 지적하였던 것이다. 사람을 움직이는 것은 이익추구 뿐만 아니라 사회적 관습이나 명예 혹은 희생정신 등등의 여러 가지 요인이 있다는 사실을 잊지 않고 있었던 것이다.

① **생산의 법칙과 분배법칙**: 밀의 경제학이 그 이전의 고전경제학과 다른 중요한 한 가지 점은 그가 생산을 지배하는 법칙과 분배를 지배하는 법칙간에 엄연한 성질의 차이가 있다는 점을 지적했다는 사실이다.

고전학파 경제학의 최대의 특징은 자본주의 경제질서를 거의 영구불변의 제도로 인식하고 있었다는 점이다. 그러나 밀의 시대는 자본주의 사회의 영구불변성과 그 경제의 법칙이 철칙처럼 준수되지 못하는 사회였다. 경제법칙은 사회조건의 제약을 받는 것이며 조건이 바뀐다면 법칙도 또한 바뀌어야 하는 것이었다. 그래서 밀은 생산을 지배하는 법칙과 분배를 지배하는 법칙을 다른 운명하에 두었던 것이다.

그는 「경제학원리」 제2편 '분배론'의 첫 머리에서 이 양자를 구분하고 있다.

부의 생산에 관한 법칙은 물리적 진리의 성질을 갖는 것이다. 생산고는 자본축적의 크기나 기술의 정도 등에 의해서 필연적으로 결정된다. 그러나 분배는 이와는 달리 사회의 법률에 의하여 변경될 수 있다. 분배의 법칙을 사회의 법률로서 바꿀 수 있다는 것은, 제멋대로 바꿀 수 있다는 의미가 아니다. 법칙을 작동하는 사회적 기반을 고침으로써 그 법칙의 작동을 바꿀 수 있다는 말이다. 자본주의 경제질서의 사회적 기반이란 사유재산제를 비롯한 기본적 틀을 바꿈으로써 분배관계를 수정할 수 있다는 것이다. 밀을 자본주의 경제학에서 사회주의 경제학으로 전환하는 과도기 경제학자란 별명을 붙이는 이유도 여기 있다.

② **임금기금설**: 고전학파 경제학이 낭만주의자들에 의해 '도시상인의 경제학'이라거나 '속물경제학' 혹은 '음울한 경제학'이라고 냉소를 받아온 것은 그의 임금론이 극히 냉정한 임금기금설 때문이기도 하다. 그는 임금이란 노동자의 최저생활비로 귀착되고 그것을 인상시키려는 어떠한 시도도 효과가 없다고 했다.

이러한 부르조아적 발상은 리카도의 '우울한 경제학'(인간의 냉철한 이익추구행위에 의한)과 함께 고전학파 경제학의 특징이기도 하다.

임금기금이 일정하다는 주장은 다소 기이한 느낌을 줄 수가 있다. 그러나 그것은 다음과 같은 이윤에 의하여 설명될 수 있다. 고전학파가 처음에 임금기금이라고 생각했던 것은 노동임금으로 지불할 화폐자본이 아니고 그들의 1년간의 식량이었다. 노동자를 고용하여 일을 시킬 때 그 노동기간 중 그들은 부양할 -소비재- 특히 식량을 미리 준비해 두어야 할 것이다.

그러므로 임금기금을 늘리기 위해서는 그것의 기초가 되는 농업생산을 확장하지 않으면 안 된다.

그러므로 적어도 1년간은 임금기금이 일정하다고 보았던 것이다. 그러므로 임금기금이란 곧 곡물 스톡(stock)이었던 것이다. 여기에서 고전학파의 농업자본주의적 성격을 엿볼 수가 있다. 그것은 나중에 곡물대신에 임금지불에 사용되는 유동자본으로 변하고, 다시 고정자본을 포함한 자본전체와 혼동되게 되었다.

③ **교환이론**: 밀의 교환론은 소비론의 이해와 고전학파이론을 종합정리한데 불과하다. 그는 사용가치와 교환가치를 분리시키고 교환가치는 어디까지나 유동성과 희소성 그리고 획득의 난이도에 의하여 결정된다고 보았다.

국제무역 이론에서 그는 국제가치의 법칙을 제창하였는데 그것은 국제가격, 교역조건으로서 상호수요를 일치시키는 점에서 가격이 결정된다고 보았다. 그는 장기적으로는 수출이 없이는 수입을 할 수 없다고 보았다. 외화의 수입은 수출에 의해서만 가능하기 때문에 수입과 수출이 균형을 이루는 상태에서만 무역이 지속될 수 있다고 보았다. 그래서 그는 국제무역에서는 완전한 자유무역도 아니고 그렇다고 역사학파가 얘기하는 보호무역도 아닌 절충적 상호수요 무역을 제창했던 것이다.

제 8 장

역사학파와 민족주의 경제사상

1. 역사학파 경제사상의 시대적 배경

역사학파는 독일의 경제학자인 리스트(F. List, 1789~1846), 로셔(W. Roscher, 1807~1894), 힐데브란트(B. Hildebrand, 1821~1878), 브렌타노(L. J. Brentano, 1844~1931)에 의하여 이어지는 독일특유의 경제학파이다. 독일에 있어서 학문세계는 헤겔과 피히데와 같은 철학이 중심이 되고 있지만 경제학에서는 낭만주의 사상이 깊은 영향을 주었다.

19세기초 독일은 봉건적 농업국이었으며 프랑스의 침공에 패배함으로서(Jena 전쟁, 1800년) 국민은 고통을 달래고 국민적 긍지와 이상을 갖기 위해 환상적인 낭만주의에 빠져있었다. 이러한 낭만주의는 독일민족이 고난을 잊고 새로운 민족중흥을 이룩하기 위한 정신적 위안이요, 국민적 돌파구였다.

그 당시 독일은 39개의 영주국가들로 나누어져 있었고 분열된 지방토후세력들은 국가발전을 방해하는 크나 큰 장애물이었다. 영국이나 프랑스는 강력한 중앙집권국가를 건설하여 통일된 국내시장을 상대로 대규모 공장제도가 확립되어 갔으나 독일은 조그마한 분할 국가가 되어 생산성이 낙후되었다.

강대한 나라를 만들기 위한 국민적 염원을 성취시키는데 독일의 낭만주의는 큰 힘이 되었다. 철학교수 피히테가 「독일국민에게 고함」이라는 글로 국민적 결속을 외치게 된 이유도 여기에 있다. 영국을 비롯한 유럽 각국에는 고전학파 경제학을 정밀하게 체계화시킨 리카도 경제학이 풍미했으며 이러한 자유주의 경제학을 과연 독일에도 적용할 필요가 있느냐가 관심사였다.

독일의 낭만주의는 칸트, 헤겔, 슐레겔 등에 의하여 발전되어 뮬러(Adam Muller, 1779~1829)에 의하여 완성되었다. 뮬러는 50세밖에 살지 못했으나 당대의 시대정신에 크나큰 영향을 미친 사람이다.

그는 고전학파의 원자론을 비판하고 스미스와 개인주의와 세계주의 및 자유무역주의를 주장한데 반해서 자급자족 경제체제를 주장했다. 뮬러는 1809년 「국가학 요강」, 1816년 「신화폐이론의 연구」 등을 통해서 고전학파 경제학을 비판하였다. 첫째 고전경제학은 영국의 특수사례를 조급하게 일반화시켜 모든 사회에 적응시킬 수 있는 것처럼 착각하고 있다는 것과, 둘째 고전학파 경제학은 모든 경제현상을 지나치게 단순화시키고 있다는 점과, 셋째, 인간의 속성은 다양하므로 고전학파처럼 이기주의만을 강조할 수 없다는 점, 그리고 마지막으로 독일과 영국은 국가적으로 상황이 다르다는 것을 강조하였다.

이러한 뮬러의 사상을 경제학 속에 체계적으로 정립시킨 자가 곧 프리드리히 리스트 였다.

2. 리스트의 경제사상

1) 리스트의 생애와 사상

리스트는 1798년 독일 남부의 로이틀링겐(Reutlingen)에서 피혁업자의 아들로 태어났다. 독학으로 공무원 시험에 합격하여 회계검사원이 되었고 폭넓은 독서와 학식을 바탕으로 28살 때 휴빙겐 대학의 교수가 되었다. 당시 독일은 나폴레옹군에 의하여 패배하여 사기가 땅에 떨어졌고 피히테가 「독일 국민에게 고함, 1808」이라는 글을 발표하여 새로운 민족적 방향을 찾아 나서고 있었다. 리스트는 독일 통일에 대하여 비상한 관심을 그와 관련된 경제적 논문을 많이 발표하였다. 1829년까지 39개 영주국으로 나누어져 있던 독일은 영주국간의 이동에도 관세를 내야 할 형편이어서 국내교역도 어려웠다. 대서양연안 함부르크에서 오스트리아까지 가려면 10군데의 관세를 내야하므로 독일경제는 말이 아니었다. 리스트는 독일 발전의 저해요인이 바로 이 분단된 국토에 있다는 것을 알고 독일의 통일과 국민경제체제에 대하여 관심을 갖고 이를 위하여 분골쇄신했다.

그는 1841년 「정치경제학의 국민적 체계」를 출판했으며 그의 주장을 반대하는 영주들의 압박을 못 이겨 1846년 그의 나이 56세가 되던 해에 자살을 하고 말았다.

2) 리스트의 경제이론체계

리스트의 경제학은 고전학파를 비판하는데서 출발한다. 첫째, 그는 고전학파는 영국적 특수상황을 성급하게 일반화시켜 마치 그것이 보편적인 진리인냥 주장하고 있다고 비판했다. 그는 경제현상에는 복잡성과 불확실성이 상존한다고 보았다. 따라서 여러 가지 면에서 경제적 풍토가 서로 다른 영국의 이론체계를 독일에 그대로 적용시킬 수가 없다고 보았다.

둘째, 그는 경제현상이란 곧 역사적인 것이며 역사도 과거의 현실이므로 현실의 문제를 바르게 해결하기 위해서는 과거의 확고한 사실에 근거하는 귀납적 접근방법이 오히려 좋다고 했다. 즉, 비현실적 전제조건과 가정을 갖고 현실의 경제문제를 이해하려고 하는 것보다 역사적인 사실을 바탕으로 하여 현실의 문제를 해결해 나가는 것이 훨씬 좋다는 것이다.

셋째, 고전학파적 개인주의와 세계주의를 부정하는 대신 국가주의를 강력하게 주장하였다. 당시의 영국은 중앙정부의 권한이 아주 강해서 그것이 국가발전에 지장을 초래해 개인주의를 주장하였고 국토가 섬나라에서 더 큰 해상권이 필요했기 때문에 세계주의를 필요로 했다. 그러나 독일은 분권화된 영주국이 국가발전에 지장을 초래했기 때문에 리스트는 국가주의를 제창하게 되었던 것이다.

넷째, 리스트는 혁신과 개혁을 주장했다. 영국은 이에 급속한 사회개혁이 진행하고 있었기 때문에 혁신에 대해서 관심이 적었으나 독일의 경우는 혁신을 통해 과감하게 국민적 상공업국가를 만들어 나가고자 했던 것이다.

다섯째, 경제발전을 진화론적 시각에서 바라보았다. 경제이론은 경제적 여건에 따라 얼마든지 다르다는 것이다. 한 나라에 적합한 이론이라고 그것이 결코 다른 나라에도 적합하다는 보장은 없다. 따라서 독일은 유치산업을 보호해야 하고 국가 경쟁력이 충분히 갖추어 질 때 시장을 개방해야 한다고 보았다.

이상과 같은 리스트의 경제이론체계는 로셔(Wilhelm Roscher, 1817~1894), 힐데브란트(Bruno Hildebrand, 1812~1878), 크니스(Karl Knies, 1821~1898)에게 영향을 주어 구역사학파를 탄생시켰다.

3. 구역사학파와 신역사학파

1) 구역사학파의 고전학파 비판

역사학파는 구역사학파와 신역사학파로 나누는 데 구역사학파는 근세에서 시작되어 현대 브란트 및 크니스로 이어진다. 신역사학파는 구역사학파가 소극적으로 고전학파를 비판하였던 것에 비하여 통일전 독일의 강대한 힘을 바탕으로 독자적 경제이론을 구축하였던 슈몰러, 브렌타노, 바그너, 좀바르트 및 베버까지의 학맥을 일컫는다.

구역사학파는 1843년 관세동맹이 성립된 이후부터 1871년 보불전쟁에 이르기까지 형성된 학파로 경제현상을 귀납법으로 밝히려는 경제학파이다. 구역사학파는 역사적 중요성을 강조한 결과 경제이론 자체의 발전에는 크게 기여하지 못했다. 구역사학파의 대표적인 학자는 로셔, 힐데브란트, 크니스 등이다.

로셔(Wilhel Rosher)는 괴팅겐 대학을 졸업한 후 1840년 베르린 대학에서 역사학을 강의하였으며 1843년 「역사적 방법에 의한 국가경제학 강의 요망」을 저술함으로써 역사학파를 정립시키는데 공헌하였다. 그는 역사학파를 고수하는 몇 가지 주장을 갖고 있었는데 요약하면 다음과 같다. 첫째, 국민경제는 일반론적 이론체계로는 설명할 수 없으며 더욱이 독일과 같은 농업국가에 영국과 같은 산업국가의 경제이론을 적용시킬 수가 없다고 했다. 인간은 변하고 사회도 발전 변모하기 때문에 발전의 단계에 따라서 경제현실을 설명하는 인식의 틀도 달라져야 한다고 보았다. 그는 고전학파의 자유무역론을 신랄하게 비판하였다. 영국처럼 산업혁명을 성공하고 제조업의 기반이 확고하게 구축된 나라는 자유무역이 국가이익에 부합되지만 개발도상국에 불과한 독일은 자유무역을 통해서 국가발전을 기대하기 어렵다고 보았다.

둘째, 그의 경제학분석의 틀을 국가주의적 색채를 띄고 있었다. 독일은 당시 통일국가를 이루지 못했으므로 국력이 약하고 주변국들에 의해 국토를 유린당한다고 보고 국가주의 경제학을 주창하였다.

셋째, 그는 역시 귀납법을 주장했다. 사회현상을 고전학파처럼 인과법칙에 의존하기보다는 역사적 사실에 의한 유사법칙이 설득력을 지닌다고 보았다. 인간은 소우주로 유일한 상황일지라도 그가 처한 입장에 따라 반응은 서로 다르다고 보았다.

넷째, 점진적 개혁을 주장했다. 그는 고전학파처럼 현실안주의 보수주의자는 아니었고 마르크스처럼 유혈혁명을 하는 것에도 반대했다. 그는 경제현상을 역사적 방법과 점진적인 경제환경의 변화에 맞추어서 이해하여야 한다고 보았다.

크니스는 하이델베르그 대학을 졸업했으며 마부르크 대학과 프라이부르그 대학 및 하이델베르그 대학에서 교수생활을 했다. 그는 1883년 「역사적 입장에서 본 경제학」을 출간했으며 고전학파의 세계주의와 영원주의를 비판했다.

크니스는 고전학파를 두 가지 측면에서 근원적으로 부인하였다. 고전학파는 이기주의와 사유권을 근거로 이론을 전개하고 있으나 이기심은 종종 사회복지와 상충하고 사유권도 시대적 현상에 불과하며 그 증거로 중세에는 엄밀한 의미에서 사유권이 없다고 주장했다.

2) 신역사학파

신역사학파는 각 나라의 경제사를 실증적으로 연구 분석하여 귀납법적으로 경제이론을 추론하고 이를 사회현실에 구현하고자 했다. 그들은 경제학을 단순한 경제현상의 분석만으로 보지 않고 경제현상을 사회현상의 일면으로서 정치, 법률, 종교 및 윤리의 측면을 내포하고 있기 때문에 이를 종합적으로 다루어야 한다고 생각했다.

신역사학파 경제학을 수립한 학자는 슈몰러, 바그너, 브렌타노, 좀바르트 및 막스웨버라고 할 수 있다. 이들은 독일이 유럽대륙의 강자로 부각하면서 소극적인 역사학파의 테두리를 벗어나고자 했다. 1871년 프러시아는 보불전쟁에서 승리하여 독일제국을 통일하게 되자 정치·사회정책의 새로운 이론적 근거를 필요로 하게 되었으며 구역사학파의 단순한 고전학파 비판이론만으로는 새 시대의 이데올로기로서 충분하지 못했다.

슈몰러(Gustave von Schmoller, 1838~1917)는 튀빙겐 대학을 졸업하고 공무원이 되고자 했으나 학생시절 정부의 관세정책을 비판했던 글이 발각되어 뜻을 이룰 수 없었다. 그 후 그는 학문에 전념하여 1864년 할레(Halle) 대학의 교수가 되었다. 1882년 베를린 대학교수가 되어 30년 이상 근무하면서 명강의로 이름을 날렸다. 1884년에는 프러시아의 추밀원 위원이 되었고 1887년에는 과학원 정회원이 되었으며, 1889년 베를린 대학 총장이 되었다.

그는 주저 「일반국민경제학원론, 1890」을 통해서 경제현상을 고전학파의 주장처럼 기계적이고 자동적으로 운영될 수가 없으며 인간사회의 현상이기 때문에 관습, 법, 도덕 및 사회제도에 의하여 영향을 받는다고 보았다. 그러므로 경제학은 기술적이고 합리적인 요인과 더불어 윤리와 법 등 주관적인 영향을 많이 받는다고 보았다. 경제학에 있어서 주관성의 문제를 너무 강조한 나머지 막스 웨버를 비롯한 몇몇 학자들에 의하여 공격을 받았다.

맹거(Karl Menger, 1840~1921)는 방법론 측면에서 주관적 이론체계는 과학성을 결여한다고 비판하였다. 그는 경제학 분석방법에서 2분법, 즉 경제이론사 및 경제정책으로 구분하여 경제이론과 경제사는 동일한 경제현상의 객관적 관찰에 속하는 학문분야라고 했으나 맹거는 경제이론과 경제사를 각기 독특한 학문영역으로 구분하여 경제이론·경제사 및 경제정책의 3분법을 지지하였다. 이러한 경제학 방법논쟁은 막스 웨버에 의해 비판을 받으면서 역사학파의 계기가 되었다.

바그너(Avlolf Wagnaer, 1835~1917)는 괴팅겐 대학과 하이델베르그 대학을 졸업하고 법학, 국가학을 공부한 뒤 1853년부터 비엔나 대학에서 교수생활을 했다. 1873년 프라이부르그 대학교수, 1870년에는 베를린 대학교수가 되었고 1881년 기독교사회학의 창단 맴버가 되기도 했다. 1882년에는 국회의원, 1910년에는 상원의원이 되어 국가정책에 활발한 참여를 했다. 바그너 역시 고전경제학이 틀린 것은 인간을 단순한 이윤극대화의 동물로 본 것이라고 하고 아무리 정교한 이론일지라도 경제외적 변수인 윤리성, 도덕성, 가치판단, 의식

구조가 바뀌면 경제이론도 무너질 수밖에 없다고 보았다.

그의 이론은 특히 재화 및 조세 분야에 공헌을 하였는데 조세 4원칙인 재정정책원칙, 국민경제원칙, 공평의 원칙, 세무행정의 원칙이 그것이며 오늘날의 조세론에 근간을 이루고 있다. 그는 재정정책적 원칙에서 과세의 충분성과 가동성, 국민 경제적 원칙에서 올바른 세율과 세목선택, 공평의 원칙에서 과세의 일반화 원칙과 평등의 원칙 그리고 세무행정의 원칙에서 과세의 명확성과 편의성 및 최소징수비의 원칙을 주장하였다.

브렌타노(Ludlwig Brentano, 1884~1931)는 라이프찌히 대학, 베를린 대학 및 괴팅겐 대학에서 공부했으며 베를린 대학 강사 라이프찌히대학 강사를 거쳐 1891년 뮌헨 대학의 교수가 되었다.

그는 1927년 노벨 평화상을 받으며 노동조합 운동의 이론적 전문가로서 명성이 높았다. 그는 사회적 자율정책을 주장한 사람으로서 상속권과 사유권을 인정하여 노동조합의 자유를 보장함으로써 사회의 형평하고 전반적인 발전을 기대했다.

좀바르트(Werner Sombart, 1863~1941)는 베를린 대학에서 슈몰러, 바그너의 영향을 받아 역사학파 경제학에 심취했다. 그는 경제이론과 역사를 결합하려는 장대한 시도를 했다. 그는 자본주의 발전의 원동력은 영리주의와 합리주의이며 1911년 「유태인의 경제생활」이라는 책을 통해 그 이론적 근거를 분석했다.

신역사학파의 거성이며 경제학의 방법론에서는 칼 맹거를 지지했던 막스웨버는 사회과학 전반에 해박한 지식을 가졌던 학문적 대가였다. 그는 사회과학방법론과 가치판단의 역할 및 이론과 실제문제 등에 관하여 많은 관심과 공적을 남겼다.

베버는 자본주의 경제의 본질과 제도적인 문제를 분석하는데 마르크스 경제학의 자본주의 개념을 이용하였다. 그는 맹거 「자본주의 정신과 프로테스탄트의 윤리」(*The Protestant Ethic and Sprit of Capitalism*)에서 자본주의 경제의 이윤극대화 행위의 중요한 요인이 기독교적 금욕주의에 있다고 주장했다. 그는 프로테스탄트의 금욕주의 윤리는 자본축적의 동기를 부여하며 그것이 이윤축적의 원동력이라고 보았다.

4. 역사학파와 한국경제

경제학방법론에서 슈몰러와 맹거가 벌렸던 논쟁은 신역사학파에게까지 이어지면서 막스웨버가 슈몰러의 학문적 방법론을 비판함으로써 역사학파는 쇠퇴의 길을 가게 되었다. 즉, 경제문제의 인식에 객관성과 가치판단을 배제시켜야 한다는 웨버의 주장은 설득력을 지녔다. 따라서 역사학파의 방법론 자체에 문제성이 지적되자 역사학파는 해체의 길을 접어들었다.

그러나 역사학파의 인식의 틀은 한국경제의 오늘의 과제를 이해하는 데는 매우 중요한 시사점을 지니고 있다고 보여진다. 지금의 세계자본주의의 국가경쟁과 개방의 논리가 과연 한국경제의 생존과 번영을 위해서 불가피한 대안인가에 대해서는 검토해볼 필요가 있다. 물론 한국경제도 세계화의 흐름에서 결코 영원히 자유로울 수 없다. 그렇지만 경제운용에는 시간과 여건의 요소가 필요하다. 맹목적으로 WTO체제를 추종하기보다는 우리 경제의 내면을 면밀하게 분석해보고 경쟁력이 있는 분야, 경쟁력이 확보되는 분야부터 단계적으로 개방하는 것이 옳았다. 지금은 어느 정도 길항력을 가졌지만 그 당시 우리나라는 우리나라는 자본, 금융, 산업, 노동, 기술, 환경 등등의 모든 분야에서 무리한 세계화의 추진으로 엄청난 고통을 겪어 왔음이 사실이다.

오늘날 우리나라에게 있어서도 결코 역사학파의 인식은 무용한 것이 아니라고 본다. 지금 세계화의 흐름으로 어려움을 겪고 있는 동아시아를 비롯한 많은 개발도상국가들에게 경제문제를 해결함에 있어서 시간적인 인식의 중요성을 다시 한번 생각해보게 하는 의미있는 경제사상이 바로 역사학파임을 생각할 필요가 있다.

제 9 장

칼마르크스와 사회주의 경제사상

1. 마르크스경제학의 출발

사회주의 경제학은 고전학파경제학에 대한 비판으로부터 출발한다. 마르크스는 1818년 독일과 라인란트의 작은 도시 트리에(Trie)라는 곳에서 태어났다. 아버지 하인리히는 유명한 변호사였는데, 후에 마르크스는 아버지의 포도원을 자랑한 적이 있다. 형이 4살 때 죽자 마르크스는 장남 역할을 하며 누이동생들의 대장으로 군림했다.

마르크스는 어릴 때부터 날카로운 비판력과 인신공격에 천부적 재능을 갖고 있었다. 그는 본 대학에 입학하면서부터 서서히 사회주의자로 성장하기 시작했다. 그 자신은 도대체 합리주의를 모르는 문제아였다. 아버지 하인리히는 낭비벽과 술벽이 심한 아들에게 비교적 넉넉한 돈을 대어주었다. 술주정이 심해서 대학당국에 의해 구속되기도 하였으며 나중에는 베를린 대학으로 전학할 수밖에 없었다. 마르크스는 방탕할 뿐만 아니라 자신의 몸 관리가 지저분한 게으름뱅이였다. 검은 피부, 덥수룩한 수염, 길고 윤기 없는 머리카락 때문에 그는 마치 거지처럼 보였다. 대학의 강의는 빼먹기 일쑤였고 조직생활에 충실하지 못한 일종의 반항아였다.

마르크스는 헤겔학파들의 서클에 가입하면서 변증법과 역사철학에 깊은 관심을 갖었다. 예나 대학에서 희랍철학에 관한 연구로 박사학위를 받은 마르크스는 중산층을 위한 진보주의 성향의 「라인신문」에 입사하여 편집인으로 일하게 된다. 아이러니칼하게도 그는 처음에는 공산주의자로 빠지려는 과격론자의 주장을 막는데 주력한다.

1843년 마르크스는 파리로 옮겨 한 정치평론지의 편집자들과 어울렸다. 그들은 '신을 자처하는 무신론자들'이었다. 공동편집인 루게(A. Ruge)는 마르크스와 같은 과격파 무신론자들과 맞지 않았다. 그들의 동료 중에 부유한 공장장의 아들이었던 엥겔스가 있었다. 그는 마르크스의 생활과 생존에 결정적 역할을 담당했다. 엥겔스는 낮에는 아버지의 공장에서 월급을 받는 자본주의자였고 밤에는 헤겔을 독파하는 공산주의자였다. 엥겔스는 독일인이었으나 영국에서 살며 방직공장을 경영했던 적이 있었다. 맨체스터에서 지내는 동안 1884년 「영국노동계급의 실태」(*The Conditions of the working class in England*, 1884)라는 책을 써서 영국의 빈민층 실상을 파헤쳤다. 엥겔스는 스스로는 고급사교계를 드나들면서 글로서는 거룩한 휴머니즘을 발휘한 셈이다.

2. 유물사관

마르크스 경제철학의 바탕은 헤겔의 철학이다. 헤겔은 철학의 목적이 아이디어들의 전개를 통한 지식의 습득에 있다고 보았다. 역사는 인간의 정신활동이며 인간이 접할 수 있는 모든 것은 정신세계가 인도한다고 보았다. 헤겔은 역사란 당대의 가장 유력한 민족주의에 의하여 창조되어 나간다고 했다. 이집트시대가 끝나자 그리스시대가 열렸고 국민시대가 뒤를 잇듯이 역사는 시대정신에 의하여 변모 창조되어 나간다고 보았다.

그러나 마르크스는 헤겔의 이상주의를 반대했다. 독일의 철학자 포이에르 바흐의 주장을 따라 물질적인 힘이 역사에서 차지하는 비중을 높이 평가했다. 포이에르 바흐는 그의 저서 「기독교의 본질」에서 신이란 단지 인간의 욕망, 필요속성 등의 투영에 지나지 않는다고 했다. 인간이 신을 창조했지 신이 인간을 창조한 것은 아니라는 것이다. 이렇게 보면 마르크스는 헤겔철학을 제대로 전수받지 않은 것처럼 보인다. 그러나 순조롭고 점진적으로 이어져 나간다고 보지 않았다. 그렇다고 역사는 서로 무관하고 독립된 사건들로 구성된 것도 아니다. 역사는 서로 대립하는 힘들의 투쟁으로 이루어진다. 모든 관념에는 그 대립된 관념이 있어 이들은 서로 합성하여 새로운 합성명제(Synthesis)를 탄생시킨다고 보았다. 마르크스는 결국 변증법과 유물주의를 합성시켜 변증법적 유물론을 제창하였다. 그는 "역사란 하늘에서 생겨나지 않는다. 종교가 무엇이고, 원리가 무엇이며, 민족주의가 다 무엇인가 창밖을 내라보고 빵 한 조각을 얻기 위해 발버둥치는 인간을 똑똑히 보라 …… 빵없는 역사란 있을 수 없다. 그리하여 최초의 역사적 행위는 …… 기본적 필요를 충족시키기 위한 수단의 생산이다."라고 갈파했다.[1)]

1) 토드부크 홀츠 저(이승환 역), 죽은 경제학자의 살아있는 아이디어, 김영사,

그는 모든 생산제조는 필연적으로 지배계급과 피지배계급을 낳는다. 각자의 시대는 지배계급이 피지배계급으로부터 빵을 빼앗는 방법의 차이에 따라 구분된다. 고대시대에는 노예를 소유한 자들은 든든한 생산수단을 갖고 있었다. 중세봉건제도 하에서는 영주들이 농노의 이익을 가로챘다. 자본주의하에서 그들의 생산품을 가져간다. 따라서 지배계급의 생존여부는 피지배계급의 노동에 달려있다고 그는 보았다.

3. 마르크스의 경제이론

마르크스 경제학은 자본주의 경제의 생산양식과 관련된 生産, 分配, 流通 등의 존재하는 모든 원리를 구명하여 자본주의 경제구조가 왜 붕괴되어야만 하는지 밝히는 자본주의 경제학의 비판서이다. 마르크스 경제이론은 그의 力著 「자본론」(*Das Capital*. 1867)에 포괄적으로 집대성되어 있다.

마르크스의 자본주의 비판이론은 먼저 가치론에서 시작되고 그것이 노동가치, 잉여가치, 착취, 재생산, 자본축적, 이윤율하락, 산업예비군, 공황으로 이어져 결국 변증법적으로 자본주의 경제의 종말이 결정된다고 전개되고 있다.

1) 가치와 노동가치론

마르크스 경제학의 핵심적 요소가 노동가치론이다. 경제학설사에

1997, pp. 167～168 참조.

서 노동가치론에 대하여 가장 명료한 형태의 개념을 정리한 것은 리카도의 경제학이 있다. 마르크스는 리카도로부터 이 노동가치론을 배워 그의 장대한 학설체계를 수립하는데 이용했던 것이다.

노동가치론은 자본주의 사회의 토대를 이루는 상품의 교환관계를 설명하려고 하는 것이다. 상품은 인간의 욕망을 충족시키며 이 상품가치는 추상적인 인간노동의 산물이다. 상품가치는 그 속에 포함되어 있는 사회적으로 필요한 노동시간으로 결정되며 우리가 쉽게 볼 수 있는 교환가치의 뒤에 숨어 있다. 교환가치는 상품시장에서 수요공급에 따라 항시 변동하나 상품의 가치를 중심으로 상하로 변동한다. 이러한 상품가치는 상품에 대한 수요가 없으면 가치를 지닐 수 없다. 사용가치는 단순히 노동하나만의 산물이 아니고 자연과 노동의 복합물이다. 자본가는 노동력을 제공하는 노동자에게 투입된 노동시간에 의해서 결정된다. 따라서 상품가치는 노동자의 생존비와 같게 된다.

2) 잉여가치론

노동력의 가치는 노동자의 생존비와 같다. 그러나 노동자가 현대식 기계와 결합되면 생산성이 향상되어 하루 중 몇 시간만 일하면 생존비만큼의 가치를 생산할 수 있고 나머지 시간을 활용한 생산물가치는 잉여가치로 남게된다. 이 잉여가치는 노동자가 창조한 가치이지만 자본가가 소유하게 되어 자본가 이윤의 원천이 된다.

자본이란 고정자본(생산재의 감가상각 + 원자재)과 유동자본(잉여가치를 창조할 수 있는 노동자의 생존비인 임금)으로 구성되므로 상품의 가치는 고정자본 + 유동자본 + 잉여자본의 합이 된다. 잉여가치율은 잉여노동

[잉여가치 / 필요노동(유동자본)]이 된다.

3) 자본축적과 이윤율저하의 법칙

고정자본(기계)은 유동자본(노동)의 생산성 증대와 함수관계를 가지고 있다. 이것은 자본축적의 원천이 된다. 자본이 축적될수록 고정자본 대 유동자본의 상대비율이 상승한다. 유동자본의 절대량도 증가하지만 고정자본에 대한 비율은 상대적으로 감소한다. 따라서 이윤율(자본/잉여가치)이 하락하지 않을 수 없다. 왜냐하면 잉여가치는 자본중의 유동자본에서만 창출되는 반면, 고정자본이 유동자본에 비해 상대적으로 더 증가하기 때문이다. 이상의 이윤율하락 경향은 장기적인 것이며 자본가는 단기적으로 노동착취를 높이고 임금을 줄여나간다.

4) 자본주의 경제의 내재적 모순

자본가는 자본을 더욱 축적할려는 본능을 갖고 있다. 그러한 욕구의 하나로 자본가는 더욱 부를 증대시키고자 하며 이를 위해 노동대가의 착취와 사회통제를 도모한다.

노동의 공급측면에서는 자본축적과 더불어 노동부족 현상이 일어날 수 있다. 그러나 임금이 상승하기 때문에 노동계급의 수는 늘어나고 노동수요는 고정자본의 비율보다 상대적으로 떨어지게 된다. 결과적으로 과잉인구(실업자)와 실업자가 발생하게 된다. 자본주의가 발전한다는 것은 무슨 뜻인가? 마르크스는 자본의 설명은 가치증식에 있다고 했다. 노동자로부터 착취된 가치는 끊임없이 자본가의 수중에서 축적되어 자본으로 전환된다. 그리고 보다 큰 가치를 낳기 위해 사용된다.

자본축적의 최초의 효과는 노동력에 대한 수요의 증대이다. 노동이 다른 상품과 다른 면이 있다면 그것은 가격이 오른다고 해서 쉽게 공급이 늘지 않는다는 점이다. 즉, 인간은 임금이 오른다고 해서 증산되는 것이 아니다.

또한 축적된 자본은 노동력의 수요를 증가시킨다기 보다는 자본에 대한 투자를 확대함으로써 기계화에 따른 실업이 증가할 가능성이 높다. 마르크스는 이와 같이 자본축적의 결과로 생산과정에서 배제되는 노동인구를 산업예비군이라고 하였다.

자본은 이윤율 저하를 상쇄하기 위하여 다시 생산력의 개선을 도모하기 때문에 자본구성은 도리어 고도화되어 간다. 결국 빠른 속도의 생산과 모든 대중의 한정된 소비력 사이의 모순이 언젠가는 폭발하기에 이른다. 그것이 공황이다.

자본주의적 생산은 광범한 분업조직의 상황에서 많은 노동자를 고용하고 생산력을 발전시킨다. 그러나 사유재산제도라는 사회제도하에서 만들어진 생산물은 모두가 자본가의 점유로 되어버린다. 대중들은 구매력이 없고 생산물은 퇴적된다. 마르크스에 의하면 공황은 어떤 행태로도 해결될 수 있는 것이 아니다.

그러한 구조적 모순은 노동계급의 혁명에 의해서 붕괴될 수밖에 없다. 종국적으로 마르크스는 노동자혁명에 의해서 붕괴될 수밖에 없다고 보았다.

4. 마르크스 경제학에 대한 평가

해박한 지식의 소유자였던 마르크스를 정확하게 평가하기란 쉬운 일이 아니다. 지난 세월동안 수많은 지식인들이 마르크스에 대하여 이런 저런 평가를 해왔다. 때로는 찬탄으로 그리고 또 다른 때에는 비난으로 마르크스를 도마 위에 얹었었다. 마르크스에 대한 평가는 다양할 수 있다. 그러나 몇 가지 측면에서 공통된 중요 부분을 정리해 보면 다음과 같다.

첫째, 마르크스의 유물사관이다. 역사의 발전은 유물론적 변증법에 의한다는 마르크스의 주장은 그럴듯하지만 인간의 정신문제를 도외시켰다. 결코 인간은 피도 눈물도 없는 이기적 존재는 아니다. 마르크스는 관념의 힘을 지나치게 무시해온 오류를 범하고 있다. 인간은 정신과 육신의 복합체이다. 분명히 정신은 육신을 앞서가는 중요부분이다. 인간의 지성, 인간의 사랑, 인간의 양심, 인간의 도의가 무시되어서는 안 된다. 사실 오늘날 자본주의 경제학은 아이러니칼하게도 이와 같은 경제도의를 지나치게 경시하는 경향이 있다. 경제학은 분명히 새롭게 구축되어야 한다. 인간과 물질이 함께 있는 인간주의 경제학으로 다시 정립되어야 한다. 마르크스는 역설적으로 현대자본주의 경제학에 대한 반성의 기회를 갖게 하고 있다.

둘째, 그의 프로레탈리아에 대한 비참, 실직 자본주의 몰락에 관한 예언은 빗나갔다. 그는 구조적으로 모순을 갖고 있는 자본주의는 프로레탈리아들의 혁명에 의하여 없어지고 불평등과 부족함이 없는 이상의 사회 공산주의가 도래한다고 했다. 프로레탈리아의 불평등과 데모와 저항에 있어서 혁명은 발생하지 않았다. 자본주의는 스스로의 문제점을 지적하고 개선하며 새로운 개량사회를 만들어가고 있다. 마르크스가 꿈꾸던 공산사회는 모두가 못사는 사회로 증명되고 말았다. 적어도 인간의 정신이 완전한 성현의 단계에 들어가지 않는 한 말이다. 불완전하고, 불확실하며 인간의 이기심이 상존하는 한 마르크스가 주창하는 공산주의 사회는 '능력에 따라 일하고 필요에 따라 보수를 받는' 이상사회가 될 수 있는 것이다.

셋째, 노동가치론, 잉여가치론은 마르크스 경제학의 핵심이다. 가치의 본질은 노동이라는 생각, 그리고 노동자들이 창조해내는 잉여가치를 자본가들이 착취해간다는 마르크스의 생각은 부분적으로 옳다. 가치의 상당한 부분은 투하노동에 의하여 결정된다. 그러나 그것이 결코 전부는 아니다. 현실에 있어서 많은 가치는 효용수요가 결정한다. 한계효용학파들이 제창한 한계효용은 가치결정의 추가적인 요인이다. 수요공급의 상환에 따라 효용이 변하고 상품에 대한 가치가 변한다. 본래의 가치에서 추가되는 잉여가치란 결코 노동자들만이 창조하는 것은 아니다. 탁월한 아이디어, 경영기술을 포함한 시장상황의 변동이 잉여가치의 크기를 다양하게 변화시킨다. 노동자의 잉여가치설 역시 가치창조의 일부분일 뿐이다.

넷째, 마르크스는 생산력, 독창력, 기술 그리고 가치창출의 시장환경 등을 고려하지 못했다. 자본주의 경제구조는 마르크스가 생각하던 것 보다 훨씬 복잡하고 다양하고 신축적이다. 오늘날 벤처기업가들의 폭발적인 아이디어 가치를 마르크스는 미쳐 예상하지 못했다. 오늘날의 세계는 초국가 경쟁력의 바탕이라는 초기술 전쟁시대이다. 엄청난 기술의 능력이 21세기를 지배하는 기술가치 시대이다. 기술

경제학의 새로운 과제들이 부각되고 있다. 인류보다는 도의와 기술의 새로운 합성명제를 찾아 한층 더 차원 높은 고민을 해야하는 시대로 진보하고 있는 것이다.

제 10 장
근대경제학과 경제과학사상

1. 한계효용학파

경제학의 학문적 발자취를 더듬어 본다면 우리는 태산과 같은 위상을 지닌 고전학파를 접할 수 있다. 다른 학문에도 그러한 위상을 갖고 있는 학파가 있을지 의심스러울 정도로 장엄한 학문의 봉우리에 경제학의 고전학파가 자리하고 있는 것이다. 웅장한 스케일, 장대한 동학 그것이 바로 고전학파이다. 비전과 道義와 哲學의 학문으로서 경제학의 세계를 그린 고전학파는 과학주의의 도래와 함께 그 정교성에서 새로운 시대의 과제를 해결하는데 다소 둔탁한 느낌을 주었다. 인간의 사고가 보다 세분화되고 계산에 분명한 문명인에 가까울수록 경제학은 과학주의의 틀에 대하여 호기심을 가졌다.

고전학파의 장대한 동학만으로는 현실에서 끊임없이 부딪히는 구체적인 경제문제를 해결해나가는데 미흡하다는 것을 안 경제학자들은 과학적 인식의 틀과 수학적 분석도구를 필요로 하게 되었다. 수많은 구성원, 사회 각 계층간의 끊임없는 이해관계의 갈등은 정확한 계산을 필요로 하게 되었다. 이러한 필요성이 고전학파 경제학을 과학적 분석도구로 무장하게 하였다.

경제학을 가장 과학적인 학문으로 만든 학파가 바로 한계효용학파이다. 한계효용이론은 효용의 문제를 과학적으로 접근한 이론체계이다. 한계효용학파는 비전과 추상으로 만들어진 비전 경제학을 (vision economics) 도구경제학(tools economics)으로 만들어 갈 수가 있었다. 그것은 의외로 고전경제학이 갖고 있었던 매우 중요한 가치의 문제(가치의 모순)를 명쾌하게 해결함으로써 자본주의 경제의 지속적인 발전을 가능하게 했다.

물론 한계효용이론도 역사적으로 거슬러 올라간다면 상당히 오래 전에 출현했다. 그러나 경제학사에서 무시할 수 없을 정도로 확실하게 한계효용의 개념을 연구한 학자는 독일의 고센(H.H.Gossen, 1810~1858)이다.

그는 1850년대 한계효용을 분석한 이론을 발표했다. 그의 이론은 제1의 법칙인 한계효용체감의 법칙으로 그러한 상황 속에서 효용 극대화를 할 수 있는 제2의 법칙, 즉 한계효용균등의 법칙을 발표했었다. 그러나 한계효용이론이 빛을 보게 된 것은 1870년부터였다. 제본스는 고센의 이론과 비슷한 한계효용이론을 발표했다. 이 무렵 프랑스의 경제학자 꾸르노(A. Cournot, 1801~1877)와 건설기사 듀뿡(Depuit, 1804~1866)도 같은 이론을 제시하고 있었다.

제본스는 1871년 「정치경제학의 이론」(*The Theory of Political Economy*)이란 책에서 한계효용이론을 보다 체계적으로 다루었는데 이것은 당시의 대작 마르크스의 「자본론」에 대하여 상당히 도전할 만한 책이었다. [1] 그 당시 유럽은 노동조합과 공산주의 이론으로 뒤

덮여 있었고 마르크스가 주장하는 노동가치설은 노동자와 중산층 이하의 많은 서민들에게 설득력을 갖고 있었다. 노동가치설의 득세는 자본주의 경제질서에 대한 크나큰 도전이었으며 경제학의 본질인 가치논쟁에서 자본주의 경제학이 전도될 수 있는 위험에 빠지게 되었다. 가치의 결정이 한계효용에 있다는 제본스의 주장은 흔들리는 자본주의 경제학의 구원의 빛이 되었다. 제본스가 한계효용이론을 발표할 당시 오스트리아의 맹거(C. Menger, 1840~1925), 스위스의 왈라스(Leon Walras, 1834~1910) 등도 같은 이론을 발표했었다. 한계효용이론에 대한 이 근거 등의 동시적 주장은 자본주의 경제이론의 과학화와 가치본질에 대한 확연한 구축으로 주류경제학을 더욱 강건하게 만들었다.

2. 한계효용학파의 경제학자들

1) 고센(Hermann Heinrich Gossen, 1810~1858)

고센은 경제학자로서 알려진 이름 값보다는 훨씬 더 비중 있는 경제학자였다. 사실상 한계효용이론을 최초로 체계화한 사람이었음에도 불구하고 그 공헌만큼 그는 이름 값을 못 얻고 있는 셈이다. 그는 1834년 공무원이 되었으나 흥미를 느끼지 못해 사임하고 보험회사에서 일을 했으나 그것 역시 마음에 맞지 않았다. 그는 평생 대학교수을 하고 싶었으나 뜻을 이루지 못하고 세상을 떠났다. 1854년 「교환

1) 주명건, 경제학사, 박영사, 1993, p. 367.

법칙의 전개」등의 저술을 하였으나 절반 책이 팔리지 않았고 팔리지 않았던 책을 회수하여 대학교수였던 조카에게 넘겨주었다. 후일 제본스는 그의 「정치경제론」(*The Theory of Political Economy*)에서 고센이 자신의 경제이론의 선구자였음을 인정하였다고 한다. [2]

고센은 주어진 자원으로 개인이 어떻게 하면 최적상태에 만족을 얻을 수 있는지에 대하여 한계효용의 개념을 이용하여 설명하고자 했다. 고센의 방정식을 이용해서 설명해보면 다음과 같다.

$$\max U = \Sigma Ui(ei) = \Sigma ei$$

여기서 U는 효용, Ui는 한계효용, ei는 시간을 나타낸다. 고센은 단위시간당 주어지는 증가되는 쾌락의 크기는 소비된 시간에 대하여 감소함수라고 보았다. 즉, 그가 제시하는 제1법칙인 '한계효용 체감의 법칙'이 존재한다고 보았다.

그러한 상황에서 총효용을 극대화시키기 위해서는 효용을 얻기 위한 각각의 활동에 가장 효율적인 방법으로 배분함으로써 세부적인 최적화를 실현할 수가 있다고 보았다. 그는 한계효용은 소비수량의 증가에 따라 감소한다고 보고 직선으로 표시했다.

그는 각 소비재의 한계효용을 일치시키면 자원이 최적으로 배분된다고 보았는데 이것이 바로 '고센의 제 2법칙'이다.

2) 주명건, 앞의 책, p. 369.

그림 10-1

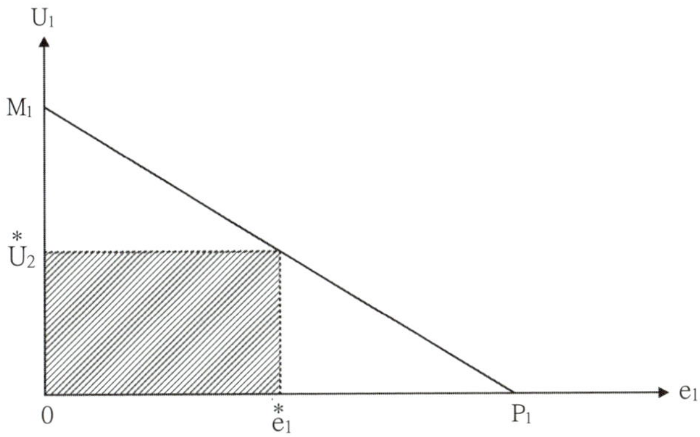

2) 제본스(William Stanley Jevons, 1835~1882)

영국의 경제학자, 통계학자 및 논리학자로 런던대학을 졸업하고 한계효용학파의 창시자가 되었다. 1866년 맨체스터의 오웬즈(Owens)는 대학에서 논리학, 윤리학 및 경제학을 가르쳤는데 1878년부터 1880년까지는 런던 대학 경제학교수로 근무했다.

1871년 한계효용의 원리를 발표하였으며 영국의 공리주의를 한계효용이론으로 체계화하였다. 그는 노동가치설을 배격하고 생산비이론을 무시한 새로운 가치이론을 주창했으나 후일 다시 ① 생산비는 공급을 결정한다. ② 최종 효용도는 가치를 결정한다고 함으로써 노동가치 문제를 다시 혼란스럽게 하였다. 제본스는 고전학파 경제학이 지나치게 생산 중심 경제학인데 비해 수요의 문제를 새롭게 부각시켰다는 점에서 효용이론과 함께 역사적 의미를 지닌다.

3) 왈라스와 균형경제학

왈라스는 19세기에 배출된 경제학자 중에서 가장 탁월한 사람 중의 하나이다. 그는 그때까지 신고전학파 경제학이 바탕에 깔고 있었던 '다른 사정이 동일하다면'(ceteris paribus, other things being equal)이라는 명제를 풀어 헤치고 경제학을 하나의 일반적 상황 속에서 관찰하려고 했던 최초의 경제학자였다.

그의 아버지 역시 경제학자였으나 경제학 교수직을 얻지 못하였고 문교부의 말단 관리로 생애를 마쳤다. 레온 왈라스는 국립대학인 에꼴폴리테그닉에 입학하고자 했으나 번번이 수학실력이 모자라서 낙방하고 광산학교에 입학했다. 그가 수리경제학의 창시자 중의 하나인 것은 경제학의 또 하나의 아이러니이다.

그는 1851년 문학사 그리고 1853년에는 이학사 학위를 취득하였으며 몇몇 작품을 쓰기도 했으나 24세가 되어서 경제학에 입문하게 된다. 1871년 37세의 나이로 그는 로잔느 대학에 전임교수가 되었다. 그는 당시의 상시몽과 같은 사람이 공상적 사회주의자였기 때문에 자신은 과학적 사회주의자가 되고자 했다. 그는 로잔느 대학 임용전 가졌던 공산주의자적 흔적을 남기지 않으려고 순수경제학적인 연구에만 집착했다. 당시 로잔느 대학에는 경제학교수가 자기 혼자 뿐이었으므로 그는 수학자들과 교류를 많이 했다.

力學 교수인 폴 피카르(Paul Piccard)로부터 최대화기법을 효용이론에 적용할 수 있는지를 배우고 해석학을 독학하기도 했다. 그는 1873년 '교환에 관한 수리적 이론의 원칙'을 발표했으나 영국의 제본스가 먼저 효용이론을 발표했다는 사실을 알고 매우 실망했다. 제본스에 대하여 많은 질투심을 느꼈으나 고센이 1854년 제본스보다

먼저 한계효용이론을 발표했음을 알고 마음을 누그러뜨렸다. 그 후 한계효용이론을 발전시키는데 몰두하여 3편의 논문을 추가로 발표하였는데 그의 力著에 잘 정리되어 있다.

1894년 바로네는 왈라스의 一般均衡體系를 '가장 일반적이고 가장 포괄적이며 가장 조화 있는 이론'이라고 격찬했다. 경제현상에서 一般均衡이 존재할 수 있느냐하는 문제는 매우 중요한 과제인데 오늘날 이론경제학은 적어도 이론적으로는 모든 상품시장에서 동시적인 균형의 존재를 도출할 수 있다고 증명함으로써 Walras의 진리는 한층 더 높아진 셈이다. 왈라스의 학문체계는 많은 경제학자들로부터 칭송을 받고 있는데 그것은 오늘날의 많은 경제학의 왈라스적 분석의 틀을 이용하고 있기 때문이다.

일찍이 밀턴 프리드먼은 "우리는 마샬에게는 경의를 표하지만 왈라스와는 함께 걷고 있다"고 할 정도로 왈라스는 현대 경제학의 중심에 와 있다. 특히 그의 일반균형적 사고는 시장경제 시스템을 지지하는 오늘날의 경제학자들에게 신뢰의 근원을 밝혀주고 있는 셈이다.

4) 파레토와 최적경제학

파레토는 1848년 7월 15일 프랑스의 파리에서 태어나 1923년 8월 19일 Geneva Canton Celigng에서 사망했다. 그의 가족은 나폴레옹 통치 이전까지 프랑스를 통치해온 귀족가문이었다. 1889년 그는 늦은 나이에 명망 있는 러시안 계층의 여성과 결혼했다. 파레토는 초창기에 강한 자유주의 신봉자였다. 그의 많은 저술들도 자유무역제도를 실현하는데 기여하였다. 그는 자유주의자 모임인 '아담 스미스

협회'에도 자주 나가 자유주의적 소견을 피력하곤 했다.

그 후 정치에 관심을 가지면서 그는 사회주의적 사고에 관심과 이해를 갖게 되었다. 그는 그 나름대로 약자에 대한 동정과 권력의 부당한 횡포에 대한 저항의식이 강했던 양심 있는 지식인이요 학자였다.

파레토는 19세기의 과학주의 물결이 풍미하던 시대에 살았다. 그는 모든 분야에서 과학적 사고의 필요성을 인식하고 있었다. 그는 왈라스를 스승으로 모시고 경제학을 공부했으며 학풍과 인생부분에서 왈라스와 비슷한 점이 많았다. 그는 경제학자로서 왈라스에 대해서는 한결같은 찬사를 보냈으나 Marshall, Edgeworth 등 당대의 거물학자들과는 동감하지 않았다.

그는 마샬의 부분균형이론을 별로 좋게 생각하지 않았다. 그는 종종 "마샬은 경제학 균형의 개념을 잘 납득하지 못하고 있는 것 같다. 그리고 그는 우리들의 경제학 개념에 대해서 주목하고 있지도 않은 것 같다"고 불평하기도 했다. 아마도 그는 마샬보다 왈라스가 훨씬 더 과학적이며 포괄적이고 분석적인 경제학을 연구한다고 생각했던 것 같다. 그는 이상하게도 자신이 달갑게 생각지 않았던 Edgeworth의 이론을 자신의 경제이론 설명에 많이 이용하기도 했다.

그는 왈라스가 제시했던 일반균형의 개념을 Edgeworth 모형을 이용하여 매우 간결하게 설명함으로써 오늘날까지도 변함없는 불후의 업적을 남겼다. 파레토가 경제학에 끼친 공헌은 실제로 그 이름보다 몇 갑절이나 크다.

그는 일찍부터 효용의 가측성 문제를 거부하고 서수적 효용(ordinal utility)의 개념을 사용했다. 물론 서수적 효용의 개념은 파레토 이전에 이미 사용되었다. 그러나 파레토는 경제학 이론의 틀

속에 확실하게 정립해 나갔다.[3]

그는 효용의 측정에서 오펠리미티(Ophelimity)의 개념을 사용했으며 전체적인 효용의 크기를 최대화할 수 있는 파레토 최적은 실현 가능하다고 보았다.

그는 Pigou의 후생경제학이 갖고 있는 효용의 개인간에 비교하는 골치 아픈 문제를 적어도 이론적으로는 깨끗하게 피해갈 수 있는 멋진 모형(good model)을 만들었다. 그의 이론 중 가장 빛나는 모형인 일반균형이론(the general equiribrium theory)이 바로 그것이다. 일반균형이론에 대해서는 파레토가 왈라스로 부터 많은 부담을 지고 있다는 사실을 부인할 수 없다.[4] 그러나 그는 왈라스의 학문을 재정리했고 보다 명쾌하고 높은 수준으로 끌어 올렸다.

1892년 10월 15일에 파레토는 왈라스에게 다음과 같은 편지를 썼다.

> "당신은 순수정치경제학을 연구하는 우리 모두의 선생님입니다. 당신은 과학에 대한 새로운 길을 열어 주셨고, 당신은 다가오는 세기 동안 당신의 명성이 영원히 잊혀지지 않는 다는 확신을 갖고 안심해도 좋습니다. 그리고 당신의 이름은 새로운 과학을 기초한 사람으로 영원히 기억될 것입니다."

파레토는 세월이 갈수록 급격하게 왈라스와 가까워졌다. 왈라스의 학문적 업적이 그에 의하여 더욱 빛났다고 볼 수 있을 만큼 그는 왈라스가 진귀하고 독특한 경제학의 건축물을 세웠다고 칭찬했다. 왈라스에 대하여 정치경제학(精緻經濟學)의 대헌장과 같은 업적을 세

---

3) 박천익, 파레토 복지경제학, 대구대학교 출판부, 1998. pp. 20~31.
4) 박천익, 위의 책. p. 24.

웠다고 극찬했던 슘페터의 칭송과 다름없는 것이었다. 그러나 파레토는 후일 왈라스에게 조차 심미주의적인 요소가 있다고 하여 그에 대하여 다소 실망감을 감출 수 없었다. 그러나 왈라스에 의하여 수리적으로 정밀하게 정리된 일반균형이론은 파레토에 의하여 더욱 명쾌하고 이해하기 쉽게 분석되었다.[5)]

(1) 파레토 일반균형의 의미

한 경제가 일반균형상태에 있다는 것은 어떤 의미를 갖고 있는 것일까? 즉, 그것은 한 경제 안의 모든 시장에서 동시적으로 균형이 성립되고 있음을 의미한다. 보통 경제학에서 이용하고 있는 일반적인 개념을 이용하여 일반균형상태를 구체적으로 정리해 보면 다음과 같다.

첫째, 모든 소비자는 주어진 예산하에서 효용이 극대화되는 상품을 선택하고 있다.

둘째, 모든 소비자는 그들이 원하는 만큼 생산요소를 공급받을 수 있다.

셋째, 모든 기업은 주어진 여건하에서 이윤극대화를 도모하고 있다.

넷째, 주어진 가격체계하에서 모든 상품시장과 생산요소시장에서의 수요량과 공급량은 일치하고 있다.

이상의 네 가지 조건이 충족되는 시장에서는 어떤 경제주체도 현재의 경제상태에서 다른 상태로 변하는 것을 원하지 않게 된다. 그러므로 이러한 일반균형상태가 성립되면 다른 경제적 교란요인이

5) 박천익, 앞의 책, pp. 88~100 참고.

없는 한 그 상태가 지속될 가능성이 있다. 이는 균형경제분석에서 두 가지 축의 하나인 부분균형의 분석원리를 설명하는 원리 및 논리와 근본적으로 차이가 없는 것이다. 단지 부분균형에서는 하나의 시장 또는 부분시장에 관한 균형논리를 설명하고 있으며 일반균형에서는 그 경제상태에 존재하는 모든 시장에 관한 분석을 하고 있다는 점이다. 경쟁적 상황에서 일반균형의 상태란 각 경제주체가 자신의 이익을 좇아서 경제활동을 영위하고 있지만 각자의 서로 다른 욕망이 조화를 이루게 되고 따라서 경제활동에 있어서 私利의 추구행위는 결국 公益과 부합되는 결과를 가져올 수 있다는 것이다.

이와 같은 일반균형이론은 A. Smith 이래로 전승되어 온 주류경제학의 균형과 조화사상을 과학적으로 증명해주는 체계적인 논리이다. 다시 말하면 스미스의 '보이지 않는 손'(invisible hand)의 논리를 실체적으로 규명해주는 정식화된 모형이다.

이 이론은 신고전학파의 경제사상 및 이론체계의 중심을 이루는 모형이다. 또한 주류경제학의 가장 영향력이 있고 설득력 있는 이론적 기둥으로서 현대경제학에 있어서도 간과할 수 없는 중요한 위치를 갖고 있다. 이러한 측면에서 왈라스의 공헌은 가히 경제학계의 그 어떤 학자의 위치와 비교하여도 손색이 없는 학문적 위상과 명성을 갖고 있다. 파레토는 일찍이 왈라스의 그 같은 학문적 공헌을 인정했고 경제분석에서 철저한 과학주의자답게 그를 추종했다.

(2) 순수교환 경제학의 일반균형

〈파레토의 개념〉

어떠한 경제상태하에서 사회선택문제가 주어졌을 경우 Ω에 속하는 어느 한 요소 X를 해로서 선택했다고 가정하자. 만약 Ω에 속하는 또 다른 解로서 Y를 선택했다고 가정할 때 만약 Ω에 속하는 또 다른 解 y가 다음의 관계를 가진다고 하면

① y≥x 모든 개인의 경우 (for all)
I = 1,2,3, ..., n

② y≥x 일부 개인의 경우 (for some)
j = 1,2,3, ..., n

이면 우리는 X가 파레토 비효율적(X is Pareto-inefficient)이라고 정의한다. 또는 X를 Y보다 파레토 우위에 있거나(Y is Pareto-superior to X) 파레토 改善(Pareto improvement)이라고 한다.

이러한 비효율의 정의를 통하여 파레토 효율의 정의를 다음과 같이 내릴 수 있다. 이러한 경제상태하에서 사외 선택문제 P와 그 解 X에 대하여 X보다 파레토 우위에 있는 또 다른 어떠한 해가 존재하지 않을 때 그 解 X를 파레토 효율적이라고 말한다. 다시 말하면 X보다 파레토 우위에 있는 또다른 해가 존재하지 않는 파레토 효율적인 X에서는 어떠한 경제주체의 효용의 증대는 타인의 희생을 강요하지 아니하고서는 이룰 수 없는 상태인 것이다.

모든 경제주체들이 X를 Y보다 선호하면 사회적으로도 X를 선호해야만 한다는 사회의사결정의 전원일치원리(unanimty principle)를 의미하는 파레토효율의 기준이 언뜻 보기에는 상식적인 것 같지만 사회선택문제의 解가 될 수 있는 실현가능집합 Ω 중에서 파레토 효율의 집합만으로 우리의 선택의 폭을 줄여줌으로써 최종적인 단

일해(unique solution)에도 접근할 수 있는 가능성을 높여 준다. 2인 2상품의 교환경제하에서 에지워드 箱子내의 모든 점이 사회선택의 문제의 선택대상이 될 수 있는데 파레토 효율기준의 적용으로 이를 만족하는, 즉 두 소비자의 효용곡선이 접하는 점들의 집합(계약곡선)으로 가능한 解의 범위를 줄여줌으로써 최종적인 解에 접근하기가 용이하게 된다.

위의 논의에서는 잠재적으로 어떤 사회선책문제는 파레토 효율의 解가 둘 이상 존재할 수 있다는 가능성을 시사하였으며 이러한 이유로 파레토 解는 둘 이상의 효율적인 解에 대하여 최종적으로 單一解를 제시하지 못할 가능성이 있음을 지적하고 있다.

아울러 어떠한 사회선택문제도 언제나 파레토 효율적인 解를 갖고 있는 것은 아니라는 사실을 얘기하고 있는 것이기도 하다.

〈파레토 효율의 제조건〉

앞에서 파레토 효율의 개념 그리고 사회선택문제에 있어서 그 관련되는 개념에 대하여 논하였다. 여기에서는 이를 만족하는 제요건은 어떠하며 현실의 시장경제에서는 그것이 대체로 어떠한 원리적 모형을 갖고 있는지에 대하여 설명하기로 하자.

① 소비배분의 효율

소비배분의 효율만을 분석하기 위해서 한 경제내의 각종 최종재가 생산되었거나 혹은 주어졌다고 가정할 때 이것들이 소비자들에 어떻게 배분되어지는가를 살펴보기로 하자. 파레토 효율적 배분이 앞에서 언급했듯이 다른 어떠한 배분도 적어도 그 경제내에서는 그 어떤 소비자의 효용의 증대도 가져올 수 없는 상태, 즉 어떠한 파레토 우위에 있는 분배상태도 존재하지 않는 경우이다. 2인(A, B), 2상품(X, Y)교환경제의 경우를 예로 하여 파레토효율을 구체적으로 설명해 보기로 하자.

[그림 10-2]의 에지워드 箱子는 X, Y 두 재화와 A, B 두 소비자 사이의 가능한 모든 배분을 나타내며 가로축 O_AX와 세로축 O_AY는 경제내의 이용 가능한 X, Y의 賦存量을 나타낸다. 이 상자는 이 경제의 실현 가능한 모든 경제상태의 집합 Ω를 나타내고 있는 것이다.

예를 들어 e점은 A의 원점 O_A에서 X_A, Y_A 만큼의 X財, Y財가 A에게 분배된 상태를 표시한다. 이와 같이 하여 X_B, Y_B 수준이 B에게 분배되어 있다. e점에서는 A의 무차별곡선 I_2^A와 B의 I_2^B가 서로 교차하며 따라서 두 곡선의 기울기로서 설명되는 한계대체율이 상호 일치하지 않고 있기 때문에 파레토 효율이 달성되지 않음을 보여준다.

그러므로 e보다 파레토 우위에 있는 또 다른 점들이 존재함을 알 수 있다. ebfc의 렌즈형 내위 어떠한 한 점도 A, B 모두에게 I_2^A 수준보다 높은 효용을 나타냄으로써 렌즈형 내의 점들은 e보다 파레토 우위에 있다고 할 수 있다. 예를 들면 g점은 efc 파레토 우위에 있으나 두 효용함수 I_3^A, I_3^B가 교차함으로써 또 다른 파레토 우위에 있는 어떤 배분상태가 있음을 나타내며 따라서 g점에서는 파레토 효율이 달성되지 않는다는 것을 알 수 있다. 또한 다른 렌즈형(빗금부분)이 존재함을 의미한다. 이렇게 연속적인 재배분과정을 통해서 더 이상 A, B 상호간의 효용증대를 이룰 수 없을 때(즉, 파레토 우위에 있는 분배상태가 존재하지 않을 때) 파레토효율의 조건을 만족시키며 a 및 d와 같이 두 무차별곡선의 접점들은 이 조건을 충족시켜주고 있다고 볼 수 있다. 이 접점들은 두 소비자의 무차별곡선의 기울기가 서로 일치

그림 10-2

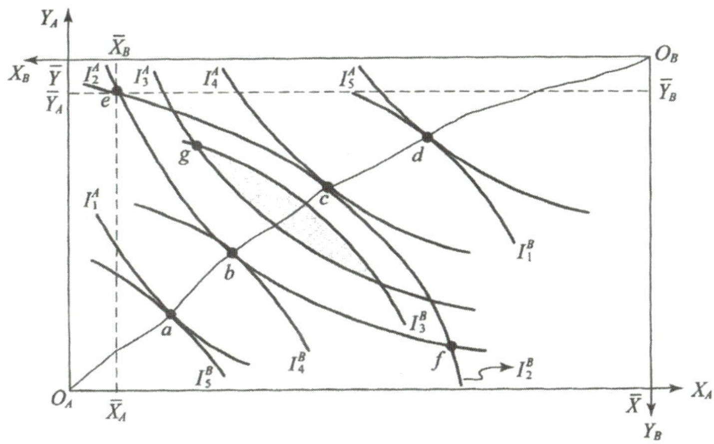

하므로 이때가 곧 A, B 두 소비자의 X財와 Y財의 限界代替率(marginal rate of substitution)이 일치할 경우이다. 이 조건을 식(10-1)로 다음과 같이 표시한다.

$$MRS_{XY}^{A} = MRS_{XY}^{B} \tag{10-1}$$

② **생산의 효율**

한 경제내에서 생산효율을 논의할 때 일반적으로 최종재가 일정하게 주어져 있거나 이미 생산되어 있는 것을 가정한다. 이제 이 가정을 풀어서 효율적인 생산의 조건을 설명해 보자. 한 경제에서 勞動과 資本이라는 생산요소의 賦存狀態와 각종 財貨의 生産技術에 관한 정보가 주어졌을 경우, 이들 생산요소를 재배분해서 다른 상품의 생산량을 감소시키지 않고는 어느 商品의 生産增大를 기할 수 없을 때 이를 효율적으로 생산되었다고 한다. 만약 노동과 자본의 부존량이 L, K 이며 X 두 상품만을 생산하는 一經濟를 가정하면 효율적 생산은 X와 Y의 생산에 노동과 자본을 어떠한 비율로 배합하느냐에 달려 있으며, 따라서 파레토 효율의 조건은 X財 생산의 노동과 자본의 기술적 한계대체율(marginal rate of technical substitution)과 Y재 생산의 그것($MRTS_{LK}$)이 동일해야 한다.

$$MRTS_{LK}^{X} = MRTS_{LK}^{Y} \qquad (10\text{-}2)$$

③ 경제 전체의 효율

한 경제가 일반균형상태에 있다는 것은 그 경제간의 모든 시장이 동시적으로 균형을 유지하고 있다는 것을 의미한다. 즉, 그것은 주어진 X, Y의 생산하에서 어떤 경제주체로 타인의 희생 없이는 증대될 수 없는 상품간의 계약곡선이나 효용가능곡선으로 표시되는 수많은 X, Y의 결합이나 효용수준결합을 나타낸다. 이들 각각의 결합 점들은 파레토 효율을 실현하기 위한 사회선택의 문제인 경제상태의 집합 Ω를 파레토 효율의 접합으로 좁혀주는 역할을 한다.

경제전반의 효율은 생산과 교환의 效率이 식 (10-3)과 같이 상호 연결되어 동시에 만족될 때 성립된다. 따라서 경제전반의 효율은

$$MRT_{XY} = MRS_{XY} \qquad (10\text{-}3)$$

즉, 한 경제내의 무수한 생산의 효율과 교환의 효율에 동시적인 제약이 가해짐으로서 후생규정의 사회선택문제의 범위를 더 한층

좁혀준다고 할 수 있다.

만약 식 (10-3)이 충족되지 않는다면 생산과 분배의 변화를 통하여 경제주체들의 효용증대가 가능하다. 예를 들면, 만약 $MRT_{XY}(=2) > MRS_{XY}(=1)$이라고 하면 그 경제는 1단위 X재의 감소로서 2단위 Y재의 증대가 무차별하므로 X재 1단위 생산에 소요되는 요소를 Y재 생산에 투입하여 2단위의 Y재생산을 함으로써 모든 소비자의 효용향상을 도모할 수 있는 것이다. 그러므로 식 (10-3)이 성립하면 위에서 언급한 효용변화를 이룰 수 없는 파레토 효율의 정의에 부합하게 된다.

2인, 2요소, 2상품 경제를 예로 들면 [그림 10-3]과 같이 표시할 수 있다. PP曲線은 생산가능곡선으로 주어진 요소부존(L, K)으로 형성되는 에지워드상자 내의 효율적 생산집합을 뜻하는 계약곡선을 상품공간으로 옮겨놓은 것이다. 만약 이 생산가능곡선상의 a점에서 생산하는 것이 모든 경제주체들의 선호를 반영하는 사회선호라고 하면 X財는 X, Y財는 Y만큼의 생산을 의미한다.

생산된 재화가 A, B 두 소비자에게 어떻게 배분되어야 하는가의 문제를 살펴보기 위해서 사각형 $O\overline{X_a}\,\overline{Y}$의 에지워드 상자를 가정하자. O를 원점으로 하는 A의 무차별곡선과 a를 원점으로 하는 B의 무차별곡선으로 두 소비자의 선호를 표시하여 이들이 접하는 계약 a점에서의 기울기와 계약곡선상의 효용함수의 기울기가 일치하는 곳에서 결정되며 이러한 점도 역시 적어도 한 점 이상 존재한다고 볼 수 있다. [그림 10-3]에서는 b점으로 표시되어 있다.

이들 요소공간에서 계약곡선상의 한 점을 선정함으로서 X, Y생산을 위한 각 요소의 소요량이 결정되는 것이다.

그림 10-3

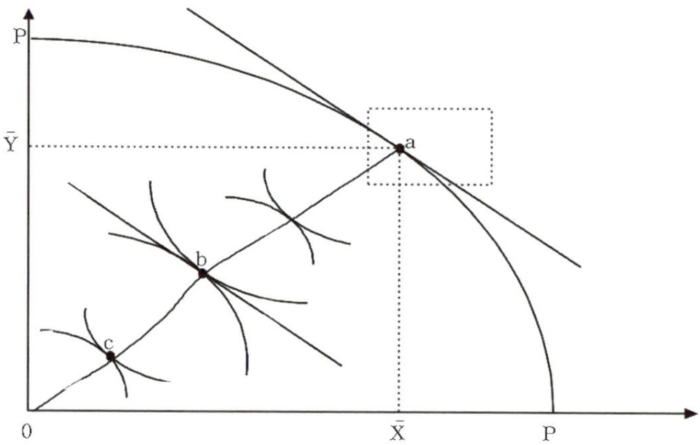

위의 설명을 근거로 하여 파레토 효율의 필요조건들을 요약하면 다음과 같다.

① 소비배분의 효율 : $MRS_{XY}^{A} = MRS_{XY}^{B}$

② 생산의 효율 : $MRTS_{LK}^{X} = MRTS_{LK}^{Y}$

③ 경제전체의 효율 : $MRT_{XY} = MRS_{XY}$

그리고 지금까지의 파레토 효율성의 설명은 주로 에지워드 상자를 통한 일반균형의 분석을 기초로 하여 이루어 졌다. 일반적으로 일반균형의 문제는 파레토 효율성의 개념이 전제되지 않고는 다룰 수 없다는 기본적인 바탕이 깔려 있기 때문이다.

파레토에게서 이러한 분석의 간결성과 명쾌함은 왈라스의 복잡한 이론체계를 일반에게 쉽게 이해시키는데 커다란 기여를 하였다.

5) 오스트리아 학파와 칼 맹거

오스트리아 학파는 1871년 멩거(Carl Menger)가 「국민경제학 원론」(*Grundsatze der Volkwirtschafts*)을 출판함으로서 시작되었다. 이 업적으로 멩거는 비엔나 대학의 부교수가 되었고 뵘 바베르크(Eugen Von Böhm Bawerk), 비져(Friedrich Von Wieser)가 멩거의 새로운 사상을 보급하였다.

멩거가 경제학에 끼친 공헌은 크게 두 가지로 요약할 수 있다. 그 하나는 한계효용의 이론을 체계화시킨 것이며 다른 하나는 경제현상의 본질에서 '경제학 방법논쟁'에 기여한 것이다.

역사학파의 거두였던 슈몰러(G. Schmoller) 국민경제학은 자연적·기술적인 입장과 역사적·귀납적인 방법으로 경제분석이 이루어져야 한다는 입장을 밝혔다.

이 논쟁은 25년간 계속되었다. 한계효용학파는 역사주의 학파에 비하여 순수 이론적인 입장을 취하면서 고전학파적인 시장가격 및 교환이론에다 개인적·심리적인 측면을 도입하였다.

멩거는 한계원리에 입각하여 경제학의 체계를 재편성하고 근대경제이론의 골격을 형성하였다. 멩거의 「국민경제학원론」으로부터 출발해서 그의 후계자인 뵘 바베르크 「경제재의 가치원리」, 「자본 및 이자이론」과 버저의 「자원가치론」, 「사회경제이론」 등은 주관적 가치론과 사회적 조직형태를 결합시킨 저서들이다.

멩거의 경제학은 고전학파적인 개인주의나 자유주의 사상에 입각하여 전체사회의 경제현상을 사회적인 힘이 아니라 개인주의적인 입장에서 분석한 주관적 가치론이다. 멩거에 의하면 인간의 욕망이 경제학의 출발점이다. 인간의 욕구를 충족시키는 모든 재화는 '經濟

財'이며 이 재는 ① 욕망이 존재하고, ② 욕구충족을 위한 일정한 재화가 필요하며, ③ 재화의 그러한 성질을 이해해야하고, ④ 그것이 가치의 범위 안에서 존재해야 한다는 사실들의 조건이 필요한 것이다. 멩거에 의하면 재화는 욕망을 직접적 또는 간접적으로 충족시키느냐에 따라 '低次財' 또는 '高次財'의 순서로 분류된다. '저차재'는 욕망을 직접적으로 충족시키는 제1차 재이며 '고차재'일수록 간접적으로 욕망을 충족시킨다.

멩거가 개인주의적 차원에서 경제현상을 바라본 것은 경제학을 일반적 학문체계로 완성시키는데 역사학파보다 유리했다. 이론이란 일반화된 인식의 틀에 의하여 만들어지기 때문에 특수한 사람을 강조하면 이론화되기가 어렵다. 그러나 멩거는 경제현상을 원자론적으로 분석했기 때문에 인간을 오직 효용이나 이익 극대화를 위해서 노력하는 냉정한 경제동물로 만들어 버렸다. 인간에게는 따뜻한 가슴이 있고 눈물도 있다. 결코 인간은 빵만으로 사는 존재가 아니다. 인간의 가치가 생명의 존엄을 귀하게 생각하는 삶의 성숙에 있듯이 인간과 관련된 경제의 문제를 인식하는 원자론은 반쪽인생만 바라보는 꼴이 되었다.

멩거는 칸트적인 인식론에 입각하여 보편적 현상을 추상적 연역적 방법에 의해 순수 경제이론을 확립하였으며 슈몰리는 구체적이고도 개별적인 현상을 관찰하여 역사적·귀납적인 학문체계를 만들려고 했다. 역사상 빛나는 '경제학방법논쟁'에서 슈몰리는 경제이론, 경제사를 이론경제학의 범주에 포함시켰으며 멩거는 경제사, 경제이론, 경제정책은 명백히 구분하여 독립된 학문으로 다루어져야 한다고 주장했다.

그는 경제사는 경제현상의 인과관계를 일반적이고도 보편적인 것으로 파악하지 않고 경제현상이 가지고 있는 역사적인 특수성을 파악한다. 그러한 귀납적인 방법은 특정한 국가 및 민족사상・제도 등에 대하여 개별적으로 연구하는 것이므로 경제사와 통계학이 여기에 속한다고 보았다.

경제이론은 시공적인 차원을 초월해서 규칙적으로 반복되는 현상간의 인과관계, 즉 경제현상의 내재적인 법칙을 발견하려고 한다. 이는 논리적・필연적인 관계를 규명하는 존재(sein)에 관한 연구이며 추상적・연역적 방법을 취한다.

경제정책학은 실천과학으로서 이론적인 관점보다는 그 실제적인 응용에 중점을 두며 어떻게 하면 가장 바람직한 방법으로 목적성취를 하느냐에 관심을 둔다. 경제정책학은 경제적 목적과 수단간의 관계를 해명하고 당위성을 지향하는 행동규범에 대한 지식을 탐구한다는 의미에서 가치지향적 내지 내재지향적 목적론적 인식방법이다.

이어 경제정책학이 과학으로서 성립 가능한가?라는 질문에 대하여 막스웨버에 의한 '가치판단논쟁'은 계속되었다. 베버는 경험과학인 경제학은 경제현실을 분석하는 실증과학이지 당위과학이 아니라고 주장했다. 일반적으로 가치판단은 경제학자의 임무가 아니다. 다만 경제학자는 목적에 대한 수단의 적합성 여부를 판정하고 기술적인 효율성 내지 수단의 합리성에 대한 판단만이 가능하다고 주장했다. 따라서 정책적인 가치판단은 객관적인 타당성이 결여된 주관적인 것이므로 경제정책학은 경험적인 사회과학으로부터 배척되어야 한다고 주장했다.

3. 신고전학파와 알프레드 마샬

1) 마샬 경제학의 출발

알프레드 마샬(1842~1924)은 영국 캠브리지 대학교 경제학부의 창설자이며 경제학파 중 중요한 위치를 차지하는 캠브리지학파의 창시자이기도 하다. 그는 경제학이라는 학문의 세계를 두고 인류의 문제를 성자처럼 접근하고자 끊임없이 성스럽고도 거룩한 학자의 길을 걸어갔던 사람이다.

알프레드 마샬은 1842년 영국의 버몬지에서 태어났다. 은행원이었던 아버지 윌리엄 마샬은 존 스튜어트 밀의 아버지인 제임스 밀만큼이나 지독하고 엄격했었다. 어린 마샬을 붙들고 매일 밤 11시까지 히브리어를 가르쳤으며 긴 세월동안 아들이 기존학문을 닦는데 심혈을 기우렸다.

아버지는 아들이 목사가 되기를 바랐으나 그는 이를 거부했다. 그는 소설을 읽는 것처럼 수학공부를 좋아했으며 신학공부를 강요하는 아버지로부터 도피하는 좋은 방법이기도 했다.

캠브리지의 성 존스 칼리지에 입학한 마샬은 수학분야의 우등상을 휩쓸었으며 다른 수학전공 학생을 가르쳐서 돈을 벌기도 했다. 1865년 캠브리지의 수학과를 졸업한 마샬은 분자물리학에 관심을 갖기도 했으나 곧 형이상학에 심취하게 되었다. 1868년 그는 독일로 가서 칸트를 원서로 읽었으며 캠브리지의 동료 시지워크(H. Sidgwick)의 영향을 받아 불가지론(agnosticism)을 받아들였다. 시지워크는 종교적 진리와 도덕적 고결함을 지닌 인격자였는데 그는 그러한 자신의 사유의 세계 때문에 많은 고뇌를 겪었던 사람이다.

마샬은 경제학이라는 학문을 도덕과학과 현실과학을 조화시킨 성자의 학문으로 만들고자 한 사람이다. 마치 고전학파가 생각했던 인류의 4대 성직(법학, 신학, 의학, 경제학)의 학문에 충실하고자 한 것처럼 …… 그리하여 그는 종교적 경건함과 학문적인 성실함으로 경제학을 완성시키고자 하였다. 수많은 경제학자들이 서로 싸움을 벌리는 와중에서도 마샬은 경제학에 대한 외경심과 인간조건에의 의지는 흔들리지 않았다.[6)]

일생을 통해서 마샬은 경제학을 역사철학이나 도덕과학으로부터 독립시키기 위하여 노력하였다. 그는 늘 지나친 경제학자들의 논쟁을 못마땅하게 생각했다. 그는 고전학파의 기본사상을 존중했다. 적절한 해석을 거칠 경우 고전학파의 주장에는 틀림이 없다고 주장했다.

그는 1903년 전통의 캠브리지의 벽을 넘어 역사상 최초로 경제학과를 설립했다. 자신에 대한 완전함의 추구는 학문 속에 서로 이어졌고 심사숙고와 자중자애 하는 그의 완벽성은 건강을 상하게 했다. 그는 배낭을 메고 자연을 산책하며 여행을 했다. 수많은 사유를 정리하여 깊이 있는 글을 썼다.

성존스 칼리지에서 9년 동안 학생을 가르쳤던 마샬은 자신의 제자였던 매리 패일리(M. Paley)와 결혼했다. 그러나 마샬이 언제부터 경제학연구에 몰두하게 되었는지는 분명하지 않다. 그는 도덕학, 철학, 분자물리학 등 다양한 학문의 세계를 넘나들면서 1867년에는 이미 J. S. Mill이 쓴 리카도 혹은 아담 스미드의 저작들의 해석판을

6) 토드부크 홀츠 저(이승환 역), 죽은 경제학자의 살아있는 아이디어, 김영사, pp. 206~207.

수학으로 번역했다. 그가 '외국무역의 순수이론'과 '국내가치의 순수이론'에 관한 착상을 얻은 것은 1867년에서 1870년 사이인 것으로 알려져 있다. 게다가 마샬은 그의 경제학 연구의 '도제시대'를 1867~1870년이라고 간파하고 있다.7)

1867~1870년에 마샬에게 영향을 준 경제학 서적은 밀의 것을 제외하면 A. A. Cournot의 「부의 이론」(1838), H. V. Tünnen의 「고립국」(1842)이었다고 한다. 전자는 마샬에게 수학적 연속의 개념을 후자는 한계개념을 가르쳐 주었다.8)

해가 되지 않은 균형적 사고가 그의 본질이었다. 마샬은 경제과정에서 개개인들의 경제행위를 면밀히 관찰하고 정확한 계산에 의해 원인과 결과를 분석하고자 했다.

그는 "경제학자들의 성지는 경제생물학(economic biology)이다"라고 주장했다. 마샬은 일생을 점진의 철학으로 살았다. 그는 매사에 신중했으며 어떤 때는 지나치게 느리다고 생각할 정도로 저서의 출판을 늦추었다. 그러나 그의 「경제원론」은 반세기가 넘도록 인기를 누리는 명저가 되었다. 마샬의 경제학은 종합적이며 체계적이고 경제분석의 틀이 명쾌하고 이해하기 쉽도록 쓰여 졌다. 마샬은 되도록 경제이론의 설명에 어려운 수학을 무작정 도입하는 것을 싫어했다. 마샬이 경제학에 도입한 몇 가지 독창적인 분석을 요약해서 정리해보면 다음과 같다.

첫째 수요의 가격탄력성 개념이다.

---

7) 변형윤 저, 경제석학의 생애와 사상 (下), 매일경제 신문사. 1985, pp. 82~83.

8) 앞의 책. 같은 면.

수요의 가격탄력성 개념은 마샬이 수학과 물리학의 기초적 개념을 이용하여 만든 것이다. 당시의 경제학자들은 수학적 기초가 없었기 때문에 마샬의 이러한 분석을 경의심을 갖고 받아들였다. 탄력성은 변화율에 대한 변화율을 뜻한다. 즉, 가격의 변화율에 대한 수요량의 변화율을 나타내는 것으로 그 값이 1이면 가격의 증가율만큼 수요의 감소율이 발생하므로 결과적으로 총수입에는 변화가 없다는 것을 말한다.

둘째는 소비자 잉여의 개념이다.

소비자 잉여란 소비자가 지불할 용의가 있는 금액이 실제로 지불한 금액을 초과하는 부분이다. 즉, 배고픈 사람이 밥 한 그릇을 사먹으면서 5천원도 줄려고 하고 4천원도 줄려고 한다. 그러나 실제로 지불한 금액이 3천원이면 5000원-3000원=2000원은 소비자 잉여, 즉 소비자가 덕본 것이 된다는 개념이다. 이 잉여의 개념은 경제행위의 발생동기를 설명해주는 좋은 근거이다.

셋째는 대체원리이다.

모든 생산에 있어서 대체가 불가능한 것은 없다. 테니스 라켓을 나무, 알미늄, 스테인리스 등 여러 가지 재료로 대체하여 만들 수 있다. 어떤 재화의 가격이 하락해서 그 재화에 대한 수요, 즉 소비가 증가되었을 때 그 원인이 무엇 때문인지를 규명함으로써 가격정책에 도움을 줄 수가 있다.

넷째는 외부경제의 개념이다.

외부경제란 경제 매카니즘 외부의 조건이 변해서 경제적 이익이 발생하는 경우를 설명한다. 개인기업들은 노력하지 않았지만 정부가 도로를 잘 닦아서 생산비가 줄었다면 외부경제가 발생한 것이며 세탁소 주위에 연탄공장이 들어서서 세탁비가 많이 든다면 외부불경제가 발생한 것이다. 경제발전과 사회적 비용의 형평한 배분의 문제를 분석하려면 외부경제의 개념의 이해가 필요하다.

다섯째 준지대의 개념이다.

지대란 토지에 대한 소득인데 실질적으로 경제가 발전함에 따라 차액지대의 성격을 지닌 가격이 생긴다. 위치 좋은 상점, 이름 있는 탤런트, 운동선수 등은 그렇지 않는 사람보다 높은 보수를 받는다. 만일 모든 사람이 인기 있는 운동선수이고 이름있는 탤런트라면 그렇지 못할 것이다.

따라서 준지대란 한정된 공급에 대한 사회적 프래미엄이라고 볼 수 있다.

4. 피구와 복지경제학

아더세실 피구(Arther Cecil Pigou)는 1877년 영국 남단에 위치한 섬지방(Isle of Wight)에서 태어났다. 그의 부친 클러랜스 피구(Clarence Pigou)는 퇴역장교였으며 외가는 부유한 집안이었다.

피구는 아버지처럼 명문 사립고등학교를 졸업했으며 학창시절 성적이 매우 뛰어나 장래가 촉망되는 사람이었다. 그는 캠브리지 킹스 칼리지 역사전공 장학생으로 입학하여 대학 3학년 때부터 경제학 공부를 했다.

피구는 1901년부터 경제학을 강의하기 시작하였는데 학부 2학년들에게 고급경제학을 강의하여 캠브리지학파 경제학자를 양성하는

데 크게 기여했다. 1908년 알프레드 마샬의 뒤를 이어 31세의 젊은 나이로 정교수가 되었다.

1) 피구의 학문세계

피구라는 이름은 복지경제학의 대명사이다. 그의 역작 「복지경제학」(*The Economics of Welfare*, 1920)은 경제학의 인도주의와 현대적 의의를 지니고 있는 대작이다. 그의 책 속에서는 오늘날의 복지국가의 이념과 근대경제학의 학문적 토대가 되는 이론들이 담겨져 있기 때문이다. 피구의 후생경제학은 오늘날에 있어서 힉스와 사뮤엘슨에게로 이어져 현대경제학의 다양한 분야에 영향을 미치고 있다.

피구의 사상적 입장은 그의 또 하나의 명저인 「사회주의 대 자본주의」(*Socialism versus Capitalism*, 1937)에서도 잘 나타나고 있다.

이 책은 정치적으로 논의되는 문제들에 대하여 사회과학자들은 어떠한 태도를 취해야 하는가에 대한 방향제시를 해 주는 책인데 우리들에게 많은 시사점을 주고 있다.

그는 이 책에서 실제의 정치문제에 대하여 올바른 판단을 하기 위해서는 필요한 자료와 사고의 도구를 갖추어야 하는데 이 점에 있어서 상아탑 안에 있는 경제학자는 일반인보다 뒤쳐져 있다고 했다. 경제학자에게는 인간 및 사회에 관한 약간의 경험이 필요한데 무엇보다도 개념으로 처리할 수 있는 것과 처리할 수 없는 것을 구분할 줄 아는 예민한 감각이 필요하다고 했다.

이 같은 피구의 태도는 평소 그가 경제학자로서 어떠한 태도로 현실에 임했는지를 알 수 있다. 그는 매우 겸손하고도 신중하게 현실문제에 임했으며 스스로의 능력의 한계를 잘 알고 있었던 사려 깊은 사람이었음을 알 수 있다.

피구는 1877년에 태어나 1959년에 82세의 일기로 세상을 마쳤다. 그는 당시의 다른 학자들에 비하여 오랫동안 학계에서 건재했기 때문에 캠브리지의 얼굴이기도 했다. 그는 등산을 좋아했고 그의 연구실에는 그가 올랐던 산들의 사진이 가득히 진열되어 있었다고 한다.

2) 피구의 복지경제학

피구의 복지경제학은 영국 공리주의철학과 한계효용이론의 결합에 의하여 다듬어진 작품이다. 공리주의철학의 대명사였던 벤담(J. Bentham)은 그의 공리주의를 다음과 같이 설명했다. 즉, 최대량의 행복을 획득하는 것은 인간의 목적이다. 따라서 이러한 행복을 추구하기 위한 인간의 행동은 善이라고 할 수 있다. 사회는 개인의 총화로 이루어지며 사회의 행복은 개인의 행복의 합계이다. 따라서 사회가 목표로 하는 것이 최대의 행복을 도모하는 것이라면 그것은 최대다수의 최대행복을 이루는 것이다. 경제정책의 목표는 여기에 초점을 두어야 한다.

이러한 공리주의 사상은 캠브리지학자들에 의하여 전승되어온 것으로 한계효용이론의 등장은 피구의 복지경제학을 완성시키는데 커다란 힘이 되었다. 그러나 피구는 후생에는 경제적 후생과 비경제적인 후생이 있음을 명백하게 구분했고 경제학자가 다루어야 할 문제는 바로 경제적인 후생문제라고 했다. 후생이란 행복이며 복지이다. 따라서 경제적 후생이란 경제적 행복인 것이다. 피구는 경제적 후생을 증대시키기 위한 조건으로 세 가지 명제를 제시하였다.

(1) 국민소득이 증대될 것

(2) 국민소득의 분배가 공평할 것

(3) 국민소득이 변동되지 않고 안정적일 것

의 세 가지이다.

그리고 이 세 가지의 조건을 충족시키기 위해서는 다음과 같은 조건들이 충족되어야 한다고 하였다.

첫째, 제1의 명제를 충족시키기 위해서는 사회의 자원을 한계생산력이 균등해지도록 각 산업부문들 사이에 배분하여야 한다. 왜냐하면, 각 생산요소의 한계생산력이 모두 균등할 때에 사회 전체의 생산력은 최대가 되기 때문이다.

둘째, 제2의 명제를 만족하기 위해서는 각종 생산요소의 한계생산력에 따라 소득이 배분되도록 해야 한다.

셋째, 제3의 명제를 만족하기 위해서는 가능한 한 경기변동을 완화하여야 한다.

피구의 「복지경제학」은 이러한 세 가지 문제를 둘러싼 다양한 경우를 연구하는 것으로서 거기에서는 자유로운 시장경제메카니즘이 이미 이들 조건을 충족시킬 수 없게 되었다는 입장을 취하고 있다. 이러한 시장경제기능의 한계는 문제해결을 위하여 불가피하게 정책적인 간섭이 필요하다는 것을 강조하고 있다. 그리고 다양한 경제정책이 미치는 효과에 관하여 면밀한 검토가 이루어지고 있다. 경제정책의 효과라는 관점에서 피구의 복지경제학은 어느덧 새로운 경제이론의 출현을 예상하게 하고 있다. 오늘날 공해문제, 소득분배문제 그리고 다양한 공공경제학의 문제들이 피구의 경제학에서 이미 제시되고 있었던 것이다.

3) 사회적 한계순생산물과 사적 한계순생산물

피구의 복지경제학과 관련하여 이 두 가지의 개념은 매우 중요한 것이기 때문에 여기에서 그 대강의 의미를 소개해 보기로 한다.

앞에서 말한 경제적 후생의 세 가지 명제의 첫 번째 요구는, 각 생산자원은 각각의 한계생산성이 균등하게 되도록 각종 생산부문에 투하되어야 한다는 것이었다. 예를 들면, 자본가가 그 자본을 다양한 산업부문에 투하하는 경우 수익이 균등화하도록 배분한다는 것이다. 그 수익을 여기에서는 한계순생산물이라고 한다. 한계순생산물은 어떤 산업에서 한계적 위치에 있는 노동이나 자본 한 단위를 그 산업에서 제거한 경우 혹은 한 단위를 더 추가시킨 경우 총생산액 중에서 감소되거나 증가되는 크기에 의하여 측정되어지는 것이다. 이 한계순생산물이 생산자원의 수익이다. 자본가가 고려하는 것은 이러한 의미에서의 사적 수익인 것이다. 피구는 이를 사적 한계순생산물이라고 부르고, 이에 대하여 사회적 한계순생산물이라는 개념을 대립시켜 경제후생의 문제를 논의하였다. 자본가는 사적 한계순생산물만을 고려하여 행동하기 때문에, 만약 그 합계가 그대로 사회적 한계순생산물이 된다면 자유방임 자본주의에서도 경제적 후생의 제 1명제를 충족시키는 데는 지장이 없다. 만약 양자가 일치하지 않는다면, 자유경쟁이 반드시 사회후생을 최대화하는 것이라고는 할 수 없는 것이다. 그 불일치의 실례를 피구는 다음과 같이 들고 있다.

예를 들면, 소작인이 토지개량을 위해 자본을 투하하더라도 그로부터 얻어지는 개인적 수익은 그 투자가 낳는 전체수익의 일부분에 지나지 않는다. 왜냐하면, 차지기한(借地期限)이 끝나서 그 소작지를 지주에게 반환할 때, 나머지 수익은 생산력이 증가한 토지로서 지주에게 넘어가고 말 것이기 때문이다. 이 경우 투하된 생산요소가 낳는 한계생산물 전체, 즉 위의 예에서 말하면 소작인의 투하자본으로부터 생겨나는 수익의 전체를 사회적 한계순생산물이라 부르며, 그 중에서 자원을 투하한 어떤 개인, 위의 예에서 말할 때 소작인에게 귀속하는 부분을 사적 한계순생산물이라 부른다.

또한 기차가 내뿜는 연기 때문에 철로 주변의 숲에 불이 났다고 하자. 그리고 철도회사는 아무런 배상도 하지 않는다고 하자. 이 경우, 철도회사는 수익을 올리고 있기 때문에 자본가에게 있어서의 사적 한계순생산물은 양의 크기를 갖지만, 그러나 불탄 숲의 손해분만큼은 사회적 한계순생산물을 계산함에 있어 음의 요소가 된다. 또한 공장의 굴뚝에서 나오는 연기 때문에 그 주위에 사는 사람들의 세탁비가 더 많이 드는 경우도 이에 포함된다.

마지막으로 기업이 생산을 제한함으로써 독점가격을 설정하는 경우가 가장 큰 문제가 된다. 이와 같이 자유경쟁 자본주의에서는, 자본가는 사적 한계순생산물에만 관심을 두고 이를 가능한 한 크게 하려 하기 때문에 반드시 사회적 한계순생산물과 일치한다고는 할 수 없다. 그러므로 이 양자를 일치시킴으로써 경제후생을 최대화하기 위한 방법이 국가보상이라든가 보조금 등의 형태로 다양하게 생각될 수 있다.

4) 피구의 복지경제학에 대한 비판과 파레토원리

피구의 경제후생이론은 개개인의 효용을 측정하여 개인간에 그 크기를 상호비교할 수 있다는 하나의 가정 위에서 출발하고 있다. 따라서 개개인의 효용은 그것을 정산, 합계하여 사회 전체의 후생을 측정할 수 있다는 것이다. 예를 들면 어떤 경제정책에 의해 A라는 사람은 이익을 얻지만 B라는 사람은 손해를 보는 일이 있다. 이 경우에, A의 이익과 B의 손실을 차감·계산함으로써 사회 전체의 이익의 크기를 계산할 수 있다는 것이다. 피구의 이러한 주장은 현실의 경제문제를 해결하는 아주 일반적인 방법을 이용했다. 사실 현실에서 이루어지고 있는 많은 경제문제의 해결방법이나 정책적 결정은 그 같은 상식의 기초 위에서 출발하고 이행된다. 그러나 그것은 현실일 뿐, 보편 타당한 객관적 설명력을 지닌 과학으로는 볼 수 없다. 그래서 이 점을 둘러싸고 피구경제학에 대한 비판이 행해졌다.

그 대표적인 것이 로빈스(L. Robbins)의 효용불가측성에 관한 주장이었다. 그는 개인의 효용은 서로 비교될 수 없는 것이라고 주장하였다. 이제 A로부터 1,000원을 거두어 B에게 주는 정책을 생각하여 보면, A에게 있어 1,000원의 효용과 B에게 있어서 1,000원의 효용이라는 것이다. 그 결과, 피구의 이론 자체가 성립되지 않게 된다. 이러한 로빈스의 비판은 정당한 것으로 인정해야 한다. 이처럼 피구의 복지경제학은 그 기초가 무너지는 상황에 처하게 되었기 때문에 복지경제학은 새로운 돌파구를 찾게 되었다. '피구'류의 개인적인 후생함수에 대신하는 사회후생함수라는 것을 제시하여 후생경제학을 구성하고자 하였던 학자들이 힉스(J. R. Hicks) 및 사뮤엘슨(P. A. Samuelson) 등이었다.

파레토는 피구복지경제학의 이러한 가치판단의 문제를 피해갈 수 있는 후생경제학의 비가치적 객관주의 모형을 수립한 학자이다. 그가 제시하고 있는 최적이론 및 효율성의 개념은 효용을 개인간에 비교하는 어려운 과제에 부딪히지 않고 후생경제학을 하나의 이론경제학의 체계 속에 포함시킬 수 있음을 보여주고 있다. 그런 의미에서 현대적 후생경제이론의 다양한 모습들은 파레토에 의하여 가능성이 비쳐졌다고 볼 수 있다. 물론 파레토의 효율성 개념은 과연 분배의 문제까지도 포함시킬 수가 있는가에 대하여는 역시 부정적인 시각들이 상존한다. 그러나 칼도아, 힉스, 사뮤엘슨의 후생함수론은 단지 이론적인 조작주의일 뿐 현실의 문제에 뛰어들면 결코 파레토 이상이 될 수 없고 피구 이상이 될 수 없다는 이론적 한계에 부딪히게 된다.

제 11 장

제도학파의 경제사상

제도학파는 19세기 후반 베블렌(Thorstein veblen, 1857~1929)에 의하여 시작되고 콤먼스(John Commons, 1862~1945), 미첼 (Weslely Mitchell, 1874~1949) 등이 계승 발전시킨 주류경제학에 대한 비판경제학이다. 제도학파를 정확하게 정의하기는 어렵지만 보통 일반적인 경제학의 범주를 탈피하여 사회의 법, 제도, 인습 등과 같은 문제와 관련하여 경제문제를 이해하려는 학파라고 얘기할 수 있다.

20세기초에 등장한 구제도학파 경제학자들은 신고전학파 경제학자들이 현실세상을 관찰하는데는 담을 쌓은 채 교실 안에서 수학방정식과 곡선을 그리는 데만 정신없다고 비판했다. 그러나 신제도학파들은 구제도학파와는 달리 제도주의 경제학을 신고전파적 분석도구를 이용하여 이해하려고 한다.

1. 베블렌과 구제도학파

베블렌은 1857년 미국 위스콘신주의 한 농가에서 노르웨이 이민자의 아들로 태어났다. 그 당시 그가 여덟 살 때 그의 가족은 미네소타주로 이사했고 다른 이민자 가족처럼 그의 집도 무척 가난했다. 12형제 중 6번째였던 그는 어려서부터 책 읽는 것 외에는 아무 것도 하기 싫어했다. 17세 때 그는 부근의 칼턴 칼리지 아카데미에 입학했다. 그는 인류학과 철학에 관심을 갖고 있었으며 존스 홉킨스 대학을 거쳐 예일 대학에서 철학박사 학위를 받았다. 학위를 받고도 반종교적이었던 탓으로 그는 7년간이나 직업 없이 지냈다. 그 후 다시 코넬 대학에서 경제학을 공부했으며 J. L. Laughlin 교수가 베블렌에게 전임강사 자리를 마련해주었다. 2년 후 로린은 수제자 베블렌과 함께 시카고 대학으로 자리를 옮겼다. 시카고 대학에서 약 14년 동안 근무하면서 「유한계급이론」이라는 책을 저술하였으나 사생활이 문란하여 더 이상 그 대학에 있을 수가 없었다. 하는 수 없이 그는 그 당시 개교했던 스탠포드 대학에서 3년 동안 강의하게 되었다. 그의 성격은 괴팍했으며 강의는 불안정스러웠다.

그는 가는 곳마다 문제를 일으키는 말하자면 괴상한 사람이었다. 그러나 베불렌의 경제학적 인식의 틀은 '제도의 경제학적 연구'(An Economic Study of Institutions)라는 부제를 붙인 「유한계급론」(*The Theory of the Leisure Class*)을 통해서 잘 나타나듯이 신고전학파에 대한 비판을 통한 제도경제학의 구축이었다.

그의 경제학에 대한 기본사상은 첫째, 진화론적 인식의 틀을 가지고 인간사회를 생태학적으로 이해하려는 것이었다. 그는 역사는 계속해서 발전해 나간다는 시각을 갖고 있었다.

둘째, 그는 경제발전에 있어서 역사성을 중요시했다. 특히 역사발전에 있어서 소유권과 경제체제의 변화가 절대적 역할을 하였다는 사실을 중요하게 생각했다. 이런 점에서는 마르크스와 일맥상통한다고 볼 수 있다. 그러나 베블렌은 문화적 요인과 인류학적 요인이 경제현상에 중요한 역할을 미치는 점을 강조했기 때문에 단순히 마르크스와 같다고는 볼 수 없다.

셋째, 그는 유토피아적인 부정부주의를 신봉하고 있었다. 이런 면에서는 스미스의 '보이지 않는 손'의 개념과 통하는 것으로서 그는 어려서부터 자유분방을 좋아했던 탓이 아닌가 싶다. 베블렌은 경제문제의 이해에 있어서 인간의 본능과 습관을 중요하게 생각했다.

인간에게는 무엇인가 제조하고 창조할려고 하는 제작본능과 약탈하고 지배하고자하는 사유욕이 있다. 이 본능들은 서로간에 모순되고 갈등을 불러일으킨다고 보았다. 제작본능은 생산하고 창조하는 것인데 약탈본능은 힘으로 남의 생산을 착취하기 때문이다. 인간사회의 오랜 습성이며 본능인 약탈사회가 경제문제에도 적용될 수 있다. 원시사회, 노예사회 등등의 습관적 잔재는 현대사회의 생존원리로서도 통한다. 원시사회에서는 강자가 약자를 지배하는데 이것을 약자가 인정하고 어떤 면에서는 오히려 흉내내기 때문에 지배체제는 보장된다.

고전학파는 모든 인간은 언제든지 가장 효율적인 생산과 소비 방법을 알고 있는 합리적인 이기주의자로 전제하고 있다. 그들은 모든 것을 자유경쟁적 풍토와 제도 속에 두면 최선의 방법으로 자원배분이 이루어지고 생산성은 증대된다고 보았다. 그러나 베블렌은 이를 부인하고 인간사회를 움직이는 다른 원동력을 제안했다. 즉, 인간사회의 원동력은 제작본능과 지배본능이 그것이다. 이러한 다양성은 현대사회에서도 상존하며 고상한 합리성과 이상주의를 전제로 한 한계효용이론은 유용성이 없다고 보았다.

베블렌은 정교한 경제학적 모델을 창조하지 않았다. 그런 모형을 만들기란 불가능하다고 생각했기 때문이다. 그리하여 그는 주로 정통한 경제학자들의 이론을 깨뜨리는데 주력했다.

2. 갈브레이스와 과시소비

베블렌은 출중한 제자들을 많이 배출한 셈인데 웨슬리 미첼(W. Mitchell), 존 커먼스(J.R. Commons), 사회학자 화이트 밀스(C.W. Mills) 그 중에서도 갈브레이스는 베블렌의 사상을 가장 충실히 학습한 대표적 학자이다.

갈브레이스는 캐나다의 한 농가에서 태어났다. 훌륭한 농부는 튼튼한 몸과 유약한 마음이라고 했듯이 그는 유약했던 어린 시절을 보냈다. 시카고의 농과대학을 졸업하고 버클리 대학교에서 경제학박사 학위를 받은 그는 하버드 대학 교수, 대통령고문, 소설가, 사회평론가 등 다양한 직업을 가졌다. 그는 「풍유한 사회」(*The Affluent Society*), 「새로운 산업국가」(*The New Industrial State*), 「경제학과 공공목적」(*Economics and the Public Purpose*) 등의 업적을 남겼는데 이 저서를 통해 충실한 자본주의의 대변자인 신고전학파 경제학자들을 비판했다.

베블렌의 이론을 좇아 그는 과시소비와 의존효과를 주장했다. 인간은 우선 생존하기 위해 활동하지만 그 다음엔 자기의 능력 신분을 과시하기 위해 활동한다. 이것은 인간의 강한 본능이며 경제에 지대한 영향을 준다.

이러한 사상은 갈브레이스에게 의존효과로 연결된다.

사람들은 경제행위를 함에 있어서 다른 사람의 경제행위에 영향을 받는다. 유행에 따라 옷을 사고 광고와 소비형태에 영향을 주고 받으며 생활한다.

갈브레이스는 기업이 새로운 욕구의 창출에만 몰두하는 동안 정작 사회에 필요한 도로, 항만, 학교, 병원 등의 사회간접자본은 뒤로 밀려난다고 걱정했다. 그는 황폐한 공원과 빈민가 사이로 번쩍이는 리무진이 돌아다니는 미국사회를 비판했다. 극도의 개인주의와 이기주으로 사적 미국이 포식하는 동안 공적 미국은 굶주린다고 불평했다. 그는 정부가 민주주의에 기초한 사회주의 원리를 채택하지 않을 경우 미국의 장래는 참담해질 것이라고 전망했다. 갈브레이스는 더 많은 공립학교를 짓고 모든 소비재의 지나친 광고경쟁을 금지시켜야 한다고 주장했다.

갈브레이스는 스스로 베블렌과 유사점이 많다는 것을 인정했다. 그는 병든 자본주의 사회에 신선한 충격을 주었음은 분명하다.

3. 신제도학파와 법경제학

신제도학파는 아이러니칼하게도 베블렌과 갈브레이스의 업적을 완전히 뒤집어버렸다. 그들은 사회제도가 마샬의 경제학과 모순되지 않는다고 주장한다. 오히려 마샬의 분석도구를 이용하여 제도학파의 틀을 뜯어 고칠려고 한다. 법률과 제도의 대부분을 경제이론으로 해석해 나갈 수 있다고 그들은 믿는다.

신제도학파는 법률과 정치의 세계에도 마샬의 분석도구가 필요하다고 주장했다. 그 누구도 경제학적 지식이 없이는 훌륭한 법관도, 변호사도 될 수 없다고 보았다.

과실은 경제원리에 의해서 극대화가 가능하다. 공익을 극대화하기 위해서는 한계비용과 한계수익의 개념이 필요하다. 경제학자들은 문화, 제도, 법, 사회, 정치 등등의 모든 영역을 합리적 분석도구를 이용하여 파고들고 있다.

과거 수십년간 법학자들과 경제학자들은 판사들로 하여금 물적 재산에 관한 판결이 미치는 파급효과를 인식하도록 종용해왔다. 경제학자들은 변호사와 판사들의 사고방식을 바꾸고 있다. 그 간단한 예는 '코즈의 법칙'(Coase's Theorem)이다. 법률적 거래비용, 범죄의 경제적 이해는 새로운 제도학파의 뛰어난 착상이다.

경제학자 게리 베커(G. Becker)는 마샬의 경제학을 가족법과 형법에도 적용시켰다. 베커의 범죄모형에 따르면 범죄자들은 범죄를 저지르기 전에 자신에게 돌아올 혜택과 비용을 저울질해 본다는 것이다. 세상에 범죄가 발생하는 이유는 범죄를 통해 얻는 혜택이 비용보다 크기 때문이다.

범죄예방의 요인들로는 어떤 것들이 있을까? (1) 체포율과 (2) 형량의 경중여부이다. 둘 중 어느 것이 더 중요한 요인인가는 범죄의 유형에 달렸다. 어떤 경우 범죄자들은 체포율에 신경쓰지만 또 어떤 경우 범죄자들은 형량을 두려워한다.

이러한 베커의 분석은 물론 학자들에게 전면적으로 받아들여지진 않았다. 통계적으로 모순되는 사항도 많이 발견되었다. 그러나 이것은 적어도 "모든 범죄는 미적 표현을 위한 억눌린 욕구 때문"이라는 에블린 워(Evelyn Waugh: 영국의 소설가)의 엉터리 이론보다는 신빙성이 있다.

마약밀매 문제를 검토한 경제학자들은 정부가 문제해결의 실마리를 엉뚱한 방향으로 이끌어 가고 있다고 비난한다. 지난 20여 년간 미국의 연방정부는 마약의 원료가 되는 작물을 불태우고 매년 수톤에 달하는 마약을 압수하며 국경감시를 철저히 하는 등 마약의 공급선을 차단하는 데 주력해 왔다. 이는 미국 내에 밀매되는 마약의 가격을 크게 인상시켜 사람들이 쉽사리 구입할 수 없게끔 하려는 시도였다. 그러나 경제학자들은 공급에 초점을 맞추어서는 실효를 거두기 어렵다고 주장한다.

첫째, 코가인과 같은 마약의 원료가 되는 작물은 세계 도처에서 자란다. 이것들을 모두 태우거나 감시하기란 불가능한 일이다.

둘째, 마약의 도심지 가격은 국경을 넘어올 때 가격의 열배를 상회한다. 유통에 따르면 모든 위험비용이 이미 계산되어 있기 때문이다. 따라서 아무리 마이애미 항구를 철저히 봉쇄하고 마약을 압수해봤자 시카고 거리의 마약시가는 크게 인상되지 않는다.

셋째, 마약의 시가가 혹 오른다 하더라도 마약상용자들은 그다지 비용에 개의치 않는다. 마샬의 용어를 빌리자면 이들은 비탄력적 수요를 지녔다. 더욱이 마약의 가격이 오를 경우 마약중독자들은 돈을 마련하기 위해 도둑이나 강도로 돌변할 지도 모른다.

경제학자들이 법학의 지평을 넓혀 놓았다는 사실에 대해서는 아무도 부인하지 못한다. 그러나 비판자들은 경제와 법의 관계가 너무 가까워진 것은 아닌가 하고 염려한다. 두 학문이 추구하는 바가 같지 않기 때문이다. 경제학은 능률(efficiency)을 추구해야 하지만 법은 공명정대(justice)를 추구해야 하지 않는가. 능률이 곧 공정이란 말인가? 공정하지만 비능률적인 법들을 사회는 철폐해야 할까? 죄수들에게 태형을 가함으로써 가장 능률적으로 범죄를 예방할 수 있다면 사회는 이것을 시행해야 할까? 의문은 꼬리를 문다.

극단주의자들은 당연히 능률이 곧 공정이라고 주장한다. 그러나 경제학이 결코 공정면이라고는 볼 수 없다.

거의 모든 제도나 사회현상은 경제학적 문제와 연루되어 있다. 1988년의 한 조사에 의하면 역사적으로 전쟁포로들 역시 비용과 혜택에 따라 취급받아 왔다고 한다. 중세의 경우 포로들은 괜찮은 대접을 받았는데, 이는 적국으로부터 거액의 몸값을 받아내거나 그 밖의 유리한 조건을 확보해 내기 위해서였다. 하지만 중세 때 포로들의 처지가 오늘날 포로들의 처지보다 낫다고 섣불리 판단하진 말지어다. 적국이 포로들을 요구해 오지 않아 수요가 줄어들 경우, 이들의 목은 여지없이 날아갔으니까.

심지어는 시간의 존재까지도 경제학적 의미를 지닌다. 만약 내일 세상의 종말이 온다면 사람들은 어떻게 행동할 것인가? 다음 주에 모든 법이 무효화된다면? 사람들은 여러 가지 이유 때문에 지켜야 할 바를 지킨다. 그 중 하나는 신뢰를 잃지 않기 위해서이다. 비즈니스의 경우 이는 특히 중요하다.

그러나 만약 현재 세상의 시간이 얼마 남지 않았고 다음에 도래할 세상은 현재 세상과는 완전히 절연된 새로운 시작이라 한다면, 일부 사람들은 약속을 저버리고 타인들을 이용하려들 것이다. 건강한 시장경제란 약속의 신성함과 타인에 대한 존중의 기반 위에서만 자라날 수 있다. 미래를 내다보지 않은 사회는 경제적 붕괴를 자초하게 된다.

가격, 이윤, 지대, 비용이 경제학의 전부는 아니다. 법, 도덕, 패션, 철학 등도 경제학의 일부이다. 베블런과 갤브레이스는 경제학의 정의를 확장시켰다. 동료 경제학자들은 더 넓은 세상에 눈을 뜨게 되었다. 마샬은 경제학을 너무 쉬운 학문처럼 만들어 우리를 속였다.

신제도학파들은 경제학이 어렵다는 것을 인정한다. 그러나 그들은 동시에 마샬의 도구가 얼마나 위력적인가를 보여 주었다. 그들은 한계분석 도구를 온갖 복잡한 사회현상들에 적용시켰다. 제도학파는 경제학이 사회전체만큼이나 크다는 사실을 알려줬다.[1]

1) 토드부크 홀츠 저(이승환 역), 죽은 경제학자의 살아있는 아이디어, pp. 266 ~271.

제 12 장
케인즈 혁명과 구원의 경제사상

1. 케인즈 경제학의 시대적 배경

고전학파와 신고전학파 경제학에 의해 지탱해 오던 자본주의 경제는 1929년에 이르러 더할 수 없는 위기의 상황에 빠졌다. 뉴욕주식시장의 붕괴는 미국경제의 파탄은 물론 세계경제를 와해시켰다.

제1차 세계대전동안 미국경제는 폭발적인 성장을 했으나 1929년에는 사상최대의 위기가 닥친 것이다. 주택건설은 95%나 감소했고, 예금구좌는 말소되었으며 실업자는 1,400만 명에 달해 미국근로인구의 25%를 넘어섰다. 85,000개의 기업이 도산했고 1인당 GNP는 1929년 870달러에서 1930년에는 755달러, 1931년에는 590달러로 4년 동안 절반수준으로 떨어졌다. 이러한 경제현상은 기존의 경제이론체계로는 도저히 설명할 수 없는 현상이었으며 무언가 전통적인 경제이론에 근원적인 문제가 있음을 감지하지 않을 수 없었다. 케인즈는 이러한 세계경제 위기의 상황에서 珍鳥의 눈으로 구원의 경제학을 자신만만하게 제창했다.

2. 케인즈의 생애와 사상

케인즈는 1883년 빅토리아 왕조풍(인습과 전통을 중시하고 우아한 것을 즐기는)의 청교도 가정에서 태어났다. 아버지 존 네이빌 케인즈는 저명한 논리학자이자 경제학자였으며 캠브리지 대학의 경제학교수였다. 어머니 플로랜스 아더는 여성으로서 캠브리지시의 시장을 할 만큼 교양과 지성을 갖춘 인물이었다. 케인즈의 양친은 2남 1녀를 두었는데 그는 장남이었다. 케인즈는 이튼 고등학교를 졸업한 후 캠브리지 대학에서 철학과 경제학을 공부했다. 캠브리지 대학을 졸업한 후 그는 공무원이 되어 인도청에서 2년 간 근무하였다.

그는 고등학교시절 각종 수학상을 휩쓸었고 연극무대에서도 이름을 날렸으며 크리켓의 투수로서 활약하기도 했다. 대학시절에는 당대의 최고 엘리트들과 깊은 교우관계를 맺었고 '사도들'(Apostles)이라는 엄선된 엘리트들의 학내 비밀클럽에 초청되어 회원이 되기도 했다.

유명한 인물로는 버틀란트 러셀, 무어(G. E. Moore), 화이테드(A. N. Whiteheud)등의 철학자들과 레너드 울프(L. Woolf) 등의 문학자들이 포함되어 있었다.

그는 대학시절에도 크게 관심이 없었던 공무원 시험에 합격하여 인도청에 근무하게 되었으나 곧 캠브리지 대학으로 옮기기 위한 준비를 했다. 1908년 3월 논문에는 실패하고 1909년 3월 논문이 통과되어 대학에서 강의할 수 있는 기회를 얻었다. 케인즈는 3학년을 대상으로 '貨幣論'(Money, Credit and Prices)을 강의하였는데 현실문제에 대한 많은 예를 소개하여 학생들에게 인기를 얻었다. 1911년에는 에지워드(F. Y. Edgeworth) 교수의 뒤를 이어 28세의 나이에 「이코노믹 저널」(Economic Journal)의 편집장이 되었다. 1913년 제1차 세계대전의 발발은 케인즈의 사회활동의 폭을 넓히는 계기가 되었다. 곧 케인즈는 영국 재무성의 관리가 되었고 통화문제를 중심으로 한 많은 경제문제 해결에 탁월한 아이디어를 쏟아 놓게 되었다.

전쟁의 승리가 확인되던 1918년 가을부터 영국 재무성은 케인즈의 주도하에 종전 이후 독일이 연합국에 지불해야 하는 배상금의 액수에 대한 연구를 추진하였다. 그러나 이른바 '트랜스터 문제'에 대한 아무런 인식도 없었던 대 독일 강경론자들에게는 케인즈의 유연한 생각은 받아들여질 수가 없었다.

재무성을 사임한 케인즈는 1919년 12월 「평화의 경제적 귀결」이라는 책을 출간하였다. 이 책은 다시 강화조약의 경제적 효과에 대한 분석을 내용으로 한 것이었는데, 연합국의 배상요구의 부당성을 지적한 것으로서 케인즈의 학자적 양심과 용기가 발휘된 탁월한 저서였다.

1919년 6월 영국 재무성을 사임한 케인즈는 캠브리지 대학에서는 교수로서, 그리고 런던에서는 공사간 다채로운 생활을 시작했다. 그는 풀타임 교수생활을 하지는 않았으나 학생들에 대하여 케인즈가 깊은 감명을 준 것은 저서나 강의보다는 학생들의 발표회를 통해서였다고 볼 수 있다.

케인즈는 지성인이 사회적으로 해야 할 몫을 다하기 위해서는 돈이 필요하다고 생각했다. 그 수단의 하나로 그는 증권시장과 외환시장에 손을 대었다. 그는 이들을 통하여 꾀나 돈을 벌기도 했다. 그 이외에도 그는 캠브리지 대학교 킹스대학의 재산운영을 맡았으며 2개의 보험회사를 관리하는 등 많은 일을 한꺼번에 수행하였다. 그는 엄청난 재산증식을 하여 그가 타개했을 때는 45만 파운드라는 큰 재산을 남겼다. 케인즈는 직접 정치에 종사하지는 않았으나 대학시절부터 정치문제에 남다른 관심을 갖고 있었다. 그는 자유당의 강령과 정책방향을 지지하였다. 그의 성격으로나 신념, 배경 등으로 보아 그는 일생동안 자유당원이었다고 보아도 무방할 것이다. 그는 천성적으로 진보적이었으며 사회개량주의자였고, 낡은 자유방임주의 사상인 보수당을 싫어했다. 그는 자본가계급에 대하여는 항상 저항감을 갖고 있었고 자본주의에 대하여는 여러 가지 면에서 혐오감을 갖고 있었다.[1] 그러나 자본주의 제도는 몇 가지 점에서 개선만 한다면 개인의 창의성과 자유를 보장하므로 다른 체제보다는 낫다고 생각했다.

그는 42세가 되던 1925년 러시아의 발레리나 리디아 로포코바(L. Lopokova)와 결혼했다. 재테크에 천부적 소질을 갖고 있었던 그는 갑부가 되어 리카도 다음으로 이론과 실제가 일치하는 위대한 경제학자가 되었다.

3. 케인즈의 경제이론

케인즈의 경제이론은 현실을 몸소 체험하고 직시했던 뛰어난 경제학자의 현장감을 기록한 것이다. 그는 직관에 의하여 현실을 판단

1) 변영윤, 경제석학의 생애와 사상(下), 매일경제신문사, 1984, pp. 122~124.

했고 보다 깊이 있는 연구를 위해 분석하였다. 케인즈는 1920년 때부터 정치에 손을 떼고 지적 활동에 전념코자 했다. 로버트슨 교수와 은행 및 물가에 대한 논의는 그에게 많은 자극을 주었다. 그는 1926년 상・하 두 卷의 「화폐론」을 출간하게 된다. 이 책은 케인즈의 이론과 실무의 경험이 유감 없이 발휘된 力作이였다. 1934년 말 초고가 완성된 「일반이론」은 존 버트슨, 호트리(R. Hawtrey) 교수로 부터는 지지를 받지 못했으나 칸, 로빈슨 등의 제자로부터는 전폭적인 지지를 받았다. 1936년 「일반이론」(*The General theory of Employment, Interest and Money*, 1936)이 출간되었을 때는 경제학의 혁명이 시작되었다. 「일반이론」은 경제현상을 국민경제 전체의 시각에서 有效需要라는 새로운 개념을 이용하여 분석한 책이었는데 이 책은 古典學派流의 경제학을 완전히 부정하는 것이었다.

케인즈는 경제에서 중요한 것은 수요라고 했다. 수요는 막연한 총공급과 총수요의 의미의 일반수요와 실제로 구매력을 가진 유효수요로 구분될 수 있다. 소득수준과 소비수준은 모두 유효수요에 의해 결정되므로 아무리 엄청난 투자를 하더라도 수요가 없으면 효과가 없다.

수요는 크게 투자수요와 소비수요 및 정부수요로 나누어진다. 소비수요는 소득에 의해 결정되며 누구든지 가계를 운영하는데 있어서 소득에 의존하므로 소비는 소득보다 작다. 정부수요는 정치적 차원에서 결정되므로 경제외적인 변수이다. 투자수요는 수익률과 이자율에 의하여 결정된다. 이자율보다 투자수익률이 높으면 투자가 이루어지고 그 반대이면 투자가 발생하지 않는다. 미래가 불확실한 상항에서 투자는 당연히 위축되고 경제생활에서 불안을 느낀 소비자들은 가능한 한 소비를 줄이고 저축을 늘리려고 한다. 또한 소득이 증가해도 상대적으로 소비의 증가는 줄어든다. 이러한 요인들 때문에 일반적으로 총수요와 총공급은 사전적으로는 우선 같아지기 어렵다. 다시 말하면 언제나 유효수요는 부족하게 된다.

이자는 화폐수량과 유동성 선호에 의하여 결정된다. 유동성 선호란 모든 사람은 불확실한 내일에 대하여 확실한 오늘의 현금을 선호한다는 뜻이다. 투자수익률은 불안정하고 각 부문마다 다르다. 정치, 사회, 기술변화 등등의 경제외적 변수가 투자수요를 결정하므로 투자수요는 불안정하고 수요의 부족은 불완전고용, 즉 실업을 가져온다. 결국 불완전고용균형을 극복하기 위해서는 재정적자를 발생시키더라도 투·융자정책을 실시해야 한다고 그는 생각했다.

케인즈는 자신의 이론은 경제의 일반적 상황에 적용할 수 있는 일반이론이며 상대적으로 고전학파경제학은 특수한 경제의 균형상태에서만 설명이 가능한 특수이론이라고 보았다. 즉, 고전학파는 투자와 저축이 항시 일치한다고 보았으나 케인즈는 일반적으로 불일치한다고 보았다. 경제는 그때마다의 여건에 따라 움직인다. 케인즈 경제학의 출발은 실업이 25%대를 넘어서는 대공황의 상황에서 결정적인 설득력을 갖고 있다. 그리고 선진국의 경우는 자본축적이 있으므로 자본의 공급이 투자수요를 능가하는 경우가 있다. 자본이 만성적으로 부족한 개발도상국은 다를 수도 있다.

어쨌든 케인즈의 주장은 설득력을 갖고 있다. 케인즈는 우선 저축은 그리 쉽사리 투자로 연결되지 않는다고 보았다. 또한 임금과 물가가 유연하다는 것은 어불성설이라고 생각했다. 1930년대 초 미국의 저축수준과 투자수준이 똑같이 제로가 되어 같아졌지만 경제는 줄어 있었다. 케인즈의 주장이 옳았다. 고전학파의 낙관주의는 끝이 났다.

케인즈는 총수요가 총공급에 미달할 경우 불황이 시작된다고 생각했다. 케인즈는 가계와 기업의 재화나 용역을 충분히 소비하지 않을 경우를 걱정했다. 사람들이 기업이 생산한 물건을 사주지 않는다면 기업은 생산을 줄일 것이고 그것이 실업을 만들어 내며 GNP수준을 떨어뜨린다.

자본주의 경제구조는 구조적으로 총수요가 총공급 보다 적게 된다. 왜냐하면 한계소비성향(marginal propensity to consume, MPC)이 1보다 작기 때문이다. 즉, 소득이 1만큼 늘면 소비는 1보다 작게 늘어나게 되어 있다. 예를 들어 한계소비성향이 0.8이면 한계저축성향(marginal propensity to save. MPS)은 0.2이다.

저축된 것은 금방 투자로 연결되지 않는다. 따라서 일반적으로 총수요는 총공급을 따르지 못한다. 그러므로 정부는 유효수요를 늘리기 위한 투자를 해야 한다. 투자는 승수배 만큼 국민소득을 증가시킨다. 투자승수는 1/1-MPC 혹은 1/MPS이다.

그러므로 한계소비성향이 클수록 승수의 값은 커지고 소득은 증가된다. 결국 소비는 소득증가의 원화이며 경제회복의 핵심이다. 소비가 없으며 투자수요라도 있어야 한다는 것이 그의 생각이었다.

그리하여 그는 세이의 법칙을 부정했다. 세이의 법칙은 “공급은 그 자체로 수요를 창조한다”고 보았는데 국민경제의 자연상태에서 이 원리는 지켜지기 어렵다고 보았다. 그는 또한 화폐수량설을 부인하였는데 통화량이 증가한다 해도 물가는 상승하지 않을 수도 있다는 것이었다. 고전학파이론에 의하면 통화량의 증가는 물가상승을 유발하는데 반해 케인즈 이론에 의하면 투자량의 증가는 이자율을 하락시키고 투자를 증가시켜 국민총생산, 즉 국민소득을 증가시킨다는 것이다.

4. 케인즈 경제학에 대한 평가

케인즈 경제학은 도의과학(moral science)이란 하나의 체계 위에 세워진 살아있는 학문이다. 케인즈는 캠브리지의 경제학자답게 경제학이 도덕과학의 견지를 떠나는 것을 좋아하지 않았다. 그는 불확실성, 불합리성, 불가역성을 특징으로 하는 경제현상을 자연과학적으로 분석하는 것을 불가능하다고 생각했고 인과관계란 단기의 경우에 의사과학적 분석을 가능하게 한다고 보았다. 케인즈의 철학은 사물의 본성에 대한 존재론적 직관을 중시해가고 사물을 인식하기 위한 인식론에서는 경험을 중요시했으며 인식을 표현하는 방법에서는 엄밀한 연역보다는 귀납을, 수리적 설명보다는 자연적인 언어를 중히 여겼다.[2)]

케인즈 경제이론은 부당히 움직이는 현실의 동태적인 경제를 분석대상으로 하였다는 특징을 갖고 있다. 그는 언제나 나름대로 독창적이었고 현실적이었으며 도의과학으로서 정책적 방향을 제시하기 위한 목적을 지녔다.

그는 균형이라는 고전학파의 세계를 떠나 현실세계로 진입할 때 경제현상 속에서 불완전한 인간을 발견했다. 케인즈가 발견한 인간

2) 앞의 책, pp. 130～132.

은 고전학파를 포함한 균형이론이 제시하는 기계적인 인간이 아니었다. 그는 자본주의 사회에서 일하고, 소비하고, 투자하고, 자산을 관리하는 살아있는 인간이다. 또한 그러한 인간은 미래에 대해서 극히 제한적인 것을 알고 있을 뿐이라고 생각했다. 미래에 대한 기대는 모두 합리적이라고만 볼 수도 없고 많은 불확실성과 불완전성이 존재한다고 보았다. 그는 자본주의 경제에 있어서 불확실성의 본질과 그것이 탄생시키는 기대의 중요성을 인식하였다. 이것이 케인즈가 고전학파와 구별되는 가장 근원적인 요인이다.

그는 1920년 「화폐개혁론」을 쓴 당시만 해도 자본주의에 대하여 비교적 낙관적이었다. 그러나 「일반이론」을 쓰던 때는 자본주의에 대하여 불신의 강도가 높아졌다. 자본주의 경제를 불안정한 것으로 보고 불확실성에 직면한 인간행위는 불합리성이 많다고 보았다. 그는 "문명이란, 극소수의 인격과 의사에 의하여 구축된 그리고 교묘하게 설득되고 교활하게 보존된 저력이나 인습에 의하여 겨우 유지되는 천박하고 신빙성 없는 ...."라고 언급한 바 있다.[3]

앞에서도 지적한 것처럼 그는 개량주의자적 진보주의자였다. 세상이 변하는 것을 직시하고 그 상황에 맞는 논리와 식견을 갖고자 평생을 고뇌한 열정적인 양심가요 지성인이었다.

케인즈의 경제이론은 현실세계에 대한 관찰을 토대로 현실문제의 해결을 위해 현실적 방법론을 찾았던 정치경제학이라고 말할 수 있다. 그는 그러한 문제의 해결을 단순한 이데올로기적 시각에서만 주장하지 않고 어디까지나 과학적 분석의 방법을 벗어나지 않으면서

3) 앞의 책, p. 135.

설득력 있게 해결하고자 한 진정한 사회과학자는 인류의 진鳥였다.

그는 珍鳥의 눈으로 인류의 위기를 뿌리깊게 관찰했고 대공황의 구렁텅이에서 허덕이는 20세기의 인류를 참되고 신선한 경제학의 학문도구를 만들어서 슬기롭게 구해낸 구원의 경제학자였으며 새로운 경제학의 지평을 개척한 슬기롭고 창조적인 선구자였다.

1946년 케인즈는 죽었다. 그가 조금만 더 오래 살았더라면 그는 자신의 위대한 승리를 눈으로 확인할 수 있었을 것이다. 그는 그의 불후의 대작 「일반이론」에서 만고에 빛나는 명언을 남겼다.

> "경제학자 및 정치철학자의 관념 (idea)의 힘은 옳고 그름을 떠나 일반적으로 이해되는 것보다 훨씬 더 강렬한 것이다. 세계는 그 관념들이 움직여 나간다. 여하간 지적 영향도 받지 않고 있다고 믿는 실질적인 인간도 사실은 이미 죽은 어느 경제학자의 노예이기 일쑤이다. 권력을 쥔 미치광이가 하늘의 계시를 들었다고 할 때,이는 흘러간 삼류학자 하나를 증류하여 새로운 광기를 생산해 내었다는 뜻과 다름이 아니다 …… 선용이 되든 악용이 되든 위험한 것은 관념이지 사리가 아니다 ……"[4)]

라는 도도하고도 명철한 웅변이 바로 그것이다.

4) 토드부크 홀츠, 앞의 책, 1997, p. 302.

5. 케인즈학파

1929년 세계대공황을 설명하고 그것을 극복할 수 있는 방법을 제시했던 '케인즈 경제학'은 현대 경제학자들에게 많은 영향을 주었다. 케인즈의 영향을 받아 그의 이론을 발전시킨 경제학자들로는 해롤드, 로빈슨, 사뮤엘슨 그리고 힉스가 대표적이며 그 이외에도 많은 케인즈 추종자들이 현대경제학의 이론체계를 다듬어 가고 있다.

그들은 케인즈의 주요 이론인 유동성 선호이론, 소비함수론, 승수이론, 그리고 고용 및 임금이론 등 자본주의 경제제도의 문제점을 치유하고 새로운 대안으로서 거시경제이론을 더욱 정치화(情致化)시키고 있다.

1970년대를 맞아 세계경제는 새로운 불황과 인플레이션이라는 이른바 스테그플레이션의 장벽에 부딪히게 되었다. 많은 경제학자들이 반 케인즈 진영에 서게 되었고 경제불황의 원인을 근원적으로 케인즈 경제학에서 찾으려는 시도도 강했다. 그러나 케인즈학파 경제학자들은 지속적인 케인즈 경제이론의 틀을 정비해나감으로서 아직도 케인즈의 진가는 지워지지 않고 있다.

1) 해롯드와 동태경제학

로이 해롯드(R.F. Harrod)는 1900년에 태어나서 옥스퍼드 대학을 졸업하고 경제학강사를 하다가 켐브리지 대학의 케인즈 밑에서 경제학을 연구했다. 그는 캠브리지에서 2학기 정도 공부했으나 케인즈의 경제사상에 많은 동조를 느꼈으며 후일 「국제경제학」, 「경기순환론」, 「동태경제학」 등에 빛나는 업적을 남겼다.

해롯드는 케인즈경제학의 기본 틀을 이용하여 경제성장의 문제에 고전적 업적을 남긴 두드러진 학자이다. 1933년 간행된 「국제경제학」은 국제경제학의 현대화 이론에 많은 영향을 끼친 저서이다. 그는 케인즈의 승수이론을 국제무역의 영역에까지 도입 확장시킴으로써 처음으로 외국무역승수이론을 전개하였다.[5)]

또한 경기순환론에서는 임금, 물가, 이윤은 호황기에는 상승하다 불황기에는 다같이 하락한다는 「경기순환론」을 발표했다. 특히 그는 경제성장이론에서 케인즈의 불균형 개념을 이용한 균형성장의 불안정성을 존중했고 후일 로빈슨, 칼로, 솔호 등에 깊은 영향을 주는 경제성장이론의 초석을 도왔다.

2) 로빈슨(1903~1983)

로빈슨은 1903년 엄격하고 독립성이 강한 가정에서 태어났다. 캠브리지 대학에서 공부하고 1926년 같은 대학 경제학자(재정학)인 오스틴 로빈슨과 결혼했다. 1931년부터 조교와 강사를 거쳐 1965년 정교수로 임명되었으며 죽을 때까지 캠브리지에서 생활했다.

그는 마샬시대에 태어나서 케인즈에게 경제학을 배웠으며 마르크스경제학을 통달하였고 1972년 미국경제학회에서 '경제학의 제2의 위기'를 선언함으로서 정치경제학의 재건에 앞장섰다.

존 로빈슨은 케인즈 경제학의 발전을 위해 노력했으며 경제현실과 이론의 모순을 꿰뚫는 예리한 통찰력을 지녔다. 특히 스라파의

5) 주명건, 경제학원론, 박영사, 1986, pp. 900～902.

'불완전경쟁이론'에 영향을 받아 1933년 「불완전 경쟁의 경제학」을 저술하여 경쟁적 환경에서 기업들은 하향 기울기의 수요곡선을 가짐으로서 이윤극대의 가격과 양은 한계비용곡선과 한계수입곡선에 의하여 결정된다고 보았다.

1930년대 초에는 케인즈 이론의 보급·확장에 주력하였고 그녀가 저술한 「고용이론에 관한 서언」에서 케인즈 이론의 본질을 알기 쉽게 설명하기로 했다. 그녀는 고전학파 경제문제와 자본주의 경제성장과정을 바르게 이해하기 위하여 「마르크스 경제학에 관한 소론」 외에 동태적 연구의 집대성인 「*The Accumulation of Capital*」을 발간하여 1인당 산출량의 상승, 국내생산의 분배과정, 기술진보, 인구성장 그리고 기업가의 활동에 의해 자본축적이 이루어지며 황금시대 성장을 구가할 수 있다고 보았다.

그녀는 후에 케인즈의 해설자의 위치를 넘어 케인즈 경제학의 결함을 지적하고 새로운 동태경제학이 성립되기 위해서는 정치경제학이 필요하다고 역설했다.

3) 사뮤엘슨(Paul. A. Samuelson, 1915~2009)

사뮤엘슨은 1915년 인디애나주에서 약제사인 아버지와 어머니 사이에서 태어났다. 1932년 시카고 대학에 입학하였고 1935년 하바드 대학원에 진학하여 한센, 슘페터, 레온티에프에게 배웠다. 시카고 대학시절에는 경제학은 물론 물리학, 생물학, 사회학, 인류학을 두루 섭렵하였고 하버드 대학교 시절에는 수학으로 경제이론을 체계화하고자 했다. 그는 탁월했음에도 불구하고 하버드대학 교수가 될 수 없었고 1947년 MIT의 경제학교수가 된 이후 미국인 최초로 노벨경제학상을 1970년에 수상했다. 1941년 그의 박사학위 논문은 하바드에서 가장 훌륭한 논문에 대하여 수여되는 웰즈상을 받게 되었고, 1947년에는 40세 이하 최초의 경제학자에게 수여하는 클라크상을 받았다.

사뮤엘슨은 경제학의 기본목표인 사회적 후생에 대해서는 스미스와 같이 개인의 사적 이익추구와 사회적 후생의 달성이 일치한다고 보았다. 즉, 어떠한 개인도 공익을 증진시키기보다는 자신이 전혀 의도하지 않았던 목적을 성취하게 된다고 하였다.

그는 소비자행동분석 중 현시선호이론을 제시하여 무차별곡선을 이동하지 않고 소비시장에서 관찰 가능한 행동으로부터 논리적 추론에 의해 소비자행동을 규명할 수 있다고 보았다. 그는 경제이론의 온갖 분야에 탁월한 능력으로 공헌하였다. 국제무역이론에서는 왈라스체계를 이용하여 국제적 요소가격의 균등화, 요소 내지 그 요소 모델에 관한 상대상품가격결정, 관세가 일국의 소득에 미치는 영향 등 자유무역의 효율성을 증명하는데 기여했다. 성장이론에서는 최적 성장이론에 대한 턴파이크(turn-pike)정리를 전개하여 신고전파적 성장모델 연구에 독자적 기여를 했다. 그는 신고전학파와 케인즈 경제학을 종합하는 신고전학파 종합을 통하여 현대경제학의 주류가 되었다. 그는 현대경제학에서 소위 신자유주의 경제학자들 가운데 그 누구도 그와 비견할 수 있는 학문적 수준이 되지 못함에도 불구하고 케인지안의 대열에 섰기 때문에 경제학설사에서 그의 학문적 공헌만큼 많은 지면을 할애 받지 못하는 섭섭함이 있음은 부인할 수 없는 사실이다.

4) 힉스(J. R. Hicks, 1904~1989)

힉스는 1904년 영국 워릭스에서 태어나 옥스퍼드 대학에서 공부하였다. 1926년에는 런던 대학에서 하이에크, 칼도어 등과 함께 연구를 하여 임금, 고용이론을 체계화한 「임금이론」(*The Theory of Wages*)을 1932년에 출간했다.

1935년 캠브리지 대학 펠로우를 거쳐 1938년에는 맨체스터 대학교수로 재적하면서 학계에 획기적인 영향을 미친 「가치와 자본」(*Value and Capital*)을 간행하였다. 1946년에는 옥스퍼드 대학의 펠로우로 있다가 1952년 드러몬드 경제학교수가 되었고 1964년 학문적 업적을 인정받아 여왕으로부터 작위를 받았다. 1971년 정년 퇴임 후에도 「자본과 성장」(*Capital and Growth*), 「경제사이론」(*A Theory of Economic History*) 등을 저술하였고 1972년 애로우와 공동으로 노벨 경제학상을 수상했다.

그는 경제학의 전 분야에 관심을 갖고 연구를 했으나 가장 큰 업적은 일반균형과 경기순환론이다. 그는 마샬의 기수적 효용이론을 거부하고 파레토의 무차별곡선을 통한 소비자균형이론을 전개하였다. 특히 그는 일시적 균형개념을 도입하여 경제의 변동과정을 두 단위로 구분하여 균형가격을 결정하고 각 경제주체의 수습계획과 시장변동과정을 살폈다.

그는 경제동학에서 중요한 화폐, 증권, 이자 등의 일반균형이론을 명쾌하고 정교하게 분석하여 현대 경제학의 새로운 틀을 만들었고 이를 왈라스 일반균형과 연결하여 거대한 균형경제학을 완성시켰다.

그 후 「가치와 자본」, 「자본과 시간」을 저술하여 그는 마르크스 이후의 백년의 과정을 설명하고 자본이론을 일반이론화 시켰다. 특히 1973년 「자본과 시간」에서 그는 뵘 바벨크, 하이에크, 뷕셀 등의 오스트리아적 자본이론을 바탕으로 그의 이론을 전개한 이른바 신오스트리아적 성장모형을 설명하여 경제내의 모든 재화 중에서 소비되지 않고 생산과정에서 투입되는 생산재를 자본재라 하였고, 자본축적이 소득분배에 어떤 영향을 미치는가를 생산과정의 기계화 정도와 기술진보의 형태에 좌우됨을 설명하였다.[6]

역사적인 측면에서 그는 인류사회의 발전을 「경제사의 이론」에서 인간의 자유로운 의지, 즉 효용과 선호에 의한 행동이 시장기구의 조직을 통하여 반영되는 실증적, 통계적 과정으로 보았으며, 경제사의 기능을 사회과학자들이 토의할 수 있는 공동의 광장을 제공하는 일이라고 보았다. 경제사의 측면에서 볼 때 그는 인류사회의 문명이 경험한 가장 중요한 변화를 산업혁명이라 하고 그 의의를 단순한 자본축적의 증가가 아닌 투자가 구체화된 고정자본재의 다양성의 증대에 두고 있다.[7]

경기순환론에서는 케인즈의 이론에 영향을 받아 승수와 가속도인자의 상호작용에 의해 상한 한계선과 하한 한계선과의 사이를 변동함으로써 경제성장과 경기변동과의 필연적 결합을 강조하였다. 즉, 시차를 도입한 비선형 방정식의 모델을 정립함으로써 시간경로에 따라 경기변동의 주기는 일정한 한계선에서 진동하는 제한적 순환이라고 보았다. 이외에도 사회회계학의 체계를 통하여 경제현상을 분석한 그의 「사회경제구조론」(*The Social Framework*)에서는 한 사회의 구성요인인 자본과 노동이 어떻게 생산하여 소득을 창출하

6) 주명건, 앞의 책. p. 528.
7) 주명건, 앞의 책, 동면.

고 그것이 어떠한 경로를 거쳐 소비, 투자 및 분배에 영향을 주며 나아가 소비 생활수준과 자본축적이 어떻게 이루어지는지를 종합적으로 분석하였다.

제 13 장

현대자본주의와 신자유주의 경제사상

1929년 대공황을 자양분으로 성장한 케인즈 경제학은 실업의 타계와 전후경제의 눈부신 성장이라는 찬란한 영광을 남겼으나 1960년대 후반에 들어서면서 그 빛은 점점 퇴색되어가기 시작했다. 인플레이션의 압력이 점차 누적되어가고 실업률도 증가하여 경제는 이른바 두 마리의 토끼를 잡아야 하는 아주 어려운 환경에 처하게 되었다. 신형인플레이션인 스테그플레이션 현상은 종래의 케인즈적 처방으로는 당면과제들을 해결하기 어렵다는 인식이 널리 퍼지게 되었다. 이러한 케인즈 경제학에 대한 불신은 새로운 경제이데올로기를 필요로 하게 되었고 그러한 경제학의 전체적인 흐름을 우리는 신자유주의 풍조라고 일컫는다. 케인즈 경제학을 신란하게 비판했던 통화주의 경제학, 합리적 기대가설, 공급경제학 등은 신자유주의 경제학의 대표적인 학파인데 이는 1980년대 이후 세계경제의 개방과 사회주의국가의 몰락 등으로 더욱 강한 설득력을 갖게되었다.

신자유주의 경제학은 인간의 자유라는 이념을 신봉하는 입장에서 중앙통제경제를 부정하고 시장경제제도를 기초하여 경제적 문제를 해결해 나갈 것을 주장하고 있다. 신자유주의 경제학에 있어서 자유란 전통적인 자유주의자들의 자유방임 사상과는 구별되는 강력한 통제수단의 자유를 말한다.

신자유주의자는 근대서구의 가치이념을 계승하고 자유와 자기책임을 중시한다. 그들은 인간은 마땅히 자유를 누려야하고 그 자유는 자신의 행동에 대해서 자신이 책임을 짐으로서 뒷받침된다.

신자유주의 사상은 1948년 스위스 몽팰랭협의회에서 80여명의 자유주의 사상가들이 모여서 자유주의의 대변지 「Ordo」(책력) 書를 간행하면서부터 체계화되었다. 그 대표적 사상가는 F. Hayek이며 그는 이 자유주의자들의 모임에 회장을 맡았었고 M. Friedman은 회원으로 활동했다.

1. 하이에크와 신자유주의

F. A. Hayek는 1899년 5월 8일 Austria Winer 大學에서 공부하고 1921년 법학박사, 1925년에는 정치학박사학위를 받았다. F. Wieser와 L.V Mises는 그의 스승이었으며 영국의 London School of Economics, 美國의 Chicago 大學, 독일의 Freiburg 大學, 스위스의 Salzburg 大學 등에서 학문활동을 했으며 당초에는 화폐이론, 경제이론, 그리고 자본이론 등에 관하여 연구하였다.

하이에크의 명성을 국제적으로 높인 것은 그가 시카고대학 교수시절에 출간한 「예속의 길」(*Road to Serfdom*, 1994)이었다. 이 책은 자유주의 신조에 기초하여 사회주의를 비판한 것이었는데, 경제학적 자유주의를 주장할 뿐만 아니라 사회철학자적인 반성에 기초하여 사회주의 사상 그 자체의 자기모순을 가차없이 비판했다. 1937년 그는 그의 스승이었던 Mises의 논문을 위시하여 몇 명의 저명한 경제학자의 사회주의 비관논문과 자산의 논문 1편을 추가하여 「집산주의적 경제계획」(*Collective Economic Planming*)이라는 논문집을 간행했다. 이때부터 Hayek는 사회주의를 체계적으로 비판했다.

1) 자유의 의미

Heyek는 자유를 사람이 타인의 자의적 의사에 의해서 강제되지 않는 상태라고 정의했다. 따라서 자유주의 정책은 될 수 있는 한 강제 혹은 강제에서 생기는 해로운 영향을 적게 할려고 한다. 강제는 인간 상호관계에서 발생하는 것이다. 인간은 상호관계에서 쌍방이 절대적으로 자유로운 상태는 생각할 수 없다. 주인과 노예의 경우는 노예가 인간으로 취급되지 않는 경우가 일반적이므로 인간의 상호관계라고 말할 수 없다. 인간상호관계는 자의적인 의사에 따라 강제를 제거하기 위해서 상호간에 상대방에 대한 의사의 존중, 약속에 의한 협약, 공동생활에 있어서 일정한 규칙 – 예컨대, 풍속·습관·도덕·법률·협약 등 공동생활에 필요한 규율을 준수해야만 한다.

이러한 규율들이 잘 준수된다고 하더라도 사람들이 자유가 완전히 보장되기는 어렵다. 따라서 현대국가는 민주주의제도를 제창하고 있으며 이것이 잘 준수될 수 있도록 법으로 보호하고 있는 것이다.

Heyek는 우선 자유란 인간상호관계에 있다는 점에서 초점을 두었다. 인간이 물질적으로 제한을 받고 있다는 것은 자유의 문제와는 아무런 관계가 없다. 또한 개인 자신에 정신적·육체적으로 제한을 받고 있다는 것을 다른 사람의 자의와 관계없는 한 자유와는 아무관계도 없다. 자유란 사람들과의 관계이기 때문에 자의에 의한 강제가 문제된다. 이것을 막기 위해 근대적 제도는 법에 의한 개인의 자유에 따른 강제를 제거시켜 국가의 권력만에 의한 법에 의한 강제를 인정한다. 법을 위반하는 사람들은 처벌하고 위법행위를 다스린다. 자유란 법의 지배에 있어서만 존재한다. 그러나 법 역시 국가권력에 대한 자의를 막을 수 없다는 비판이 있기 마련이다.

Heyek에 의하면 자유가 문명을 낳는다는 인식이 확실히 지각되어지고 자유에 대한 사상이 체계적으로 다져져서 자유를 주장하는 이론이 성장한 것은 18세기의 영국과 프랑스에서였다. Heyek는 영국의 자유주의를 지지하며 프랑스에서 발달한 그것을 가치 자유주의라고 보았다. 영국자유주의는 W. Hume, A. Smith, A. Ferguson, E. Burke 등에 의하여 전수되었고, 프랑스 자유주의는 R. Descurtes 흐름을 따르는 백과전서파, J. J. Rousseau 류의 중농학파를 들 수 있다. 영국 자유주의는 사회진화론적 사고방식을 취하고 있었으며 후에 Darwin의 進化論을 낳는 사상적 환경을 마련해 주었다.

자유주의는 국가권력에만 강제를 허용하며 국가가 제정하는 법에 따라 자유를 수호할 수 있다고 믿는다. 그러나 법이라고 해서 아무 法이나 좋다는 것은 결코 아니다. 法의 성질이나 法을 제정하는 절차에 있어서 自由主義에는 독자적인 주장이 있다. 우선 法성질에 관한 것인데 일반적으로 널리 알려져 있어서 확실한 것이어야 하고 그리고 일반적이고 추상적인 원칙으로 적용되어야 하며, 부당한 차별이 없고 또한 행동해야 한다.

2) 자유와 민주주의

자유주의의 법률을 제정하는 절차는 民主主義의 방법에 의거한다. 오늘날의 사회에서는 법을 제정하는데 독자적인 입법기관이 있다. 민주주의는 국회에서 다수결의 원칙에 의하여 법을 제정하며 또 개폐된다. 민주주의는 정치상 자유주의 원리로 일반적으로 받아들여지고 있다. 물론 민주주의와 자유주의는 같은 것은 아니다. 민주주의는 다수결의 방법에 의해서 법의 제정을 결정하며 전체주의에 반대한다. 자유주의는 법이 어떤 것이어야 하는 것을 따지고 민주주의가 자유주의와 충돌하는 것은 다수의 이름으로 소수자에 대한 차별, 그리고 앞에서 언급한 법의 성질에 반하는 개개의 법률이 제정되어지는 경우이다. 정부는 만능하지 않으며, 소수자의 이단을 인정한다는 것이 문명사회의 진보에 있어서 필요조건이다. 요컨대 정부는 개인의 자유를 수호한다는 것이 임무라는 것은 자유민주주의는 인정하지 않으면 안 된다. 흔히 개인의 자유가 가져오는 재화(災禍)를 방지하기 위하여 국가집단이 개인에 대신하여 개인활동의 영역을 한정하는 것을 정당하다고 생각하는 민주주의 사상도 있다. 그러나 자유주의는 그러한 가부장적인 견해에 대하여 반대한다. 만일 민주주의가 개인의 자유보다 국가권력에 의한 선택이 좋은 것이라고 생각하면 그것은 만주주의를 붕괴시킬 위험이 있다. 민주주의란 자유로운 개인의 선택을 기초로 한다는 것이 Heyek의 기본사상이다.

3) 자유주의 경제정책

Heyek에 의하면 자유주의가 정부가 선택한 모든 경제적 간섭을 반대하는 것이 아니라는 것이다. 자유경쟁 밑에서 시장경제를 견지할 수 있는 일반적인 테두리는 정부의 권력에 의하여 정해지며 또 유지되지 않으면 안 된다. 자유주의는 특정의 목적을 위해서 정부가 경제적 행위를 하는 것을 배제한다. 문제의 초점은 목적에 있는 것이 아니라 정부가 사용하는 강제적 방법에 있다. 이러한 방법은 많은 경우에 있어서 그 목적을 달성하지 못하며 그 효과보다 비용이 오히려 많이 들 수 있다. 또한 자유주의는 국민에게 대하여 서비스를 공급할 수 있는 경우에는 정부활동을 환영한다. 물론 서비스는 기본적으로 강제적이지는 않다. 다만 과세 등의 경우는 강제적인 성격을 수반하지만 이는 국가나 국민을 위해 공공적 서비스를 베푸는 경우이므로 예외로 한다. 자유주의는 원칙적으로 국가에 의해서 운영되는 기업을 좋아하지 않는다. 그것은 국가의 운영이 자칫 독점으로 흐르기 쉽고 국민의 요구와는 거리가 먼 국가 중심이 되기 쉽기 때문이다. 또한 자유주의는 상품가격이나 수량에 대한 임의적인 조절 역시 반대한다. 왜냐하면 그것을 시장경제의 조절기능을 저해시키며 동시에 정부의 권력에 의한 자의가 불가피하게 발생하기 때문이다. 근본적으로 자유주의는 그 자체가 곧 시장에 대한 정부의 불간섭이라고 보지는 않는다. 사회는 끊임없이 법과 제도가 변하고 지식이 발달한다. 변화무쌍한 사회에서 法이나 제도 등이 절대권력에 의하여 묶여있는 것은 사회의 신축성을 저해할 가능성이 있다. 사회는 필요에 의해 자연스럽게 조절되어 가는 것이 가장 바람직하다고 보기 때문이다. 그렇기 때문에 자유주의는 본질적으로 국민의 복지에 대해서도 결코 무관심하지 않다. Heyek의 사고는 개인의 노력과 성과를 무시한 평등주의는 찬성할 수 없으나 그것이 결코 무한정의 개인적 부의 축적을 용납하는 것은 아니라고 했다.

그런 의미에서 자유주의자들은 정부가 불쌍한 사람들을 위하여 서비스를 제공하고 그 재원을 조세로 충당하는데 대하여 결코 반대하지 않는다. 고전 경제학자들의 주장처럼 사회가 부유해짐에 따라 정부가 해야 할 역할은 커져야 함은 당연하다.

복지향상을 위해 정부가 적극적으로 참여하는 자체를 반대하지 않는다. Heyek는 결국 공정하고 합당한 경쟁의 룰이 지켜지는 자유주의사상 경제제도를 지지하고 있다는 것이다.

2. 프리드만과 통화주의 경제학

1960년대 후반부터 1970년대에 들면서 세계경제는 신형인플레이션의 늪에 빠지게 되었다. 케인즈 주의자들은 1929년 이후 실업상태를 해결하고 세계경제의 회복이 성공을 거두자 계속해서 통화정책의 무용론을 주장해왔다. 그러나 높은 인플레시션과 실업률이라는 이른바 두 마리의 토끼를 잡아야 하는 새로운 인플레이션, 즉 스테그플레이션 상태에 직면하자 종래의 케인즈적 정책처방에 대해서 점차 의문을 재기하게 되었다. 신자유주의 경제사상을 독일의 질서자유주의 운동과 비슷한 시기에 영어권국가에도 일어났는데 이의 대표적인 학자가 사이몬스(H. C. Simons), 프리드만(M. Friedman) 등으로 대표되는 시카고 학파이다.

J. M. Keynes 이후의 경제학자 중에서 가장 유니크한 경제학자를 든다면 많은 사람들이 Milton Friedman 교수를 든다. 그는 오랫동안 Chicago 대학교수로서 이름이 높았으며 그의 사상과 이론은 미

국의 공화당 경제정책의 수립에 중요한 영향을 미쳤다. Fridman은 체코슬로바키아인을 양친으로 모시고 가난한 가정에서 태어나 고학을 하면서 New Jursey 주의 Rutgers 大學을 졸업하고 Chicago 대학원을 진학했다. 그는 토론을 좋아했으며 토론에서는 누구에게도 진적이 없을 정도로 유능했다. 그러나 인간적으로는 따뜻하고 유머러스한 재미있는 선생이라고 평판이 높았다. 경제학에 대한 그의 주요한 공헌을 요약하면 다음과 같다.

첫째, 신자유주의 사상을 전파했다는 점이다. 그는 Heyek와 함께 '몽텔랭 협회'의 회원으로 고전학파 경제사상에서 이어지는 신자유주의 사상을 주장했다. 경제에 대한 프리드먼의 기본입장은 확고한 신념이다. 케인즈가 자유방임주의의 종언을 고하고 자본주의 경제체계의 유지를 위해 정부개입을 주장할 때 프리드먼은 어떠한 형태의 정부개입도 궁극적으로 '예속의 길'(Road to Serform)을 자초하고 만다는 하이에크의 주장을 지지하고 있다.

둘째, 신화폐수량설을 주장한다. 그는 I. Fisher가 전개한 MV=PT의 貨幣數量說을 발전시켜 이것을 경제정책에 적용하고 구체적인 제안을 하고 있다.

셋째, 소비함수에 대한 실증연구이다. 그는 Keynes의 절대소득가설에 대하여 항상소득가설을 주장한다. 즉, 소득을 항상소득과 변수소득으로 구분하고 수비가 항상소득이 일정비율이 되는 경향이 있음을 실증했다. 그는 이외에도 가격이론, 변동환율제, 마이너스소득세, 교육문제에 대한 경제적 접근 등을 통해서 경제학 다방면에 업적을 남겼다. 이러한 그의 업적은 1976년 노벨경제학 상을 수상하게 했다.

1) 프리드만의 자유주의적 국가관

프리드만은 그의 역서「자본주의와 자유」에서 Kennedy 대통령의 취임연설의 名言 "국가가 자신을 위해 무엇을 해줄 것인가를 묻지 말고, 국가를 위해 무엇을 할 수 있는가를 물으라"를 문제삼았다.[1] 이 구절의 전반은 국가가 무엇을 해주기를 바라고 있는 사고방식이며 보호주의적 간섭주의 사상이라는 것이다. Friedman에 의하면 이와 같은 사고방식은 자기의 일을 스스로 책임져야 하는 자유인의 신념에 맞지 않다는 것이다.

또한 이 구절의 후반은 국민이 국가를 위하여 봉사해야만 한다는 사고방식인데 정부를 주인 또는 神으로 보며 시민을 사탄 또는 신자로 보는 사고이므로 이 역시 자유인의 신념에 맞지 않다는 것이다.

자유인에게 있어서 국가는 그것을 구성하는 개인의 집합이며, 개인 위에 있는 것이 아니라 정부는 시민에게 혜택을 주는 자가 아니며 시민에 의해 수단으로 이용되어져야 한다. 정부는 맹목적으로 따라하는 주인도 神도 아니다. 자유인에게 있어서 국가적 목적이란 인정될 수 없다. 자유인은 국가가 무엇을 해주기를 바라지 않으며, 국가를 위해 무엇을 해야 한다고도 생각하지 않는다. 자유인은 자유를 수호하기 위하여 정부를 수단으로서 활용하려고 하는 것이다. 더 나아가 우리들이 만든 정부가 자유를 파괴하는 존재가 되지 않으려면 어떻게 해야 하는 것이다. 프리드만은 국민에 의하여 만들어진 정부가 국민의 자유를 빼앗은 것에 대하여 두려워했다.

그러므로 프리드만은 정부가 국민의 자유를 보호하기 위한 수단

1) Capitalism and Freedman, 1962. p. 1.

이 되어야 한다고 주장했다. 그리하여 정부가 국민의 자유에 대한 위협이 되지 않기 위하여 몇 가지 점을 주의해야 한다고 했다.

첫째, 정부가 해야 할 범위를 한정해야 한다는 것이다. 정부의 중요한 역할을 시민의 자유를 밖으로부터의 침략이나 시민들 사이에서 수호해야 한다. 정부는 이 역할을 수행하기 위해서 무엇보다도 법과 질서를 유지하고 개개인의 사적계약을 실행시켜 경쟁적 시장을 육성하지 않으면 안 된다. 이 밖에 정부는 시민이 개별적으로 하기 어려운 일들, 혹은 값비싸게 먹히는 일들을 해야 한다.

둘째, 정부는 권력을 분산시켜야 한다. 만약 분권화되어 있지 않으면 어떤 개인이 지방의 정보를 좋아하지 않으면 다른 지방으로 이주할 수가 있기 때문이다. 그러나 중앙집권화가 되어 있으면 불만족한 사람이 이주할 곳이 없다. 중앙집권적 정부는 학문이나 문화의 발달을 저해한다고 보았다. 프리드만은 건축, 회화, 과학, 산업 등 문명의 커다란 진보는 중앙집권적 정부 밑에서는 발생하지 않았다고 보고 Columbus, Neuton, Einstein, 그리고 Shakespeare 등도 분권화된 정부 밑에서 가능했다고 보았다.[2)]

여기에서 우리가 관심을 가져야 할 것은 Friedman이 말하는 자유란 과연 무엇이냐 하는 것이다. 自由란 여러 가지 의미에서 그 해석이 가능하지만 Friedman은 자유를 두 가지 뜻으로 해석하고 있다. 하나는 각 개인이 무엇을 해야만 하느냐를 결의하는 자유와 이것을 각 개인의 윤리적·철학적 판단에서 결정된다. 다른 하나는 사람과 사람 사이의 관계에 대한 자유이다. 이와 같은 자유를 실현하는 것

2) Capital and Freedom, 1962, pp. 2～4.

이 바람직하지만, 원래 인간은 불완전한 존재이므로 선인도 있고 악인도 있다. 같은 사람이 때로는 선인이 되고 때로는 악인이 된다. 그때 Friedman은 선인으로 하여금 선한 일을 하게 하고 악인에게는 악인이 하지 않도록 하는 사회적 조직을 만드는 것이 필요하다고 생각했다.

경제적 측면에서 보면 사회에서 다수의 사람들이 경제활동을 하는 것을 통합하는데는 다음의 두 가지 방법이 있다.

첫째, 강제력을 갖고 있는 정부가 명령하는 방법이다. 이것은 전체주의 국가의 방법이다. 둘째, 개개인이 임의적으로 협조하는 방법이다. 이것은 시장에서 이루어지는 방법이다. 임의적 협조에 의해서 통합이 가능하다는 것은 경제적 거래를 통해서 쌍방이 모두 이익이 되기 때문이다. 각 개인이 자기의 이익을 존재시키기 위하여 자유로이 교환하는 조직을 Friedman은 경쟁적 자본주의(Competitive Capitalism)라고 했다. 이와 같은 조직이 바람직한 이유는 개인의 활동에 대해서 다른 사람으로부터 간섭받지 않기 때문이다. 소비자는 판매자로부터 강요받지 않게끔 보호되어 있다. 판매자는 수없이 많이 존재하여 따라서 소비자는 자신의 욕구에 맞는 판매자를 얼마든지 선택할 수가 있다. 판매자 또한 소비자로부터 강요받지 않게끔 되어있다. 소비자 역시 무수히 많기 때문에 판매자는 마음에 맞는 소비자를 선택할 수가 있다. 그러한 조건을 갖고 있는 곳이 곧 시장이다. 경쟁력 시장에서는 정부나 특정집단의 간섭을 받지 않고 얼마든지 서로가 필요로 하는 상대자를 자유롭게 선택할 수가 있는 것이다. Friedman은 경제적 자유는 그 자체뿐만 아니라 정치적 자유를 얻기 위해서는 필요하다고 주장했다. 정치적 자유란 군주이든, 다수당이든 그 누구도 그 부하에게 강요하지 못함을 뜻한다. 자유를 실현시키기 위해서는 권력의 집중을 가능한 한 제거해야 하며 그러기 위해서는 되도록 권력을 분화시켜야 한다. 경제적 자유를 실현하기 위한 필수요건이다. 경제적 자유가 보장된다면 그만큼 정치적 권력을 행사할 수 있는 영역이 줄어들기 때문이다. 그러기 위해서 정부가 해야할 일은 첫째, rule을 만들어 심판하는 일이다. 정부는 '게임의 룰'을 정하기 위한 결정기관이며 결정된 국력을 해석하고 강제하는 심판원으로서도 꼭 필요하다. '게임의 룰'이 일정한 rule에 따라 이루어지는 것과 같이 사람들은 사회의 관습이나 법률의 테두리 속에서 행동한다. 좋은 게임이란 rule에 의하여 공정하게 진행되는 신판들이 player로부터 인정받아야 한다. 프리드만은 자유사회에 있어서 정부의 역할을 인정하고 있으며 개인의 절대적 자유를 주장하는 것도 아니다. 무정부주의는 제아무리 매력이 있더라도 人間사회에서는 불가능한 것이라고 보았다. 사람들의 자유는 서로 충돌하기 마련이며 이들이 충돌될 때 한 사람의 자유는 다른 사람들의 자유를 위해서 제한되지 않으면 안 된다. 사람들 사이에서 충돌하는 자유를 어떻게 해결하느냐 하는 문제가 정부의 관심영역이다.

Friedman은 독점의 경우는 대체물이 존재하지 않기 때문에 교환의 자유가 제한되기 때문에 반대한다고 했다. 정부는 독점의 조성을 중지시켜야 하며 효과적으로 규제해야 한다. 그런데 '기술적인 독점'의 경우는 한 사람이 하는 것이 더 효율적이기 때문에 가능할 수도 있으나 사적 독점은 공적 독점보다는 낫다고 생각했다. 그 이유는 공적 독점이나 공적 규제는 기술적 독점을 유리하게 하는 요인이 존재하지 않는 경우에도 독점을 할 가능성이 높기 때문이다. 또한

Friedman은 정부활동에 근린효과가 발생할 경우 그 타당성은 높아진다고 보았다. 즉, 개개인의 활동이 다른 사람에게 영향을 내려지면 그것에 대하여 대금을 부과할 수도 없고 보상을 해줄 수도 없는 경우이다. 다시 말하면 외부효과가 발생하는 경우라고 볼 수 있다. 이를테면 환경오염으로 인하여 식수가 나빠진 경우 정부는 오염자에게 과세하고 오염된 환경으로 말미암아 손해본 사람을 보상해줄 필요가 있다. Friedman은 자유란 책임을 질 수 있는 개인에게 있어서만 가능하다고 보았다. 정부는 책임질 수 있는 사람과 책임질 수 없는 사람을 구별하고 후자에게 보호적 간섭을 할 필요가 있다고 주장했다.

2) 프리드만의 화폐재정정책

미국은 1932년대의 불황를 타개하기 위하여 Keynes의 이론을 대표로 New Deal 정책을 실시했다. 그 결과 경제공황을 점차적으로 타게 될 수 있었다. 그러나 프리드만은 이러한 인위적인 정부정책으로 공황의 문제를 해결하려는 것은 옳지 못하다고 했다. 그것은 대불황이나 실업이란 시장경제의 내생적 불안정에서 오는 것이 아니라 정부의 그릇된 판단과 관리에서 온다고 보았다. 이를테면 1929년의 대공황도 1930년초 연방은행의 화폐정책의 잘못 때문이라고 볼 수가 있다는 것이다. 그러므로 경제가 건전하게 운용되기 위해서는 정부간섭을 가능한 한 줄여야 한다고 그는 주장했다.

Friedman은 그렇다고 정부의 간섭이 전혀 무용한 것은 아니라고 보았다. 문제는 자유시장경제가 잘 작동할 수 있도록 최적의 간섭을 하는 것이다. 국민경제가 바람직한 상태로 갈 수 있도록 법적・제도적 테두리를 정부는 만들어야 한다.

자유주의의 시각에서 본다면 금본위제도가 바람직하다고 볼 수 있다. 그러나 이 제도는 실현될 수가 없다. 왜냐하면 금의 절대량이 부족하고 이것을 생산하는데 많은 비용이 필요하기 때문이다. 그렇다면 정부당국에 대하여 화폐에 대한 절대적 권한을 부여할 수밖에 없다. 그러나 화폐에 대하여 절대적 권한을 갖는 것은 권력남용의 위험이 존재한다. 따라서 화폐정책은 엄정한 rule에 의하여 다스려져야 한다.그러기 위해서는 화폐당국에게 안정적인 물가수준을 유지하는 것을 의무로 하는 법률을 만들도록 해야한다. 그러나 Friedman은 이러한 rule을 만드는데는 찬성하지 않는다. Friedman은 이러한 rule을 만드는 데 찬성하지 않는다. Friedman이 제한하는 rule은 화폐량의 일정한 증가율을 규정하고 만드는 것이다. 그는 화폐의 의미에서 범주는 지폐뿐만 아니라 모든 종류의 예금화폐를 포함시켰다. 미국의 경우 연율 3%~5% 사이의 수치가 바람직하다고 보았다. 한때는 그는 일본의 경우는 연율이 약 16%의 화폐증가율이 최적공급률이라고 주장하기도 했다.

이어 그는 자유주의 입장에서 자유무역이나 변동환율제도를 제안하였다. 환율에 대하여 정부가 간섭하는 것이 아니라 환율이 사적 거래를 통해서 좋다고 했다. 국제무역에 대해서는 관세나 무역제한, 외환통제 등이 이른바 경제적 자유를 저해하는 요인이라고 보았다.

Friedman은 케인즈가 제시하는 정부활동의 확대가 바람직하지 않다고 했다. 정부가 커다란 권한을 가지게 되면 경제적 자유는 저해된다고 했다. 그러면서도 그는 적절한 재정정책이 필요하다고 생각했다. 즉, 그는 앞에서 제시한 화폐정책에 부합하는 재정정책을 주장하였다. 우선 정부는 사회를 위해서 바람직하다고 주장하였다. 우선 정부는 사회를 위하여 바람직스럽다고 생각되는 여러 가지 항목을 정해놓고 이에 대한 지출계획을 세울 필요가 있다고 보았다. 이러한 종류의 지출은 경제성장에 따라 사회적으로 필요하므로 증가시켜도 좋지만 해마다 경제안정이나 경제순환의 문제를 생각할 필요는 없다고 했다.

3) 독점 및 분배정책

프리드만은 독점과 분배에 대하여 대체로 다음과 같이 생각하고 있다. 첫째로 그는 독점에 대하여 바람직하지 않다고 생각했다. 독점이란 개개인이 이용할 수 있는 대체물을 감소시키고 임의적 교환을 제한시키기 때문이다. 단지 '기술적 독점'은 인정할 수가 있지만 기타의 독점은 어떤 경우에도 결코 인정할 수가 없다고 했다. 독점을 뒷받침하는 정부의 여러 가지 정책은 모두 제거되어야만 한다. 독점기업도 노동조합 독점도 모두 법률의 공정한 심판을 받아야 한다고 했다.

노동조합 독점은 반트러스트 법의 적용에서부터 제외되어 있지만 이것을 받아들일 수가 없다고 했다.

그는 독점의 사회적 책임문제를 중요하게 생각했다. 독점은 권력에 의해 움직이기 때문에 그 힘이 사회적 이익을 위해 바람직하게 사용되지 않을 가능성이 높다고 보았다. 자유시장 경쟁에서는 이윤을 증대시키는 방법으로 자원을 이용하는 것이야말로 기업의 유일한 사회적 책임이라는 것이다. 한편 노동조합의 지도자의 사회적 책임도 조합원의 이익을 증대시키는데 있다는 것이다. 물론 기업독점도 노동조합 독점도 모두 조합 게임이 rule을 지켜야만 한다. Friedman에 따르면 이렇게 사용인이 자기의 이익을 증대시키도록 행동하는 것이 사회 전체의 이익을 증대시키도록 행동하는 경우보다도 많은 사회적 이익을 가져오게 한다고 보는 것이다. 기업가는 사주를 위해 최대의 이익을 확보해 주는 이외에 사회적 책임이 있다고 보는 사고방식은 자유사회의 기초를 무너뜨리게 한다는 것이다. 이러한 이윤 최대화의 행동 이외에 사회적 책임이 있다면 그것은 무엇이냐고 Friedman은 반문하고 있다. 만약 기업가가 주주의 피사용인이 아니라 공동인이 되어야 한다면 민주주의사회에서는 기업가는 선거라든가 임명에 따라 선택되어져야 한다는 것이다. 1962년 4월 U. S. Steel이 철강가격을 인상하려고 했을 때, Kennedy 대통령이 이것을 취소시켰다는 사실은 Friedman에게는 매우 중요한 일이었다. 철강가격이 정부에 의해 결정되는 것이라면 철강에 대한 사적 생산은 인정되지 않기 때문이다.[3)]

사회적 책임론에는 또 하나의 측면이 있다. 최근 인플레이션의 원인을 기업가나 노동조합에게 그 책임을 묻고 있는데, 기업가나 노동자는 가격이나 임금을 낮추어 인플레이션을 억제해야 하는 사회적 책임이 있다고 하는 주장이다. Friedman은 이와 같은 주장에 반대한다. 지금 가격이 인하하는 경향이 강하게 작용할 때 모든 기업가나 노동조합이 사회적 책임을 받아들여 가격이 올라가는 것을 억제하는 데 성공했다고 하자, 그 결과는 분명히 물품이나 노동이 부족하게 되어 암시장이 이루어지게 될 것이다. 이렇게 되면 정부는 물

3) 이형순 역편, 현대경제학의 사조, 법문사, 1978. pp. 160～162.

품이나 노동을 할당하게 되므로 자유경제는 제약받게 되고, 집중적인 통제가 이루어지게 될 것이다. Friedman에 따르면 물가수준이나 임금수준을 결정하는 것은 화폐량이며 기업가나 노동자의 탐욕이 아니라는 것이다. 정치는 무능이기 때문에 기업이나 노동의 자제를 촉구하고 있다는 것이다.

사회적 책임론에는 또 하나의 다른 측면이 있다. 그것은 기업가가 자선활동을 지원해야 한다든가 또는 대학에 기부해야 한다는 주장이 있다. Friedman에 따르면 자유사회에서 기업의 임금을 이러한 모양으로 사용한다는 것은 적당하지 못하다는 것이다. 기업은 이것을 소유하는 주주의 기초이다. 주주의 동의를 얻지 않고서 기부하는 일은 바람직하지 못하다는 것이다. Friedman에 따르면 최선의 해결이란 법인세를 폐지하고, 기부는 그 사회에서 재산의 궁극적 소유자인 개인에 의해서 이루어져야 한다는 것이다.

이상의 Friedman의 독점대책이다. 독점이 존재하는 것이 바람직하지 못하다는 주장은 거의 통설과 일치한다. 그러나 독점의 사회적 책임에 대해서는 오늘날 지주적인 사고방식과는 현저히 대립되어 있다. 기업이 완전경쟁에 가까운 상태에 있다고 하면 Friedman의 사고방식은 받아들일 수가 있다 그러나 독점이 존재하고 있는 현상에 비추어 보아 독점에는 사회적 책임이 뒤따라야만 한다는 것이 보다 설득력이 있다고 본다. 독점이 존재하면 가격은 높게 책정되며 물품의 공급이 과소하게 이루어지기 때문에 자원의 최적배분은 이루어질 수가 없다. 비용인상형 인플레이션(cost-push inflation)의 책임도 부분적으로 독점에 있다고 보아야만 한다.

分配政策의 경우 Friedman은 평등이 자유와 양립하는 선에 있어서만 평등은 바람직하다는 것이다. 그러나 자유를 희생하면서까지 평등주의를 관철해서는 안 된다는 것이다. 자유주의자들은 능력에 따라 소득이 분배되는 것이 바람직하다고 본다. 이렇게 함으로써 강제성을 띠지 않고서 자원이 보다 더 효율적으로 이용될 뿐 아니라, 이것을 통해서 정치적 자유도 쉽게 이루어진다고 보고 있다. Friedman은 평등분배가 반드시 바람직하지 못한 경우를 몇 가지 들고 있다.

지금 주어진 능력과 재산이 서로 같은 두 사람이 있다고 하자, 한 사람은 많은 임금보다 많은 여가를 선호하며, 또 한 사람은 여가보다 많은 임금을 선호한다고 하자. 이 경우 소득은 불평등하지만 문제는 여가와 임금을 모두 합한 총보수를 평등하게 해야 한다는 것이다. 임금이 많은 개인으로부터 세금을 징수하고, 이것을 임금이 적은 개인에게 분배하여 실질소득을 평등하게 하는 일은 오히려 불평등하다는 것이다. 또 한 사람은 임금이 높은 것보다 풍요한 일광이나 맑은 공기, 고요한 환경, 또는 품위있는 일을 선호하고, 다른 사람은 후자보다 전자를 선호하는 경우 소득을 평등하게 하는 일은 오히려 불평등을 가져오게 한다는 것이다.

한 걸음 더나가서 다음과 같은 경우를 생각해 보기로 하자. 능력과 재산이 같은 초기조건 아래서, 한 사람이 복권을 구입하여 이것이 당첨되면 소득이 증가하게 된다. 이렇게 되면 또 다른 한 사람 사이에서 소득의 불평등이 생기게 마련이다. 이 경우 전자로부터 소득의 일부를 거두어 다른 사람에게 재분배하는 것은 참다운 평등이라는 볼 수 없다는 것이다. 시장경제체제의 근저에는 사람들은 제각기 자유롭게 직업을 선택하고 투자를 선택하게 되어 있다. 즉, 어느 직업에 취업한 사람은 많은 임금을, 어느 사업에 투자한 사람은 많은 이윤을 얻을 수가 있다는 것이다. 이러한 뜻에서 사람들은 제각기 불확실성을 부담하고 있는 것이다. 그 결과 소득의 격차가 생기게 마련이라는 것이다. 그러므로 이렇게 해서 생긴 소득의 격차를 재분배하는 것은 직업이나 투자의 자유를 인정하지 않는 것이 된다는 것이다. 자유사회에서는 직업과 투자의 자유가 인정되어 있으므로, 이러한 사회에서 직업이나 투자의 자유선택에서 발생하는 소득의 불평등을 시인하는 일이 정의에 부합되는 일이냐고 Friedman은 반문하고 있다.

교육의 기회를 확장하는 것도 불평등을 줄이게 하는 하나의 중요한 요인이라고 보고 있다. 이렇게 해서 Friedman은 결과로서의 불평등을 시정하는 것이 아니라 불평등의 원천을 제거하는 것이 바람직하다고 보고 있는 것이다.

셋째로, 빈곤을 제거하기 위한 부의 소득세(negative income tax)을 실시한다는 것이다. Friedman에 있어서도 빈곤을 없애는 일은 바람직하다. 그러나 빈곤의 제거를 사적 자선에 맡기는 것은 바람직하지 못하다는 것이다. 왜냐하면 자선으로부터 얻어진 이익은 자선을 한 사람 이외의 사람들에게도 생기기 때문이다. 즉. '근린효과'가 있기 때문이다. 따라서 빈곤을 제거하는 일은 정부에게 맡겨야 한다. 그러나 사회보장·공공주택·최저임금제·농산물가격지지제 등, 이러한 형태로 이루어지게 되면 자유경제와 충돌하게 된다는 것이다. 그래서 Friedman이 제안하는 이론이 바로 부의 소득, 즉 보조금제도이다. 예를 들어 면세점이 1인당 600＄이라고 하자. 어느 사람이 700＄의 소득이 있었다고 하면 과세소득은 100＄이며, 이것에 대해

세금을 지불한다. 어느 사람의 소득이 500＄이면, 즉 면세점보다 100＄이 적으면 그는 부의 소득세를 지불한다. 즉, 보조금을 받게 된다는 것이다. 보조금의 율이 예를 들어 50%이면 그는 50＄을 받게 된다. 가령 어느 사람의 소득이 전혀 없다고 하면 600＄의 50% 이면 그는 300＄을 받게 된다. 보조금의 율은 누진적이라도 좋다. 이와 같은 방법을 통해서 빈곤을 제거하면 비용도 적게 들고, 오늘날 이루어지고 있는 각종 복지정책보다도 정부간섭이 적어서 바람직하다는 것이다.

3. 합리적 기대론의 경제사상

통화주의 경제학이 등장하면서 경제정책문제를 둘러싸고 통화주의자와 케인즈주의자간에 격렬한 논쟁이 벌어졌다. 이러한 과정에서 통화주의자들은 국민적 지지를 얻게 되었고 기존의 케인즈적 거시경제학에 대한 비판이 높아지게 되었다. 합리적 기대론자들은 통화주의자 보다 더욱 급진적인 측면에서 자유주의 경제학을 주장하게 되었다.

합리적 기대가설은 1950년대 이후 시몬즈(H. Simons), 무스(John F. Muth) 등에 의하여 주장되었으나 1960년대 이후 경제여건의 악화로 스태그플레이션 현상이 심화되자 케이즈이론의 한계를 느끼게 되었고 이에 대한 비판이 높아지자 본격적으로 등장하였다. 1970년대에 이르러서는 사전트(Sargent), 바로(Presscott, Barro) 등에 의하여 더욱 발전하여 현대거시경제학의 새로운 흐름을 형성하였다.

1970년대 미국경제학계에 커다란 충격을 준 합리적 기대가설은 경제예측이 경제에 미치는 영향을 연구함으로써 케인즈 경제학을 부정하고 통화공급관리의 중시, 정부의 재정정책과 시장개입의 폐기, 자유시장기능의 극대화 등을 주장하면서 거시경제학의 새로운 틀을 형성하였다.

이들은 크게 두 가지 조건을 들면서 케인즈 이론에 도전했다.

첫째, 개인이나 기업가들이 과거나 현재보다도 미래에 대한 예상에 의존하여 행동한다는 점이다. 둘째, 사람들은 합리적으로 판단하고 정부의 정책에 대하여 예견하며 거기에 맞추어 행동한다는 점이다. 그런 점에서 본다면 케인즈 이론은 다음과 같은 몇 가지 중요한 단점을 갖고 있다는 것이다. 첫째, 불합리한 기대이다. 합리적기대이론에 의하면 모든 거시경제 모델들은 정책이 바뀌면 틀린 예측을 도출해 낼 수 있으므로 정책평가에 어떤 특정 모델을 적용시킨다는 것은 의미 없는 일이다. 각 경제주체들은 그들이 이용할 수 있는 정보를 가지고 다들 자신에게 가장 합리적인 예측을 한다.

둘째, 모순성이다. 합리적 기대론자들은 케인즈안 모델이 총량적인 행위와 개별적인 행위간의 상충성 때문에 모순된다고 보았다. 그러나 경제주체의 행위들은 합리적 계산에 의하여 이루어지므로 케인즈안의 모델에서처럼 연관성이 없거나 모순적이지 않다는 것이다. 그래서 합리적 기대론자 들에 의하면 시장은 언제나 수급균형을 달성한다. 즉, 가격은 항상 적절히 조화되어 공급부족이나 공급초과가 발생하지 않는다는 것이다. 노동의 수요가 감소하면 임금은 떨어지고 수급균형은 산술적으로 조정된다.

대부분의 주류 경제학자들은 수급균형이 이루어진다는 데는 동의

하지만 그러기까지는 상당한 시간이 걸릴 것으로 본다.

또한 사람들은 언제나 가능한 모든 정보의 분석에 기초하여 경제적 결정을 내릴 뿐 아니라 꾸준히 자신들의 모형은 경제예측에 맞추어 최신의 것으로 개량한다고 합리적 기대론자들은 주장한다.

따라서 합리적 기대란 과거의 적응적 기대와는 다르다. 적응적으로 기대할 경우 사람들은 우선 과거의 변수들에 초점을 맞춘다. 예를 들어 과거 수년간 물가가 5%씩 상승하다가 올해 들어 10% 상승했다고 하자 과거의 정보를 중요시 여기는 적응적 기대모형은 내년 물가를 7%정도 상승하리라고 예상하게 된다. 적응적 기대에 매달려 있는 사람들도 과거의 경험을 중요하게 생각하기 때문에 새로운 정보를 쉽게 믿지 않으려 한다. 그러나 만약 그가 합리적 기대론자라면 분석의 종합적인 자료를 이용하여 가장 정확한 예측을 하고자 한다. 합리적 기대론자들은 예전의 행동에 기초하여 고안해낸 정책은 쓸모없다고 주장한다. 이것이 루카스의 비판이다. 예를 들어 정부가 야구경기와 GNP 사이에는 역사적으로 밀접한 관계가 있다는 사실을 파악하고 GNP를 끌어 올리려고 계획한다고 하자. 국민들은 새로운 정보로서 파악하여 각자의 판단과 행동을 바꾸어 버린다는 것이다.

합리적 기대론자들은 고용증가를 위한 정부의 각종 금융정책 역시 쓸대없는 짓들이라고 한다. 국민들이 전혀 예측지 못한 갑작스런 일들만이 성공할 수 있다는 것이다. 예를 들어 실업률의 증가와 더불어 경제가 불경기에 빠진다고 하자. 이때, 주류 경제학자들이라면 대개 경제팽창정책을 처방할 것이다. 대다수 경제학자들은 총수요의 증가가 총생산의 증가와 고용의 증대를 가져오기 때문에 경제가 쉽게 불경기를 탈출할 것으로 본다. 그러나 합리적 기대론자들은 그렇게 생각하지 않는다, 정부가 불경기를 치유하기 위해 총수요를 증가시키리라는 것을 국민들은 다 알고 있다는 것이다.

그 증거로 이론가들은 제2차 세계대전 이전에는 불경기마다 물가가 떨어졌지만 제2차 세계대전 이후에는 불경기가 와도 물가는 여전했다고 주장한다.

합리적 기대론자들의 이러한 주장은 케인즈주의자 뿐만 아니라 통화주의자들에게 조차 충격을 주었다. 그들은 한걸음 더 나아가 중앙은행이 인플레이션을 별 피해없이 간단하게 해결할 수 있다는 기상천외한 주장도 한다.

주류경제이론에 따르면 통화긴축정책은 멀리 불경기를 가져오고 그 다음에는 물가를 낮춰 인플레이션을 잡을 수 있다. 그러나 합리적 기대론은 중앙은행이 통화증가율을 0%로 유지시키겠다고 공표하는 순간 국민들은 시련의 세월이 오겠다는 것을 예상하고 상품의 가격과 임금을 모두 낮추어 버린다는 것이다. 합리적 기대론자는 그래서 급진적 자유주의자인 셈이다.

4. 공급경제학과 레퍼의 사상

1970년대 이후 미국경제가 높은 실업률과 인플레이션 및 저성장의 문제에 부딪히자 미국경제를 부활시키기 위해 생산성 증대와 공급측면의 중요성을 부각시키고자 등장한 이론이 공급경제학이다.

공급경제학은 국민노동수준, 물가수준 등을 결정하는데 있어서 수요의 측면보다는 공급의 측면이 더욱 중요하다는 인식을 바탕으로 한다. 그리고 공급능력에 영향을 미치는 변수로 조세체계를 꼽는다. 기존의 경제학은 조세가 경제주체에 미치는 영향에 대하여 크게 언급하고 있지 않으므로 분배의 형평을 위한 누진세제도를 당연하게 받아들이고 있다. 공급경제학은 이와 같은 통념에 대하여 비판한다.

불합리한 세제화 높은 한계세율은 근로의욕, 저축의욕 및 자본자의 투자의욕을 떨어뜨려 생산성을 둔화시키고 자본형성을 저하시킨다. 따라서 생산활동을 포함한 경제유인을 높이고 경제성장을 촉진시키기 위해서는 세율을 인하하고 불합리한 조세제도를 개편해야 한다는 것이 이들의 이론이다. 각종 소득세를 감면시킴으로써 근로의욕을 고취시키고 투자세액 공제의 확대 및 법인세 축소를 통해 기업의 시설투자를 촉진시킨다.

이자소득세의 감소를 통해서 투자재원 확인을 위한 민간저축을 증대시키고 생산의 증대와 물가안정 및 고용증대라는 거시경제의 목표를 달성할 수가 있다.

공급경제학은 소득재분배 정책에 대해서도 반대한다. 복지국가를 지향하는 사회보장제도의 비대화가 건전한 노동윤리를 타락시킨다는 것이다. 예를 들어 실업보험제도는 근로의욕을 손상시켜 실업을 증가시킨다. 가계 또는 기업의 증대는 다시 저축의욕, 투자의욕, 근로의욕을 감퇴시켰다는 것이다. 따라서 공급경제학은 감세와 정부지출의 축소를 통해 공급자의 경제의욕과 창의력을 자극하고 국민경제의 생산능력을 확대해야 한다고 주장했다.

공급경제학은 분배보다는 성장과 효율에 형태보다는 경제적 자원에 우선순위를 두고 있다.

공급경제학의 기원은 고전학파라고 볼 수 있다. 아담 스미스, 리카도,

흄 그리고 Say' Law는 공급경제학의 선구자이다. 그들은 규제와 비능률적인 비대한 정부보다 작은 정부를 지향했다. 그러므로 현대의 고전경제학은 250년 전의 고전학파 경제철학을 준수한다고 볼 수 있다.

그러나 공급경제학은 정부의 재정정책 특히 조세라는 변수를 명시적으로 밝히고 있다는 점에서 고전학파보다는 구체적이라고 볼 수 있다. 현대의 경제상황은 고전학파 시대보다 훨씬 복잡한 양상을 갖고 있으므로 고전학파가 생각하던 완전경쟁, 자유방임의 경제질서는 더 이상 기대 하기가 어렵게 되었다. 또 공급경제학은 스테그플레이션으로 인한 경기침체에서 법이나 생산성을 저해시키는데 중점을 두고 있다는 것도 고전학파의 경제학과는 차이가 있다고 볼 수 있다.

1) 래퍼곡선

공급경제학은 경제적 유인(incerutive)을 중시 여기며 조세가 여기에 중요한 역할을 한다고 보고 있다. 레이건 대통령의 경제자문이기도 한 래퍼(Arthur B. Laffer)는 세율의 변화가 경제주체에 원인을 주는 영향을 통해 조세수입에 미치는 효과를 레퍼곡선(Laffer Curve)을 통해서 설명했다.

그는 [그림 13-1]을 통해 보는 바와 같이 세율이 낮을수록 근로의욕, 저축의욕 및 투자의욕이 증가된다는 사실을 설명했다. 즉, 세율인하 → 근로수입 증가 → 근로의욕 증가 → 생산성 증가 → 기업의 설비투자 증대 등으로 되어 감세조치가 인센티브효과를 통해 오히려 세율의 증대를 가져온다고 보았다.

그림 13-1

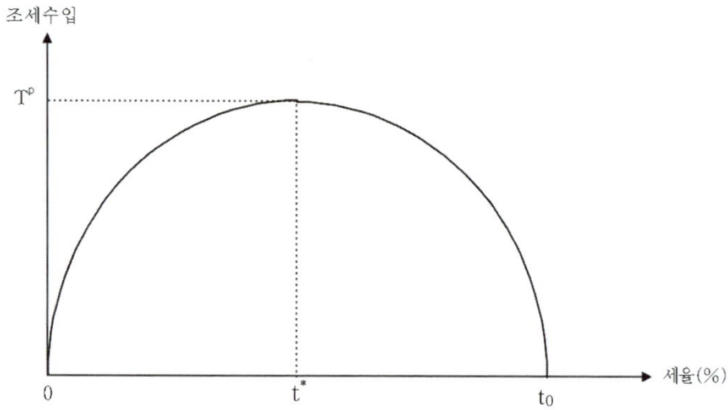

[그림 13-1]은 정부의 조세수입이 영이되는 세율이 두 곳이 있음을 나타낸다. 세율이 0%일 때 경제주체들이 경제활동을 할 유인은 최대가 되지만 세금을 납부할 필요가 없으므로 조세수입이 없고, 세율이 100%일 때는 경제활동을 할 아무런 유인이 없으므로 역시 조세수입이 영이다.

세율이 낮은 상태에서 어느 수준까지는 세율이 상승함에 따라 조세수입이 증가한다. 그러나 세율이 t* 수준에 이르렀을 때 조세수입은 근대화된다. 만약 t* 이상으로 세율이 증가하면 경제주체들의 유인이 줄고 생산활동이 위축되며 심지어 지하경제까지 유발할 가능성이 있다.

그러나 이러한 레퍼곡선이론에 대하여 각국의 현행세율이 과연 어느 영역에 속하는지를 실증적으로 증명하는 길은 간단하지가 않다. 미국에 있어서 공급경제이론은 자유주의 경제 이데올로기를 활동하는데 큰 기여를 했음은 분명하나 최적세율을 밝히는 대는 추가적인 연구가 있어야 했다.

2) 펠드슈타인의 공급경제학

펠드슈타인은(Martin S. Feldstein)은 래퍼와 더불어 공급경제학을 대표하는 학자이다. 그는 세율인하가 조세수입을 증대시킨다고 주장에 대해서는 동조하고 있지 않지만 높은 세율이 저생산성의 원인이 된다는 점에 대해서는 래퍼와 의견을 같이하고 있다. 그는 미국의 현행 조세제도와 사회보장제도가 근로자 및 기업의 투자의욕을 저하시켜 저생산성을 유발한다고 보았다.

그에 의하면 미국의 경우 1960년 중반부터 1970년대 말까지 명목이자율은 계속적으로 상승했다. 세금과 인플레시션을 감안했을 때 저축자들이 받는 납세 후 실질이자율은 크게 하락하였다는 사실을 발견했다. 그리고 이것은 사람들의 저축의욕을 저하시키고 자택과 내구새를 중심으로 한 소비를 조장하는데 기여했다고 주장한다. 또한 당시의 통화당국이 명목이자율을 낮추기 위해 팽창적인 통화정책을 실시했는데 이것이 인플레이션의 원인이라 했다.

또한 인플레이션과 조세구조는 기업의 자금차입의 경우에도 유리한 방향으로 작용하지 않았다고 했다. 그 이유는 인플레이션으로 인하여 실질이자율이 하락했음에도 불구하고, 감가상각방식, 재고평가방식 등이 기업의 이윤을 과대평가하여 이에 대한 조세효과를 고려하면, 오히려 기업의 설비투자수요률 억제하는 결과가 되기 때문이라는 것이다.

펠드슈타인은 이같이 조세의 역할을 간과하는 전통적인 경제분석을 비판하고 케인즈의 일반이론이 발표하던 시대와 현실은 많이 다르다고 했다. 즉, 그 당시는 미국에서 소득세가 부과되는 가구 수는 전체의 5%도 안 되었으며 세율로 매우 낮은 상태였다는 것이다.

그리고 현재에는 미국의 소득세 비중이 커졌을 뿐만 아니라 실업보험, 사회보험 등의 규모가 전체 재정규모 등에서 차지하는 비중이 상대적으로 매우 높아졌다고 했다.

공급경제학은 새로운 경제상황을 기존의 경제이론으로 설명할 수 있다는 문제의식에서 등장하였지만 아직 확고한 경제이론으로 자리를 잡았다고는 볼 수 없다. 많은 경우에 있어서 실질적인 유용성을 지닌 이론개발을 통해 검증을 거친 후에야만 그 이론의 위상이 높아질 수 있을 것이다.

제 14 장

공공선택의 경제사상

1986년 노벨상 위원회는 공공선택학파의 창시자인 제임스 뷰케넌(J. M. Buchanan)에게 노벨 경제학상을 수여했다. 공공선택학파는 종래의 재정이론을 기본적으로 공공선택의 체계 위에서 재정리할 것을 주장한다. 그들은 정치에 대한 현실적 이해야말로 통화주의자들의 그 어떤 통계자료보다도 확실하게 케인즈주의를 무너뜨릴 것이라고 주장한다. 그들은 경제이론을 통해서 많은 정치경제문제를 설명할 수 있다고 보고 있다. 대다수의 경제학자들은 정치를 비경제적인 시장의 장애물로 생각하고 있으나 공공선택학파는 정치 역시 경제활동의 일부라고 보고 있다. 정치가들이 밤낮으로 국회내외에서 벌리고 있는 난장판도 결국은 경제활동의 일부라고 볼 수 있다는 것이다.

공공선택학파의 뿌리로 고전경제학자인 아담 스미스, 리카도, 밀, 그리고 벤담에게까지 연결된다. 그들은 오랜 세월 전에 공공선택의 경제문제를 은연중에 언급했던 것이다.

주류경제학자들로부터 심한 소외를 느꼈던 제임스 뷰케넌은 1919년 미국의 테네시주의 미프리스브로라는 시골에서 태어났다. 그는 유명대학에 진학할 형편이 못되어 테네시주립 사범대학을 졸업했다. 대학 4년을 아침저녁으로 우유를 짜서 공부했던 뷰케넌은 테네시 대학에서 경제학과 석사과정을 마치고 시카고 대학에서 박사학위를 받았다. 그 후 버지니아 대학의 교수가 되면서 서서히 공공선택이란 독특한 학문체계를 수립했다. 세계의 경제학자들이 잘 알지 못했던 아니 미국의 경제학자들도 대수롭지 않게 여겼던 뷰케넌은 본인도 놀라서 어리벙벙할 만한 영광의 노벨상을 1986년에 남이 눈치채기도 전에 일치감치 수상했다.

1. 공공선택의 경제사상

공공선택학파의 경제사상은 간단명료하다. 그들은 기업인들이 이기적이고 교활하며 합리주의적이라면 정부의 관료들 역시 그렇다는 것이다. 비즈니스맨들이 수익의 극대화를 추구하듯 정치적 비즈니스맨인 정치가나 관료 역시 권력의 극대화와 관리의 극대화를 위해서 노력한다.

국회의원들은 자신의 권력과 이익을 극대화하기 위하여 모든 정치적 경제적 상황을 분석하고 자신에게 가장 유익한 방향으로 의사결정을 한다. 각각의 사회단체, 조직 체인, 노동조합, 협회, 기업 등 특수 이익집단 역시 자신의 이익과 효율을 위해 동분서주한다. 프리드만의 애기처럼 사회에는 공익과 애국을 의식하며 행동하는 어리

석은 바보는 없다. 모든 사람들과 마찬가지로 정치가들은 자신이 손해볼 일들을 하지 않으려고 하기 때문이다.

공공선택의 경제학자들은 아주 복잡하고 일상적으로 일어나는 모든 일에 대하여 경제학적 문제해결이 가능하다고 본다. 정부라는 것도 결국 그러한 경제원리를 갖고 관찰해볼 만한 경제주체이다. 많은 경제학자들을 의외로 정부라는 기구를 경제원리의 적용대상에서 제외시켜왔다고 공공선택론자들은 비판한다.

공공선택학자들은 집단적 선택의 중요성을 강조한다. 조직화되어 있지 않는 다수의 대중보다 똘똘 뭉쳐진 소수집단들이 훨씬 더 강력한 힘을 발휘한다.

일반적으로 각종 이익집단들이 어떠한 형태로든 그 힘이 뭉쳐있고 집단적 이익을 챙기는데 철저한 조직이 사회적으로 이익을 보고 있음은 분명한 사실이다. 의사집단은 집도의 칼을 갖고 있고 변호사집단은 교묘한 법의 숨은 마력을 이용할 줄 알고 있기에 다른 집단보다도 스스로의 이익을 관리할 줄 아는 것이다.

그렇다면 국가사회는 특수집단에 대하여 아무런 제재도 할 수 없는 것이고 또 그렇게 되어야만 옳은가? 만약 대통령이나 국회의원이 전면적인 예산축소나 국가보조금 가격질서, 사업개방 등을 통해서 얼마든지 조정할 수 있다면 문제는 달라진다.

공공선택의 경제학은 결국 경제적 선택과 이익을 가늠하는 집단의 중요성이다. 이해의 평가를 어떻게 바라보고 있느냐에 따라 결정된다. 정부는 얼마든지 경제원리를 빙자하여 집단의 이익을 조정할 수가 있다. 물론 오늘의 공공선택학파들이 이익집단이나 특정한 특수집단을 두고 어느 집단의 이익이 구체적으로 얼마만큼 보장되어야 한다는 가치론적 판단은 내리지 않고 있다.

지금도 경제학에서는 자유의 목소리가 높다. 그러나 사실상 자유인지 통제인지에 대한 명확한 대답은 없다. 완전한 자유나 완전한 통제는 이미 경제학자들의 관심밖에 있기 때문이나 과연 얼마만큼의 자유를 보장해 주고 얼마만큼의 통제가 적은 관리 그것은 결국 경제철학의 문제이고 경제주체 또는 집단조직의 존재적 목적과 역할 가능 등에 따라 달라질 수 있는 문제이다.

예를 들면 한국사회에서 의사들의 이익이 얼마만큼 보장되어야 하며, 약사들의 이익은 얼마만큼 보장되어야 하는가? 변호사, 변리사, 기술사 등의 전문직 조직의 이익을 어느 수준으로 보장되어야 하는 것은 그들이 어떠한 시장원리에 의하여 일반 근로자 보다 10배, 100배의 소득을 받는다고 하면 그것은 과연 경제정의의 차원에서 어떤 의미를 갖고 있는가?

경제학자들은 흔히 그것은 정부나 특정의 경제정책 주체들이 감당할 문제가 아니고 시장에 맡겨야 한다고 주장한다. 그러나 만일 시장이 과거의 어떤 선험적인 가격체계(그것이 잘못된 것 일 수도 있음)에 의하여 부당하게 특정집단에게 이익을 많은 보장하고 있을 때 시장원리는 단지 수요·공급의 법칙을 주장할 뿐이다. 즉, 변호사들이 돈을 많이 버니까 너도나도 변호사가 되고자 노력하고 그 결과로 변호사 수가 많아져서 변호사의 이익이 감소하면 그것으로 그만인 것이다. 결코 변호사는 아무나 되는 것이 아니며 의사 역시 마찬가지이다. 국가가 제도적으로 의사나 변호사의 숫자를 늘리지 않는 한 일정한 자격조건을 필수요소로 하는 변호사나 의사의 수는 무작정 늘지 않는다.

말할 것도 없이 분권화된 시장에서 자원의 효율적 배분이 실현되고 모든 시장에서 시장원리가 신축적으로 완벽하게 작동한다면 정부의 역할은 필요 없다. 그러나 현실의 시장의 가격기능은 그러한 과제를 해결할 수 없다. 끊임없이 많은 시장실패의 요인들이 상존하고 있는 것이다. 이를 바르게 치유하기 위해서는 정부의 기능과 역할, 즉 공공부문의 필요성이 존재하는 것이다. 그러나 경제주체들의 공공재에 대한 선호를 정확하게 실현하는 방법이나 제도가 미흡하게 무임승차자(free rider)의 문제가 항시 존재하며 이를 타개하기 위한 접근방법이 바로 공공선택론이다.

공공선택이론은 지금까지 크게 두 가지 방향에서 접근되어 왔다. 첫째는 공공재에 대한 구성원 각자의 선호를 자발적으로 실현하게끔 유도하는 제도적 장치인 유인제도이며, 둘째는 정치적 의사결정을 중심으로 하는 공공선택론이다.

공공선택론에서 핵심적인 문제는 시장실패의 치유를 정부의 시장개입에 의거하기보다는 정치적 의사결정 과정을 중심으로 하는 비시장적 의사결정(non-market decision marking)의 경제학적 연구이다. 이를 우리는 '정치의 경제이론' 또는 '새로운 정치경제학'(New Political Economy)이라고 한다. 그러나 공공선택론의 보다 일반적인 정의는 정치 그 자체를 경제학 연구 대상으로 하려는 것만은 아니며 정치와 경제, 정치와 시장이 상호관련을 맺고 있는 복잡한 문제를 경제학적으로 이해하고자 하는 학문이다.

이를 쉽게 그림으로 설명해 보면 [그림 14-1]과 같다.

그림 14-1 공공선택이론의 연구영역

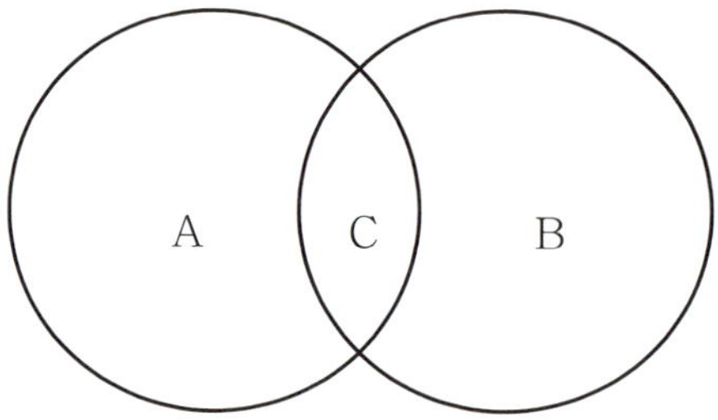

A : 경제적 영역
B : 정치적 영역
C : 정치와 경제의 혼합 영역

2. 공공선택이론의 배경과 발전

공공선택론이 하나의 독립된 연구분야로 발전하기 시작한 것은 1950년대부터이다. 이 이론의 발전은 厚生經濟理論의 발전에 기초를 두고 있다. 규범적 후생경제이론의 문제를 사회선택론의 차원에서 처음으로 접근한 경제학자는 A. Bergson과 P. A. Samuelson이다. 버그슨은 1938년 그의 논문에서 사회선택의 기본적인 모형을 제시하였고 사뮤엘슨이 이를 보완하는 이론적 체계를 다졌다.[1]

공공선택이론은 결국 사회선택이론의 틀로서 설명할 수가 있으며 사회구성원의 선호체계를 판별하는 제도적 장치와 규율은 흔히 검은 상자(black box)로 알려져 있다.

---

1) Samuelson, P. A., *Foundations of Economic Analysis*, Harvard University Press. 1997.

공공선택이론을 분석하는 접근방법은 크게 두 가지로 나누어지는데 그 하나는 뷰케넌과 톨록(G. Tullock)을 중심으로 하는 개인주의적 입장에서의 분석이고, 다른 하나는 C. Lindblom, C. Colm 등을 중심으로 하는 유기체적 접근이다. 유기체적 접근이란 국가를 하나의 인격을 갖고 있는 사회구성원과는 별도의 것으로 보고 조직의 유기체로서 접근하는 전통적 방법이다.

뷰케넌은 공공정책의 합리화를 위한 각종 모형을 제시하면서 시장실패를 치유하는 각종정책들이 그 치유의 대상, 주체, 방법 등 각 경제주체의 내용에 관한 구체적인 사실을 모르고 순수한 시장원리로만 해결할 수는 없다고 본다. 따라서 경제정책이 합리적으로 수행되기 위해서는 정치과정에 참여하는 사람들의 행동분석이 이루어져야 한다고 본다.

이러한 관점에서 뷰케넌은 국가를 사회구성원의 집합체인 집합적 행동자로 보고 있다.

유기체적 접근방법에서는 공공선택론은 사회구성원 전체의 이익 또는 공익을 추구하는 입장에 있다고 본다. 이 접근방법에서는 국가도 하나의 선호체계를 지닌 개인의 집합체이며 따라서 정부는 그 스스로의 선호를 실현하고자 한다.

3. 정치적 의사결정의 공리와 사상

그렇다면 정치와 경제는 어떻게 조화로운 관계를 유지할 수 있는가? 정치적 영역이 경제적 영역과 절대로 별개가 될 수 없는 것은 사실이다. 국가 및 공공단체가 정치적 목적을 성취하기 위해서는 경제주체인 각각의 수용자들에게 경제적 이익을 제공할 수 있어야 한다. 유권자는 경제적 욕구를 충족시켜주는 정당을 투표하고, 후보자를 선택한다. 정치적 목적은 또한 경제적 비용을 수반하게 된다. 여기서 우리는 공공선택학파들이 제시하는 기본적인 경제철학을 다음의 몇 가지로 요약해서 정리해 볼 수 있다.

첫째, 공공선택은 공공적 가치를 선택의 기준으로 하고 있다는 것이다. 후생경제학에서 간간히 밝히는 바와 같이 사적 이익과 사회적 이익은 언제나 상반되기 일쑤이다. 자유주의 경제학자들이 제시하는 '보이지 않는 손'의 위력은 사회 전체적인 총합의 이익의 차원에서는 가능할지 몰라도 개별 경제주체로서는 너무나도 크나큰 이해의 문제에 직면하게 된다. 공해의 외부불경제로 이득을 보는 개인과 손해를 보는 개인은 자연상태에서는 보상의 길이 없다.

공공선택이 공공적 가치, 즉 공익적 가치를 목표로 하고 있다면 합리적인 선택은 적절한 정부의 간섭과 규제 등의 조정에 의해서만 가능하다. 사회는 공공의 집단이고 국가는 이를 실현해줄 의무가 있다면 공공적 선택은 형평성의 원리에 의하여 구체적으로 접근되어야 한다.

둘째, 비경제적인 분야의 경제학의 철학이다. 경제문제는 시장이 계측할 수 있는 가시적 개념이다. 정치적 관계가 얽혀 있는 많은 과제들은 대부분 정치와 경제가 함께 얽혀있고 정치의 많은 부분은 현실적인 시장가치 또는 가격체계 내에서 계산될 수 없는 것이 많다.

설사 현실이 그렇다하더라도 정치와 경제가 혼합되는 부분이 넓어지고 복잡해질수록 정치를 경제적 가치로 계산해내는 작업이 필요하다.

셋째, 공공경제학파는 주류경제학의 편협한 이기주의를 비판하고 있다. 사람은 경제로만 사는 것은 아니다. 시장이 중요하고 경제가 점점 더 밝고 명확한 사회를 만들어가자면 인간의 삶의 영역에는 아직도 인간의 화폐적 계산의 범위를 벗어나는 많은 영역이 남아있고 그것은 사회선택의 문제에서 중요한 비중을 차지하고 있다.

사회적 선택론에서는 '검은 상자'(black box)로 표현하고 있는 문제해결의 상자는 결국 인간의 규범과 가치, 제도 등의 문제와 관련되어 있다. 이 black box는 우리가 어떠한 시대, 어떠한 가치, 어떠한 제도 그리고 어떠한 규율 속에서 살고 있느냐에 따라 그 解를 달리한다.

공공선택학파는 경제학의 영역을 엄청나게 확대시켰다. 순수시장경제학에서 경제정책, 복지경제학 그리고 정치경제학의 광활한 영역을 경제학의 범위 속으로 끌어들이고 있다. 영역이 넓다는 것은 문제의 해결이 그만큼 복잡하다는 것을 의미한다. 그러나 경제학이 보다 온전하고 가슴과 머리, 돈과 의리, 사랑과 정의를 함께 지닌 인간에 대한 연구를 보다 진지하게 수행하기 위해서 공공선택론자들은 새로운 경제학의 지평선을 열었다.

제 15 장

한국의 경제사상

한국의 경제사상에 대한 연구는 아직도 일천한 단계에 있다. 경제철학과 사상은 말할 것도 없이 경제생활의 역사와도 깊은 관련성을 맺고 있다. 한국인이 한국이라는 삶과 터전을 통해서 반만년 이상 면면히 살아온 경제생활의 역사 속에 한국인의 경제철학과 사상이 숨어 있기 때문이다.

역사적 기록에 의하면 한국인은 적어도 한반도를 중심으로 하여 반만년 이상 이 땅에 살아온 것으로 알려지고 있다. 그러나 최초의 역사적 유적들에 의하면 사실 한반도에는 우리가 역사적으로 이해하는 반만년 보다 몇배나 더 오랜 세월 속에 살아온 흔적을 보여주고 있다. 어쨌든 한국의 경제철학과 사상에 대하여 충분한 연구를 할려면 그 같은 역사적 사실들을 전부 들추어서 그들의 생활 속에서 경제철학을 찾아 사상을 분석해 보아야 할 것이다. 물론 이러한 연구는 한국경제사상사 연구의 일분야에 속할 것이다.

그러나 불행하게도 우리의 경제철학과 사상에 대한 연구가 아직 거기가지 미치지는 못한다. 또한 설사 그러한 연구의 결과가 있다고 하더라도 본장을 통해서 그것에 대하여 충분히 논의할 여건이 되지 못한다. 따라서 본장에서는 한국의 경제철학과 사상을 개관하는 것으로 끝내고 보다 구체적이고 전문적인 내용에 대해서는 후일의 연구로 미루기로 한다.

1. 고려시대의 경제철학과 사상

고려시대의 경제철학과 사상은 당시의 종교사상이었던 유교, 불교 및 도교의 영향을 많이 받았다. 그 중에서도 고려사회 전체를 현실적 도의사상으로 지배해온 유교의 영향을 많이 받았다. 유교는 불교나 도교 보다도 실생활에 윤리적 지침이 되는 三綱五倫을 바탕으로 하여 修己治人하는 사상체계 였으므로 사회생활에 크게 영향을 미쳤다.

당시의 주요산업은 농업이었으며 토지는 그 무엇보다도 중요한 생활의 터전이 되었다. 농업을 통한 경제생활이 생산수단의 대부분이었고, 토지에 근면한 노동력을 다하여 의·식·주의 기본적 욕구를 충족시키는 것이 생활의 주된 패턴이었다. 따라서 경제사상의 대부분은 중농사상이었고 그것이 곧 경제철학의 근간이 되었다.

토지를 직접 경작하는 계층은 피지배계급인 농민이었고 일부는 자신의 토지를 갖고 양민신분으로 농사를 짓기도 했다. 노비의 신분을 가진 농민도 있었고 직업이 없는 농민은 白丁이라고 하여 토지의 지급을 받지 못하였기 때문에 公田이나 私田을 경작하여 組를 바치고 나머지로 생활하는 소위 佃戶가 많았다. 노비의 신분을 가진 농민은 일반 농민보다 더욱 천대를 받았는데 노비에 준하는 천민집단

으로서鄕·所·部曲 등도 있었다.[1)]

농업만큼 중요하지는 않더라도 수공업, 상업도 필요한 부문으로 인정되었다. 그러나 抑商政策은 그리 강력하게 시행되지 아니 하였으나 상인은 농업과 수공업에 비하여 훨씬 많은 이윤을 취하는 것으로 인식되어 천대받았다.

금융업도 정당하게 대접받았으며 이자율은 1년에 원금의 1/3을 징수하는 것으로 상당히 높은 이자였으나 이자가 원금을 상회하는 것은 옳지 않다고 보고 금지시켰다.

고려는 역사상 처음으로 주화제도를 채용했으며 화폐사상에서도 선진적인 면이 있었다. 주화의 운반성, 저장성, 내구성 등을 인정하고 주화를 富國利民하는 수단으로 보는 경향이 뚜렷했다.

재정에 있어서는 조세가 세입의 주종을 이루었으며 세입의 범위 안에서 지출하는 것을 원칙으로 했다.

곡물은 물가조절과 빈민구제의 수단이었기 때문에 고려에서는 의창과 상평창제도를 실시하여 국민의 빈곤과 흉년을 대비하였다. 太祖 때는 黑倉을 설치하였는데 성종 5년(986년)에 의관이라고 이름을 고쳤다. 성종 12년에는 상평창을 설치하여 흉년을 대비하였다. 의창과 상평창은 모두 백성를 위한 善政의 표시였다. 정치의 기본은 養民하는데 있었고, 국가는 백성으로서 근본을 삼으며, 백성은 먹는 것으로서 근본을 삼는다는 위민정신, 식량정책이 바탕을 깔고 있었다.

의창과 상평창이 본래의 목적을 성취하지 못하는 점도 있었으나 국가가 곡물정책을 중히 여겼음은 분명하다. 그것은 국가에 비축된 양

1) 김병하, 한국경제 사상, 일조각, 1977, pp. 6~7.

곡이 없으면 국가로서의 구실을 다할 수 없다고 생각했기 때문이다.

유교와 불교의 영향을 받은 고려의 역대 임금은 恩免制度에 특히 관심이 많았다. 예를 들면 성종 7년에는 수해, 한해, 충해, 상해 등으로 재해를 입은 지역에는 田穀이 4分 이상 손상된 것은 組를 면하고, 6分 이상은 組와 세를 면제하여 주었다.[2)]

고려시대의 중농사상은 그 이전보다 더욱 구체화되었으며 農商은 의식의 근본이요 왕정의 우선적 과업이란 사상이 일관되고 있었다. 농민이 곡물을 재배하지 않고 뽕나무를 심지 않으면 생활의 중요한 요소인 의·식이 해결될 수 없다고 보아 농업자원으로서 衣·食에 국가적 노력을 기울였다.

국민은 나라의 근본이니 근본이 튼튼해야 나라가 편하다는 고전적 명제는 위정자의 지도이념이었고 '以食爲天', 즉 먹는 것을 중요하게 생각하는 중농사상은 경제사상의 기본이었다.

고려말 中郞將이었던 방사랑이 제시한 시무론에 의하면 士農工商의 四民 중에서도 農業이 가장 괴롭고, 공업이 그 다음이며, 상업은 손을 놀려 일하지 않고 양잠을 하지 않아도 비단옷을 입고 玉食하며 잘 살고 있으므로 상인을 죄인시 했다. 房士良은 농업보다 공업이 이익이 많고 공업보다는 상업이 이익이 많다는 사실을 알고 상인의 비대화를 막는데 주안점을 두었다.

고려의 토지제도는 토지국유사상이 기본으로 되어 있었다. 국가의 모든 토지는 기본적으로 왕의 소유에 속한다는 사상이 신라시대 때도 있었으나 고려시대에는 그것이 한층 더 구체화되었다. 이는 토지

---

2) 앞의 책, p. 9.

의 국가적 지배를 통한 집권적 체제 형성에 도움이 되었다. 그러나 점차적으로 토지 사유화는 확대되어 나갔고 그것이 나라의 근본을 흔들리게 하는 중요한 문제점으로 부각되어 고려말 대사헌 趙浚은 禑王 14년(1388년) 田制改革안을 상서하게 되었다.[3]

고려시대에는 신라시대에 비하여 산업이 크게 발달하였다. 농업과 수공업이 발달함에 따라 행상인들이 취급하는 상품은 다양해졌고 수도 開京에는 특전상인의 상가가 형성되어 상품유통이 활발하였다. 외국무역도 활발하여 예성강 입구의 碧瀾島에는 외국상인의 왕래로 성황을 이루기로 했다.

고려의 무역 상대국은 송, 글안, 여진, 몽고, 일본, 대식국 등을 들 수 있지만 가장 활발하게 전개된 것은 對宋貿易이었다. 송나라와는 외교관계가 깊었던 탓에 사무역과 국영무역이 함께 있었고 밀무역을 포함해서 私貿易이 흥했다.

이상과 같이 고려시대의 경제철학과 사상은 우선 지도자인 國王에게 있어서 지배층에 이르기까지 백성의 풍요와 국가의 강건을 위하여 농업을 중요하게 생각하고 농업의 안전과 생산성 향상을 위한 기본정책이 중심이 되었다. 王土思想에 의하여 토지의 소유는 기본적으로 국왕에게 있었다.

왕권세력을 둘러싼 지배계급은 사유토지를 통하여 권세를 확장하는 기회로 마련했다. 상업이 발달하고 화폐제도가 정착됨으로써 산업에 대한 인식이 확대되어 초기 자본주의의 맹아적 가능성이 잠재되어 있었다고 볼 수 있다.

---

3) 자세한 내용은 김병하, 한국 경제사상사, p. 18 참조.

2. 조선전기의 경제철학과 사상

조선시대의 경제철학과 사상은 유학을 뿌리로 한다. 儒敎는 仁을 최고의 도덕이념으로 생각하고 修身齊家治國平天下를 지향하는 道敎政治의 思想이다. 유교가 창시된 것은 기원전 5세기경이지만 宋代에 와서는 철학적 내용을 중시하는 朱子學으로 전승되었다.

주자학은 삼강오륜 사상에 입각하면서도 性理의 개념을 크게 다루고 있었기 때문에 性理學이라고도 한다. 性理學은 본인의 性을 발견하기 위하여 物에 대한 理를 참고하지 않으면 안 된다는 것이었다. 朱子는 太極圖說을 해설하여 太極은 形而上의 理요, 음양과 五行은 形而下의 氣라 했다. 즉, 만물은 기를 받아서 형을 이루나 理는 만물에 내재하고 있다는 理氣二元論을 주장했다.[4)]

주자학은 고려말 우리나라에 도입되어 安珦(1243~1306)에 의하여 우리나라에 전파되었다. 안할의 학문은 이재헌, 이색, 정몽주, 권근, 정도전 등에 의하여 전승되었다. 태조 이성계는 주자학을 통치이데올로기로 삼는 한편 유생들의 세력을 이용하여 불교이데올로기가 지배하던 고려사회를 개혁했다. 개국공신 鄭道戰은 「佛民雜辯」 「心氣理篇」 등의 저술을 통하여 불교를 배척하고 유교를 전파하였다.

불교배척과 유교장려정책은 태종조에 와서 더욱 강화되었다. 당시에 있어서도 사회의 불교적 기반을 여전히 강하게 남아있었는데 태종이 군소사원을 과감히 철폐시키고 유교교육에 힘을 썼다. 이러한 유교장려정책으로 많은 유학자가 배출되었는데 정몽주의 후학 중에

4) 앞의 책, pp. 36~37.

는 걸출한 유학자가 많았다. 길재, 김종직, 김굉필, 정여창 등은 정몽주 계통의 유명한 유학자이다 그 외에도 金正國, 趙光組 등은 김종직의 문하생으로 왕도정치의 사상을 전파한 뛰어난 신진사류였다. 그 후 주자학은 통치이념으로서 뿐만 아니라 가치관의 기준으로서도 서경덕, 이 황, 이 이, 이언적 등 절대적인 위치를 차지했으며, 명망높은 대유들을 탄생시켰다.

주자학의 보급은 경제사상의 형성에도 지대한 영향을 주었다. 모든 경제행위의 기본은 三綱五倫이 있으며 경제적 이윤추구 행위 역시 이 틀안에서 이루어져야 했다. 선비정신을 귀하게 생각했던 유학은 조선전기 역시 농업은 가장 중요한 산업이었으며 역대의 임금은 중농정책과 농서간행에 역점을 두었다.

三綱五倫이 강조되어 清貧을 美德으로 여기게 됨에 따라 農本思想은 더욱 체계화되어 農・工・商의 우선순위가 뚜렷해졌다. 당시 농본사상은 국민의 대부분이 농민이고 재정과 가계에서 농업이 차지하는 비중이 압도적이었다는 점에서 농본사상은 곧 민본사상과 밀접한 관련을 맺고 있었다고 본다.[5] 그러나 당시의 농본사상이 土地所有制度의 문제로 말미암아 제대로 뿌리내리기 어려운 점이 있었다. 즉, 지주들의 大土地所有로 대부분의 농민은 소작인이 되었고 지대를 수탈당하는 농민은 생산의욕이 위축되고 농민은 쇠퇴할 수밖에 없었다.

상업은 농업이 大本임에 비하여 末業으로 여겨져 고려시대와 같이 억제당했다. 상거래는 단지 영세민의 생계를 위하여 묵인하였고 상

5) 앞의 책 p. 40.

공업이 완전히 구분되지 못한 경우가 많아서 산업의 발전이 제약받았다.

외국무역에 대해서는 일반적으로 긍정적인 태도를 취했다. 국가가 필요로 하는 물건을 국내에서 조달할 수 없을 경우 외국으로부터 수입할 수밖에 없었기 때문에 무역이 필요하다고 생각했으나 무역국은 정해져 있었다.

조선전기에는 화폐제도가 활발하게 논의되었다. 楮貨(저화), 鑄貨(주화)의 유통을 강력하게 주장하는 사람들이 많아졌고 논의 끝에 楮貨와 조선통보를 발행하기로 했다. 楮貨 사용과 함께 전대놀이가 널리 행해지고 있었는데 일반적으로 이자율이 높고 복리가 적용되었다. 재정에 관해서는 수입에 맞추어 지출을 해야한다는 원칙하에서 재정절약론이 일반적이었다. 3년간 먹을 수 있는 곡량이 비축되지 않으면 나라가 안정되지 않는다는 생각에서 식량비축에 힘을 썼으나 기대만큼 실현되지는 않았다. 지식인층에서 유교철학에 바탕을 둔 愛民思想이 대두되고 있었고 조광조는 애민하는 길은 백성들이 마음놓고 생업에 종사할 수 있는 길을 열어 놓는 것이라고 했다. 그는 이와 같은 이상을 실현하는 방법으로서 향약제도의 채택을 주장하였고 향약은 율곡 李 珥에 의하여 우리나라 실정에 맞게 개조되었다.[6)]

이는 송나라 여씨향약을 골자로 하는 덕업상률, 과실상규, 예속상교, 환란상휼을 골자로하는 해주향약과 서원향약을 만들고 도덕적 경제적으로 농촌을 부흥시키야 했다.

조선왕조가 건국된 이후 토지 생산성을 크게 향상되었다. 농업기

---

6) 앞의 책, p. 43.

술의 발달과 더불어 2포농법과 3포농법은 철폐되었고, 2모작이 보급되었다. 지력희생적인 조방적 경영보다는 토지생산성을 높이는 것이 유리하다는 사실을 알게 되었기 때문에 퇴비사용량의 증대, 종자개량의 증대 등 영농방법의 개선을 위해 노력했다.

농업은 의식주생활과 국가재정의 원인이었기 때문에 농업에 대한 사회적 인식은 조금도 저하되지 아니하였고 중농사상이 국가경영의 기본철학이었다. 당시의 저명한 경제철학자였던 정도전은 농상법은 衣食의 근본으로 王政之所先, 즉 왕정은 의식의 근본인 농상부문에서부터 우선적으로 힘써야 한다고 주장했다.

세종의 중농사상 역시 확고부동했다. 그는 집정 11년(1429)에 「農事直說」을 집필하여 농사짓는 방법을 널리 국민에게 알리고자 했다. 또한 세종은 농사기술의 중요성을 인식하여 농업행정은 그 지방의 농업에 밝은 관리를 잘 선택하여 맡겨야 한다고 생각하였지만, 세종 자신도 농업기술 체득에 많은 관심을 표명했다.

조선조의 토지제도는 고려말의 전제개편과 크게 다를 바 없었지만 공신전의 지급은 건국 이후 크게 증대되었고 私田의 자율화는 더욱 촉진되었다. 과전과 공신전으로 토지를 부여받은 사람은 농민들로부터 받은 田租의 일부를 田稅로 국가에 바치게 되어 있으므로 토지의 사유로 공공연한 사실로 되어갔다. 세조 12년에는 과전으로 지급할 公田의 부족으로 과전법을 폐지하고 職田法으로 바꾸었다. 정도전에 의하면 옛날에는 토지의 사유자가 있었기 때문에 누구나 官이 지급한 國地를 경작하여 빈부강약의 차이가 심하지도 않았다. 국가도 많이 부유하였지만 전제가 문란해져 겸병이 행해진 뒤에는 빈자는 농사지을 땅이 없어 더욱 어려워졌다.

조선전기에는 상업을 억제해야 한다는 생각이 지배적이었다. 상업에 종사하는 사람이 많으면 상대적으로 농업인구를 감소시키고 가장 중요한 산업인 농업을 쇠퇴시킬 것으로 보았기 때문에 지식인들은 억상론을 주장했다. 당시에는 상업의 생산적 측면을 이해하지 못하였고 상인의 상행위를 간사한 것으로 보아 상업을 말업시 했다.[7)]

3. 조선후기의 경제철학과 사상

1) 실학사상의 형성과 발전

임진·병자의 양대국란을 겪으면서 우리나라는 심각한 국가재정위기에 봉착했고 국민의 생활은 매우 어려웠다. 그러나 전란이 끝나고 조선사회는 여러 가지 분야에서 새로운 변화가 일어나기 시작했다. 농업경영방법의 개선, 수리 및 영농 시설의 보급, 대동법의 실시와 상품 및 화폐 유통의 촉진 등 조선전기에는 상상할 수도 없었던 많은 변화가 일어났고 신분제도의 동요도 하나의 사회적 흐름으로 시작되었다.

17세기 중엽부터는 소위 실학사상이 형성되었으며 이 시기는 국내외적으로 많은 변화와 동요가 있었던 때이다. 기독교가 전래되고 서양인의 동양진출이 적극성을 띠었으며 곳곳에 개화의 바람이 침투하기 시작했다. 중국에 파견되었던 서양인 신부들은 성서의 간행과 전교활동을 통해서 세계지도와 과학적 지식을 함께 전파하였다. 선조 36년(1603년)에는 마테오릿찌가 쓴 「萬國興圖」가 우리나라 사신

7) 김병화, 앞의 책, p. 56.

의 손에 의해 국내로 들어왔고 그 후에는 「천주실의」를 비롯하여 서양인이 쓴 서적들이 전래되었다. 임진왜란 이후 지식인들의 민족의식과 자아의식은 한층 더 커졌고 일반대중은 전통적 인습에 구애되지 않고 실리적인 학문에 대한 관심이 깊어졌다.

광해군 6년(1614년)에 편찬된 이수광의 지봉유설은 「만국여도」와 「천주실의」 등을 인용하여 지구가 둥글다는 것과 천주교리를 소개함으로써 중국 중심의 세계관에 금이가고 새로운 世界觀을 갖게 하였다.

천주교의 전래와 때를 같이하여 소개된 여러 가지 선진적 지식을 새로운 활동의 조성에 있어서 긍정적으로 작용했다. 17세기에는 明·淸나라에 갔던 사신과 서양인들이 서양의 과학적 지식을 많이 전해왔다.

우리나라의 실학사상이 형성되는 요인으로는 중국사회의 커다란 변동이 중요한 역할을 했다는 점이다. 즉, 중국의 명나라가 몰락하고 청나라가 득세하였다는 것이다. 청나라는 우리보다 먼저 서양의 종교와 과학기술에 접했고 그것이 청나라를 발전시키는 요인이기도 했다.

이조의 실학사상은 공리공론에 빠진 주자학적 학풍에 대하여 불만을 갖고 발생하였다. 陽明學의 기본사상은 心卽理說과 知行合一說로 개인존중사상과 아는 것과 행동하는 것이 같아야 한다는 철학이다. 17세기 후반부터 18세기 초반에 걸쳐 양명학을 독보적으로 연구한 사람은 鄭齊斗였다. 그는 천문학과 산술에 조예가 깊었으며 우리나라의 실학사상에도 많은 영향을 미친 사람이다.

우리나라의 性理學者 가운데서 실용적 계량주의 입장을 취한 대표적 학자는 정도전, 김시습, 이이 등이 있다. 이들의 활동은 17세기 초엽 실학사상의 형성에 지대한 영향을 미쳤다. 실학사상은 위와 같은 선구자적 업적의 축적에 힘입어 柳馨遠은 1670년대에 「磻溪隧錄」을 저술하여 실학사상의 출발에 획기적인 업적을 남겼다. 유형원은 당시 실용·실물적인 연구에 독보적이었으며 이 유형원의 실학은 더욱 심화시키고 기반을 닦은 사람이 李瀷이었다. 그는 주로 경세치용(經世致用)의 인재양성과 사회적 지도층을 배출하는데 기여했다.

경세치용학파의 뒤를 이어 북학파를 중심으로 한 利用厚生學派가 실학파의 중요한 위치를 차지하게 되었다. 그러나 근본은 利用厚生學派 역시 經世致用學派와 같으나 이용후생론은 기술혁신과 생산수단의 개선을 통해서 생활을 풍요롭게 하자는 데 목적이 있음에 비하여 경세치용론은 제도적 개혁을 통해서 능률적인 사회를 만드는데 그 목적을 두었다.

실학사상은 英·正祖代에 걸쳐 최전성기를 구가하였으며 역사, 고증학, 지리, 한학 등 다방면에서 실증적 합리적 연구를 함으로써 조선조의 경학사상의 꽃을 피웠다.

순조가 즉위한 19세기초 이후 실학 발달은 많은 저항을 받았다. 한국 실학사상 최대의 인물로 꼽히는 다산 정약용이 유배당하고 정치적 세력 다툼은 조선을 실사구시 세상으로 변화시키는데 한계를 느끼게 했다.

2) 실학의 경제 철학과 사상

조선후기의 경제 철학과 사상은 실학가들에 의해서 이루어졌다고 볼 수 있는데 이들은 많은 분야에서 과거의 유학과는 다른 식견을 보였다.

첫째, 사회계급론의 문제에 대하여 정약용은 민족적 시각을 갖고 있었다. 그의 주장에 의하면 太古 때에는 백성만이 집단적 생활을 하고 있었으므로 통치자는 없었다. 그러나 현실에 이르러서는 통치자의 지위는 높고 백성의 지위는 낮은 상태에 처해있다. 통치자는 백성을 위한 존재임에도 불구하고 사실에서는 백성 위에 군림하게 됨으로써 국민의 복지가 저해된다고 보았다.

둘째, 노비론에 대하여 당시의 실학자들은 대체로 노비제도에 대하여 개선의 여지가 있다고 보았다. 유행원은 노예해방론을 주장하여 노예제도는 인간적인 측면 뿐만 아니라 사회적으로 부당하다고 보았다. 그는 사회의 모든 폐단이 노비제도에 있다고 생각하고 노비제도의 개혁을 통해서 사람을 물건과 같이 다루는 풍조를 없애야만 부유하고 살기 좋은 나라를 만들 수가 있다고 했다.

셋째, 사민론(四民論)에 대하여 실학자들은 비판적 시각을 나타냈었다. 士農工商의 4民사상에는 신분에 대한 불합리한 계급차별로 인해 능력있는 인물이 국가사회로부터 대접받지 못하고 그것이 나라 발전에 지장을 초래한다고 보았다. 조선후기에는 박지원 등 많은 유능한 인물들이 서출이라는 이유로 출세의 길이 막혔으며 국가사회가 인재활용에 불합리한 제약을 함으로써 인적 자원을 활용하지 못했다.

넷째, 토제제도론에 대해서는 실학파의 대부분이 토지제도개혁을 주장했다. 우리나라의 토지제도를 포괄적으로 연구한 최초의 학자는 柳馨遠이었다. 그는 우리나라와 중국이 토지제도를 연구하여 과전제를 주장하였는데 그의 견해는 실학파의 토지제도 사상에 지대한 영향을 미쳤다.

실학파 토지제도의 특징은 토지 井田制의 주장이다. 井田制는 토지를 井字形로 구등분하여 국민에게 나누어주고 공동체적 생산을 하는 제도이다.[8] 이 제도는 우리나라 뿐만 아니라 중국에서도 이상적인 토지제도로 인정되던 방식이다. 이는 결코 토지를 직접 농사를 짓는 농민에게 골고루 나누어주는 방식이므로 과거의 제도와는 상당한 차이를 지닌 평등한 백성중심 사상이었다.

이러한 토지제도는 다산 정약용에 의하여 집대성되었다. 그에 의하면 토지는 국가와 경작하는 농민만이 소유할 수 있다고 생각하여 閭田制를 주장했다. 여전제란 산천의 지세를 기준으로 하여 일정한 구역을 1閭로 정하고 1閭를 30가구 정도로 하여 공동경작토록 하는 방안을 주장했다.

이러한 실학파의 토지제도는 중농학파의 사상과 밀접한 관련이 있다. 국가재정의 토대가 농업에 있었던 당시 농업사상은 경제사상의 중심이 되었다. 그러나 실학파들은 중농사상은 크게 둘로 나누어지는데 그 하나는 상공업의 억제가 농업발전에 필요하다는 주장이고 다른 하나는 상공업의 발전이 오히려 농업발전에 유일하다는 생각이다.

농상공업의 균형적인 발전을 주장한 학자는 유형원, 박지원, 박제가 등이었다. 이들은 농업을 천하의 대본으로 생각하지만 상업이나 공업의 발달이 농업발달을 저해하지 않는다고 생각했다.

정약용은 농업기술과 정책면에서 개선의 필요성을 깊이있게 논하

8) 김병하, 앞의 책, p. 86 참조.

였는데, 농기계, 수리시설 등의 농업개량에 많은 공헌을 하였다.

다섯째, 외국무역론에 대하여 새로운 인식을 가졌다는 점이다. 朴齊家는 貿易立國論을 주장한 대표적인 학자였는데 그는 국가발전을 위해서 무역도 중요하다고 하였다.

4. 개화기의 경제사상

우리나라의 19세기 개화사상이 꽃피던 시기였다. 많은 신진사류들이 개화사상에 눈을 뜨게 되어 국가발전을 위해서는 새로운 서양문물을 받아들일 것을 주장하였다.

개화사상의 대표적인 인물로는 金玉均을 들 수 있다. 그는 19세기 후반기의 정치가로 개화운동의 선봉에 섰던 사람이다. 그는 철종 2년(1851년) 충남 공주군 정안에서 金炳台의 장남으로 출생하였다.

그는 22세가 되던 고종 9년(1872년)에 21세의 나이로 문과에 장원급제하였다. 고종 11년, 홍문관 관리, 사정원 正言 등이 되었으나 안일한 관리가 되기보다는 부강한 근대국가를 만들어 민족의 위기를 극복하려 하였다. 그는 일찍이 일본을 통해서 개화운동의 필요성을 절감했다. 당시 일본은 지리적으로 가까울 뿐만 아니라 帝國主義 열강의 식민지가 되지 않고 근대화에 성공하였기 때문이다.

고종 19년(1882년) 임오군란을 계기로 개화운동은 난관에 봉착했으나 그는 그해 8월 日本修信使 朴泳孝의 고문이 되어 일본으로 가게 되었다. 정부에는 보수세력이 집권하여 金玉均에게는 불리했으나 그는 국가를 위해 개화운동을 지속적으로 확대해 나갔다.

고종 21년(1884) 10월 그는 청년학자들과 함께 甲申政變을 성공시켰으나 三日天下의 단명에 그쳤다. 그는 부국강병이 곧 경제발전과 직결한다고 보고 자본주의제도에 매력을 느꼈다. 경제가 발전하기 위해서는 자본과 기술 그리고 자본주의 정신에 충만한 기업가가 있어야 하지만 그는 우선 생산활동의 기반이 되는 사회간접자본의 확충이 시급하다고 보았다. 그는 위생과 도로 개선이 중요하고 이것만 해결되면 농업도 저절로 발전할 것이라고 믿었다. 그는 상업에 대해서도 정당하게 생각했다. 그에 의하면 상업이란 재화를 풍족한 곳에서부터 희귀한 곳으로 이동시켜 상통하는 기능이 있기 때문에 적극 발달시켜야 한다고 보았다. 그 외에도 시장경제, 회사제도의 조직을 통하여 부국강병을 도모할 수 있다고 보았다. 그는 화폐제도에 대해서도 관심이 커서 독일인 묄렌도르프(목인덕)와 화폐논쟁을 벌린 일도 있다.[9]

개화사상을 집대성한 뛰어난 정치가이며 사상가 중의 한사람인 유길준은 일본에서 유학을 한 신진사류였다. 그는 양반의 가정에서 태어났으나 신학문에 관심을 갖게 되어 박규수 등과 친밀한 인간관계를 가졌다. 그는 국내정세가 격변하는 난세에 살면서「西遊見聞」,「大韓文典」,「勞動夜學」,「政治學」 등의 많은 저서를 남겼다. 그의 농업사상은 士農工商의 계급사상을 완전히 철폐한 것이었다. 농업이 발달하려면 농민들이 애국심을 가져 정직하고 성실하게 일하여야 하고 정부는 공정한 과세로 농민을 빈곤에서 구해야 한다고 생각했다. 그러기 위해서 우선 중요한 것은 토지제도와 농업경영방식이 바

9) 자세한 내용은 김병하 앞의 책, p. 369 참조.

꿔어야 한다고 생각했다.

또한 그는 공업의 중요성을 강조했다. 영국이 세계 제일의 강국이란 것은 공업의 발달 때문이라고 했다. 사람이 생활하는데는 衣食住가 필요하고 의식주는 공업의 발달에 의하여 한층 더 풍족해진다고 보았다. 생산의 능률화를 위해서는 기업이 필요하고 근대적 기계와 생산방식에 의해서 부강한 나라를 만들 수 있다고 보았다.

그는 또한 상업을 국가의 '大本'으로 보았다. 농업도 중요하지만 농업만으로는 독자적 발전이 어렵고 상업이 있어야만 농업도 발전한다고 보았다. 정부가 상업을 발달시키는 데는 두 가지 방법이 있는데 하나는 상업을 제정하여 상업질서를 유지하는 것이고 다른 하나는 도로를 개량하여 교통이 편리하도록 하는 것이라고 생각했다.

그는 外國貿易이 國利民福을 위하여 매우 중요다하고 보았다. 당시 국제간에는 무역을 둘러싸고 치열한 경쟁이 전개되고 있었는데 이 무역경쟁에서 이기려면 국산품의 질 향상과 정부의 보호가 필요하다고 보았다. 유길준은 서양의 화폐이론을 우리나라에 처음으로 소개한 사람이다. 그는 화폐는 국가의 命전이요, 국민의 義血이라고 하여 화폐제도가 잘 발달하여야 교환이 원활하고 경제가 잘 유지해 나간다고 보았다.

5. 현대 한국의 경제 철학과 사상

1) 해방과 자본주의 경제사상의 도입

일제의 식민지로 35년을 보면 우리나라는 1945년 8월 15일을 기해 해방을 맞게 되었다. 해방은 우리나라에게 두 가지 전혀 다른 사실을 가져다주었다. 그 하나는 식민경제에서의 탈피라는 영광이요, 다른 하나는 민족의 분단이라는 새로운 비극이였다.

제2차 세계대전이 끝나면 우리나라를 순서를 밟아서(in due Course) 독립된 주권국가로 만들겠다던 1943년 12월 1일의 카이로(Cairo)선언과 1945년 7월 26일 포츠담(Potsdam) 선언은 열강의 상치된 이해로 말미암아 수포로 돌아가고 말았다.

한반도 남한에는 미국군대가 주둔하게 되었고 북한에는 소련군대가 진주하게 되었다. 일본제국은 한반도에서 철수시켰으나 일시적으로 만들어진 38선이 분단의 경계로 고정되었다.

한국경제는 1945년 해방 이후, 1948년 대한민국정부 수립을 계기로 침체의 늪에서 벗어나 경제구조의 개선을 통해 성장의 길을 찾기 시작했으나 1950년 6·25 전쟁(1950~1953)을 겪으면서 해방직후보다 더욱 심각한 상태에 빠졌다. 심각한 전쟁인플레이션과 함께 민족자본을 형성할 수 있는 바탕이 무너졌다. 한국경제는 UN과 미국의 원조에 의하여 회복되는 길을 찾을 수밖에 없었다.

8·15 해방 이후 한국경제의 부흥을 위해서 실시한 美國의 한국원조는 한국경제에 우선은 크나큰 이득을 주었고 나아가 그것은 한국의 경제철학과 사상이 서구식으로 변화되기 위한 계기이기도 했다. 한국경제의 재건을 위한 각종 원조프로그램이 결정적인 역할을 함으로써 미국을 중심으로 하는 서구 경제사상에 대한 동경과 자국의 경제제도에 대한 개선의 방향을 찾기 시작했다.

이러한 정치적 사회적 혼란에 종지부를 찍고 새로운 발전의 계기를 다진 시점은 바로 1960년대의 개발경제학이다. 1960년대는 한국

경제사 및 사상사에 있어서 매우 중요한 시대라고 생각된다. 1960년 4월 19일 학생의거에 의하여 집권한 민주당 정부는 국민 각 계층의 폭발적인 욕구를 효과적으로 채워주지 못했다. 1961년초 경제개발 계획을 수립한바 있으나 5·16군사 구테타에 의하여 그 실현이 좌절되었다. 그러나 1961년 5월 군사정부가 들어서던 당시 한국의 정치, 경제상황은 매우 심각하였다.

정치적으로 보면, 자유당을 대체한 민주당정부는 국민의 여망에 따라 민주주의를 성취할 사명을 갖고 있었으나 내부의 분열로 그것이 불가능했다. 국민은 끝없는 혼란에 시달리기보다는 차라리 좀더 강한 통제력을 지닌 정부를 원하게 되었고 그것이 나라를 안정시키는데 오히려 유익하다고 생각했다. 경제적으로는 미국의 원조가 차츰 감소되므로 국민경제가 침체에서 헤어나기 힘들었다. 그래서 국민들은 오히려 군사적 혁명으로 정권을 잡은 정부에게나마 희망을 걸었다.

군사정권은 근대식 능률주의와 라인시스템 그리고 민주적 시장질서를 적절히 혼합해 가면서 한국경제를 새로운 가능성의 상황으로 바꾸어 갔다. 1960년대의 개발경제철학은 소위 "우리도 하면된다"는 사고였다. 그 당시만 하더라도 한국 사람들에게는 절망과 비관의 사고가 지배적이었다. 서구의 선진국가들과 비교하여 한국인은 열등감에서 헤어나지 못했다. '코리언 타임', '한국인은 할 수 없다', '한국인은 분열주의자' 등등 수많은 비하적이고 자괴적인 언어들이 한국인의 의식 속에 사로잡혀 있었다. 군사정권은 한국인에게 그러한 절망감에서 벗어날 수 있는 자신감을 불어 넣었다. 경제발전의 3요인 자본, 자원, 기술이 전무한 상황에서 성장의 길을 남의 돈을 빌려서 투자하고 원금과 이자를 동시에 갚자는 양계식 경제철학이었다.

사실 한국경제성장의 20세기는 60년대 개발철학의 덕택이라고 볼 수 있다. 한국경제가 1997년 11월 IMF 외환위기 경제상태에 빠지기 전까지의 성장의 일등공신은 1960년대 한국경제발전 이론의 실천자들이었다고 볼 수 있다. 1960년대 경제성장이 성공할 수 있었던 것은 그 원인을 여러 가지로 분석할 수 있으나 우선은 다음 몇 가지로 요약할 수가 있다.

첫째, 한국인의 의지와 근면성이다. 한국인은 오랜 역사적 우여곡절을 겪으면서 생존에 대한 강한 집념과 근면성을 갖고 있었다. 반만년 역사동안 990여회의 침공을 당하면서 지금까지 면면히 역사를 이어온 한국인의 의지와 끈기가 경제발전의 에너지로 승화되었다는 점이다.

둘째, 한국인의 우수한 능력이다. 폭발적인 교육욕으로 여러 가지 면에서 우수한 노동력을 공급할 수 있었다는 점이다.

셋째, 정책기조의 일관성과 경제제일주의다. 정치적 자유를 다소 희생하기는 했지만 일관되고 확고한 정부의 존재 그리고 경제를 우선시하는 철학이 한국경제의 기적을 이루어낸 것이다.

2) 현대 한국경제 철학과 사상

한국경제는 해방 이후 50여년을 미국식 자본주의 경제철학을 근간으로 하여 발전해왔다. 경제개발 5개년계획이 처음 시작되던 1960년부터 1980년대 신생공업국의 선두주자로 부각하기까지 실로 많은 곡절을 남기면서 오늘에 이르렀다. 해방초기와 6・25전쟁기에는 세계최대 빈국에 속할 정도로 가난한 나라에서 불과 30년만에 선진공업국가의 문을 넘보는 세계 속의 관심국가로 부상하였다. 한국이

1997년 11월 IMF 경제위기에 직면하기는 했지만 아직도 한국경제의 재도약의 가능성은 얼마든지 남아 있다. 우리나라는 줄잡아 세계 10위권의 부국이며 1인당 소득수준이 세계 29위, 세계제일의 조선국, 승용차생산 세계 6위, 전력생산 세계 12위, 교육열 세계 1위를 기록하고 있는 관심국이 되었다. 1988년에는 올림픽을 성공적으로 치러 세계 9위의 기록을 남기므로서 스스로 강국이 되기도 했다. 그렇다면 한국경제의 최근 50년을 주도해온 경제 철학과 사상은 무엇인가? 한국경제가 어떠한 경제 철학과 사상에 근거하여 오늘의 한국경제를 이룩하였는가. 또 앞으로의 사상적 비전은 무엇인가에 대하여 살펴보기로 하자.

첫째, 현대 한국경제를 주도하는 이데올로기는 시장자본주의이다. 시장자본주의 경제철학은 서구의 자본주의 경제학을 출발시킨 이데올로기로 이에 수차에 언급된 바와 같이 자유와 경쟁을 바탕으로 하여 경제문제의 기본적 해결을 시장기능에다 맡기고자 한다. 자유와 경쟁이 보상된 경제주체들은 각기 자신의 이익을 향유하기 위하여 최선의 방법으로 경제활동을 하며 시장을 통해서 그 목적을 성취하고자 한다.

시장자본주의 제도하에서 시장은 그야말로 초능력을 소유한 경제문제의 해결기구이다. A. Smith의 주장처럼 '보이지 않는 손'(invisible hand)에 의하여 경제문제는 해결된다. 그것은 곧 이익의 메카니즘이다. 각 개별경제주체가 스스로의 이익을 높이기 위해 행동하는 행동원리의 결과이다.

그 결과 경제행위의 주체들은 정보나 공공기관의 통제에서 벗어나 자율적인 의사결정에 의하여 경제적 목표를 실현하는 것을 원칙으로 하고 있다. 그렇다면 한국의 시장자본주의는 어떠한 경제철학이나 사상적 의미하에서 발전해 왔는가.

첫째는, 한국전통가치의 존중과 신유교윤리의 전승이다. 잘 알려진 바와 같이 한국사회는 반만년의 역사적 전통을 지닌 농업공동체사회였다. 특히 조선시대는 농업을 중심으로 하는 정신적 가치 우위의 사회였다.

권력은 중앙에 집중되어 있었고 유교적 가치를 바탕으로 하여 정직한 정신문화를 존중하는 가정윤리 중심 사회였다.

송병락 교수는 한국자본주의를 유교자본주의라고 지적한 바 있다. 근래에 이르러는 유교윤리와 기독교윤리가 합쳐진 신유교윤리를 얘기한 바도 있다. 한국 자본주의가 서구의 자본주의를 받아들이는 과정에서 자연스럽게 형성된 가치관이 바로 유교자본주의인 것이다. 물론 유교적 가치는 현대자본주의적 가치와 잘 부합하지 못하는 면이 있다. 유교는 신의와 절개를 존중하다보니 새로운 변화적 환경에 빨리 적응하지 못하는 경향이 있다. 그리고 선비적 가치를 지나치게 강조하다 보니 현실적인 분야에 둔감하거나 실용분야를 무시하는 경향이 있다. 불과 몇 년전만 하더라도 한국의 대학생들은 관리나 정치가 또는 학자가 되려는 사람이 많았다. 과거의 수많은 젊은이들이 경영인이나 기술자가 되는 것보다 사법고시나 행정고시에 합격하려는 경향이 많았던 이유도 같은 맥락에서 이해할 수 있을 것이다. 유교사상은 전문적인 능력 향상보다는 인격적 사고만을 강조하므로 치열한 경쟁사회에서 산업분야에 전문가를 키워내는데 한계가 있다. 그 외에도 관료주의 사고, 재산관리의 불합리, 체면의식 등으로 실용사회에 잘 적응하지 못하는 폐단이 없지 않았으나, 1960년대 이후 '한강의 기적'을 이루어 내는데는 혁혁한 공헌을 남겼다.

둘째는 가족중심의 공동체 의식이다. 한국인은 가정을 중심한다. 그래서 유교를 가정종교라고도 한다. 지금은 다소 퇴색되어가고 있으나 아직도 한국인처럼 가정과 후손을 끔찍하게 생각하는 민족도 드물 것이다. 자식을 위한 부모들의 헌신적인 사랑, 가정과 집안을 위한 명예욕과 사회연대의식이 수많은 난관을 헤치고 오늘의 한국경제를 이룬 정신적 뿌리이다. 가정과 부모 그리고 집안을 봐서도 잘못된 길에 빠져들지 않고 자신을 지키고 묵묵히 노력하는 한국인의 공동체의식은 오늘날에도 사회 곧곧에 빛나게 투영되고 있다. IMF 경제위기 직후 '금 모으기 운동', '수재민 돕기운동', '불우이웃돕기' 등등은 상당부문 공동체의식을 깔고 있다. 오늘날 한국의 분배문제가 심각하게 느껴지는 것에도 상당부문은 균등분배 사상에 대한 갈망에서 연유한다고 본다.

셋째는 경제 철학과 사상의 조화이다. 한국은 세계사상의 총집합실이란 말이 있다. 한국사람들은 비교적 체계적이고 논리적이며 깊은 사상적 생활을 좋아하는 민족이란 말이 있다. 한국의 불교인구는 1,200만이 넘고 기독교인구 역시 그리하며 그 밖에도 도교, 이슬람교 등 종교인구가 국민의 절반이 넘는다. 수많은 종교가 나름대로 조화를 하면서 함께 발전하고 투쟁없이 공존하는 나라는 세계에서 드물다. 한국은 자본주의 시장경제제도를 체제적 이데올로기로 받아들이고는 있지만 아직도 서구의 그것과는 다른 많은 복잡한 문제들을 안고 있다. 사회생활의 모든 분야에서 서구식 합리주의 가치가 통하지를 않는다. 때로는 유교식 가족주의가 또 어떤 때는 사회연대의식이 또 다른 때는 한국적 인간관계가 경제적 의사결정에 중요한 요인이 되기도 한다. 필자는 이것을 "한국의 공동체적 문화 자본주의"라고 명명한바 있다.

한국자본주의는 앞으로 고도의 문화적 가치가 한국적 전통가치를 뿌리로 한채 각각의 장점을 적절히 조화시킴으로서 더욱 견고해질 수 있다고 본다.

6. 한국형 복지모형과 공동체 자본주의

한국형 복지모형의 틀을 제시하면 대략 다음과 같다. 우선 한국형 복지모형은 한국인에게 잘 맞는다는 특수성과 일반적 보편성의 조건을 동시에 충족시켜야 하므로 이들을 모두 포괄하는 복합적 의미를 담고 있어야 한다. 민족적 공동체로서 동질성과 역사적 전통성에 문화적 성격 및 수월성 그리고 오늘날 자본주의 시장경제가 갖고 있는 발전적 우수성을 동시에 내포하고 있어야 한다. 이러한 요소들을 종합적으로 고려해 볼 때 한국형 복지모형은 '공동체문화자본주의' 또는 '공동체선민자본주의'모형으로 지칭할 수 있다.

복지사회의 실현 및 삶의 질의 고도화, 선진화의 궁극적인 목표는 인간의 삶을 미래지향적으로 높은 도덕성을 끊임없이 추구하면서 과거와 현재와 미래를 이어가는 지속성 있는 행복의 실현을 의도하고 있다. 한국형 복지모형이 이러한 목적성을 지녔다고 볼 때 그것은 '공동체'적 성격과 문화성, 혹은 선민성을 지녀야 한다.

한국은 역사적으로 오랫동안 농업생활을 통한 공동체적 삶의 양식을 수련해 온 민족이다. 반만년의 긴 역사 가운데서도 끊임없는 시련을 극복하고 단일 민족공동체를 유지시켜온 신비성과 탁월성을 지닌 민족이다. 민족적 뿌리가 한국처럼 깊은 나라도 세계적으로 드물다. 그러므로 한국인들은 공동체가 지녀야 할 동질성을 다른 민족과 비교하여 월등히 많이 지녔다고 본다. 흔히 한국인들은 均의 사상이 강한 민족이라고 한다. 이는 아마 역사적, 문화적 특성에 의하여 자연적으로 형성된 민족적 속성이라고 본다. 경제학적 연구결과에 의하면 한국경제의 분배적 불평등도(지니계수측정, 십분위계수측정 등)는 수치상으로는 그렇게 문제가 되지 않는 것으로 나타나고 있으나 분배의 식조사에서는 한국사회의 불평등 문제가 항상 크게 부각되고 있다. 이를 두고 한국의 富의 분배적 불평등 문제로 접근하는 시도도 있으나 상당한 부분은 민족적 특수성으로 이해하는 것이 설득력이 높다고 본다. 한국적 공동체사회에서는 같은 분류의 사람들이 같은 類의 노동 등의 생산활동을 통해서 같은 시간동안에 일하기 때문에 경제적으로도 비슷한 수준의 생활을 하는 것이 당연하다고 생각한다. 따라서 차등적 생활에 대해서는 뿌리깊은 부정심리가 잠재되어 있다고 보는 것이 한국인의 민족성을 연구하는 학자들의 연구결과이다. 한국인에게 잠재되어 있다고 보는 것이 한국인의 민족성을 연구하는 학자들의 연구결과이다. 한국인에게 잠재되어 있는 '우리'(we) 의식은 사회생활의 모든 현상에서 빈번히 나타난다고 볼 수 있다.

다음으로 삶의 질 및 복지실현은 궁극적으로 고도의 문화가치를 실현함으로서 성취된다. 흔히 한국인은 고도의 문화민족으로 자부하기도 한다. 문화는 정신적 가치의 한 표현이며 眞, 善, 美 또는 聖의 추구를 목표로 삼는다. 문화가 성숙될수록 인간의 생활은 더욱 더 이 네 가지의 목표가치에 가깝게 접근하는 생활을 하게 된다. 삶의 질의 고도화는 정신적 가치의 고도화에 장기적인 목표를 둔다고 볼 수 있다.

한편, 한국형 복지모형이 '공동체문화자본주의'의 모형이 되어야 한다는 것은 적어도 근본적인 이념에서 '자유시장자본주의' 경제모형을 지향해야 함을 의미한다. 자본주의 기본이념은 자유와 경쟁을 통한 영리추구의 보장이다. 시장경제의 우월성은 이미 실증된 사실이고 기본적인 경제문제 해결은 시장메커니즘에 맡기는 것이 효율적이라는 믿음은 보편적인 현상이다. 그렇다고 한국형 복지모형이 지향하는 시장자본주의는 미국식 순수시장자본주의와는 달라야 한다. 한국의 공동체 문화가치를 실현하는데 적합하도록 수정, 보완된 자본주의 제도이어야 한다. 구체적으로 언급하면 경제질서와 경제기반을 불안케 하는 사유재산제 및 경제행위에 대한 상당한 정도의 조정이 필요하다. 문화사회의 실현에 지장이 되는 공공적 질서교란과 분배적 불평등의 문제는 제거되어야 한다. 특히 공공재, 토지 등 부동산, 재정관리, 시장의 반도덕성 등을 규제하는 복지국가적 성향을 수용해야 한다. 향후의 통일에 대비한 한국형 복지모형 구축이 필요하다는 주장이 나오기도 하고 있으나 어쨌든 순수한 서구식 자본주의와는 다른 한국적인 수정자본주의 모형을 모색해야 한다.

그렇다면 이 '공동체문화자본주의' 또는 '공동체선민자본주의'는 어떻게 정립되어야 하는가? [그림 15-1]은 공동체 문화자본주의와 성격을 지닌 한국형 복지모형을 도형화한 것이다. 서구의 모형이 자유경쟁, 개인적 이익추구, 경제가치 중심의 삼각모형(three-angles model)이라면 한국의 전통적 모형은 협동성, 조직적 안정추구, 인성가치 중심의 원모형(circle or round model)으로 표현할 수 있다.

서구의 사회가 개별주의 사회라면 한국사회는 공동체사회이며 서구의 사회가 경제가치중심 사회라면 과거의 한국사회는 인성가치중심 사회였다고 볼 수 있다.

그림 15-1 한국형 복지모형

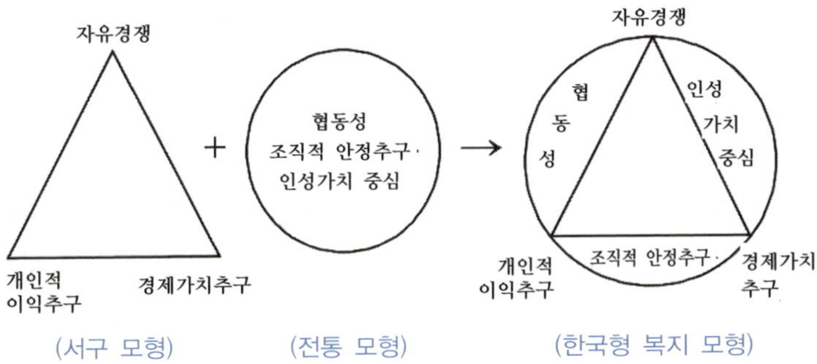

앞으로의 한국형 복지모형은 서구모형과 전통모형을 혼합한 원삼각모형(circle-three angles model)이라고 볼 수 있다. 그렇다면 이 공동체 문화자본주의모형으로서 한국형 복지모형은 과연 어떠한 복지성을 갖고 있는지 모형에 대하여 살펴보기로 하자.

첫째, 한국형 복지모형은 범위 내에서의 경쟁과 능률이 보장되기 때문에 경제내부에서의 효율성은 충분히 발휘되어 경제적 능률의 제고에는 지장이 없다고 본다. 노력과 공헌의 대가는 조직체 또는 구성원의 충분한 이해하에서 공동적 의사에 의해 결정되므로 능률에 따른 차등보상이 해당자에게는 경제적 유인으로 작용한다.

둘째, 한국형 복지모형은 경제 또는 생산적 공동체로서 결속력과 안정성이 높기 때문에 구성원간의 화합을 통한 "X-efficiency"를 얻어낼 수가 있다. 이는 공동체문화자본주의 모형의 외부경제효과와도 같은 것이며 추가적인 이익을 유발한다.

셋째, 한국형 복지모형은 조직의 안전성과 바탕으로 하고 있기 때문에 특히 경제환경이 어려울 때 이에 대한 극복력이 강하다. 이 점은 이미 과거의 한국경제의 발전과정에서 경험적으로 입증되었으며 오늘날 일본을 비롯한 동아시아 경제권의 경쟁력시장이 이를 증명해 주고 있다.

물론, 한국형 공동체복지모형의 경우 이를 여하히 조절, 복합하느냐가 중요한 문제인데 이는 조직 및 경영기술의 고도화를 통해서 가능하다고 본다. 그것은 다름 아닌 개인의 능력과 인성적 특성 등을 고려한 인적 자원의 효율적인 배분과 그 관리를 단순한 가격관리 또는 경쟁관리가 아닌 조직원으로서 귀속의식, 연대의식의 함양 및 인성관리를 통해서 실현 가능하다.

이면우는 이와 유사한 개념으로 'W이론' 또는 '신바람학'의 개념을 제시한바 있다.[10] 따라서, 공동체적 복지모형은 우선 효율성과 안정성을 통한 삶의 질의 개선을 도모할 수 있다. 아울러 공동체적 복지모형에서는 서구의 개인주의적 복지모형에서와는 달리 노사관계를 불안한 계약관계로서 파악하지 않고 공동운명체로서 파악함으로서 조직의 안정성을 높인다.

이상과 같은 분석을 토대로 하여 한국형 복지모형의 구체적인 내

10) 이면우(1995), W이론을 만들자, 지식산업사.

용들을 제시해 보면 다음과 같다.

〈표 15-1〉 한국형 복지 모형의 구체적 내용

1. 기본이념	공동체적 문화자본주의 ① 공동체 속에서 개인의 이익보장 ② 협동과 경쟁 ③ 경제가치도 중요하나 인성가치 우위의 모형정립
2. 복지실현의 주체	① 가정 : 생활의 기본단위로서 도덕적 성숙을 통한 사회생활의 구심점, 따라서 가족복지서비스 강화 필요 ② 기업 및 사회 : 생산의 주체로 경제복지의 중심이나 사회복지 부문의 영역확대, 즉 기업의 복지참여 증대 요망 ③ 정부 : 복지실현의 가장 중요한 주체로서 복지정책, 복지재정확대를 통한 복지신장에 적극 노력
3. 경제적부문	① 성장과 복지의 균형이 중요. 특히 한국적 특징에서 분배적 형평 중요(Gini 계수 0.3 수준요망) ② 기업의 경영관리에서 효율적 인사관리를 통한 적절한 인적 자원배분 – 종신고용주의 지향 ③ 생산현장에서 협동과 자율성 함양을 통한 생산성 향상 ④ 기업가족주의 및 X-efficiency를 통한 「신바람모형」 창조 ⑤ 산업평화와 기업생산성의 동시적 추구
4. 비경제부문	① 도덕적이고 문화적인 시민양성 (전통가치를 바탕으로 한 도덕적 가치의 현실화) ② 사회질서의 확립과 장기적 비전의 제시 ③ 예방적이고 투자적이며 생산적 복지체계 완성 ④ 국민생활의 안정과 안전의 증진 ⑤ 환경보호를 통한 지속적 복지 실현 ⑥ 체제교육을 통한 민족공동체 준비
5. 복지제도	① 주요 사회복지제도의 전반적 상향 조정 (GNP의 10% 수준으로 사회보장비의 장기적 증가) ② 저소득계층의 생활복지 보장 (거택보호자 등저급한 복지수혜비 상승) ③ 재활적 생산복지모형 구축 ④ 복지전달체계의 효율화와 도덕화 ⑤ 생활환경의 개선, 주민생활의 편익 제공 (교통, 안전, 공공질서, 환경 등 복지관련 제도 개선)

〈표 15-2〉 한국형 문화자본주의 모형에 수반되는 구체적인 경제외적 복지개선의 분야

분야 욕구 부문	자연환경	주거환경	근로환경	사회환경
정신적 문화적 욕구	1. 전통적, 문화적 가치 보존 2. 정신, 인간우위 가치 인식 3. 주체적, 창의적 정신가치의 함양으로 지리적 중요성 강조	1. 문화적, 역사적 시설 및 유산보존 2. 문화, 예술, 교육, 의료 및 생활시설의 충실 3. 불건전, 퇴폐적, 소모적 향락시설 지양	1. 협동적, 상호 존중적 근로환경 조성 2. 생산공동체로서 근로환경 조성 3. 조직에 대한 가족 함양	1. 전통적 가치에 바탕을 둔 도덕성 함양 2. 질서의식과 신유교주의 모형 구축 3. 변화에 대한 최적 모형 인식
쾌적성 욕구	1. 장기적 관점에서 국토의 효율적 이용 2. 자연, 환경가치 재인식 및 평가 3. 환경 친화적 생활 권장	1. 여가의 고질화 2. 생활공간의 과밀화 개선 및 주거시설의 충실 3. 공원, 상·하수도 등 문화시설 개선	1. 업무의 능률화로 근로시간 단축 2. 근로 환경 쾌적화 및 출퇴근쾌 적화 3. 안락하고 편리한 직장환경	1. 성급한 습관 지양 및 생활 여유 확보 2. 깨끗한 사회질서 확립 3. 합리적이고 공정한 공공질서
안정성 욕구	1. 자연재해 최소화 2. 환경관리를 통한 안정성 구축 3. 고질의 조화된 안정 추구	1. 교통재해 방지 및 편리성 제고 2. 주거관련 보건위생 개선 3. 방범 확대	1. 직장 위생환경 개선 2. 노동 및 산업 재해 방지 3. 건전한 근로환경 및 생활 습관정립	1. 사회악 일소 2. 사회적 약자에 대한 우선 보호 3. 사회보장제도 질적 개선

제 16 장

현대경제학 그 위기의 실체

1. 현대경제학과 경제위기

오늘날 자본주의 경제체제를 중심으로 하는 세계경제구도는 이른바 신자유주의의 경제학의 이론적 틀을 기반으로 운용되고 있다. 신자유주의 경제학의 이론적 틀은 사실상 이미 오랜 기간의 역사적 배경을 갖고 있으나 최근에 이르러 세계경제의 구도변화와 함께 21세기적 경제이데올로기로 강력하게 부각되고 있음은 다분히 시류적인 흐름 때문이라고 볼 수 있다.

20세기 말엽까지 인류는 대체로 간섭주의의 대표적인 이데올로기인 사회주의제도와 자유주의의 대표적인 이데올로기인 자본주의제도가 대립하는 가운데서 냉전의 구도 속에 살아왔다. 20세기의 말에 이르러 체제경쟁의 우열이 판가름나고 사회주의경제제도는 스스로의 체제적 한계성-즉 경제적 비능률과 제도적 신축성의 결여에서 오는 변화력의 약화로 인하여 발전의 한계성을 드러내게 되었다. 한 세기를 마감하고 새로운 세기를 시작하는 시점에서 인류사회는 여러 가지 측면에서 과거와는 아주 다른 새로운 제도, 새로운 사고, 새로운 생활양식을 경험하게 되었다.

사회주의의 몰락과 함께 과거의 국가자본주의는 세계자본주의의 형태로 변모되고 세계 초강대국으로 명실상부하게 부상한 미국식 자유시장경제적 가치가 범지구촌적인 이데올로기가 되었다. UR과 WTO체제로 구체화된 세계자본주의의 운용원리는 상대적으로 경쟁력이 강했던 미국을 비롯한 소수의 선진국들에게는 많은 국가적 이득을 안겨 주었으나 우리나라를 비롯한 제도적 후발국들에게는 엄청난 경제위기의 충격이 가해졌다.

우리나라는 역사상 일찍이 경험하지 못했던 경제환란인 IMF경제위기를 경험했고 그 본질은 세계경제구도의 변화와 경쟁력의 약화에서 연유하고 있음은 주지하는 바와 같다.

문제는 그러한 종류의 경제위기의 충격이 南美나 동남아시아 후발국들에게는 유별나게 크다는 사실과 또한 그 충격의 영향이 오래간다는 점이다. 경제환경의 이같은 변화의 영향은 물론 세계 대부분의 나라들이 경험하는 바이나 후발국들의 경우는 심각한 경제위기의 상황에서 좀처럼 벗어나기가 어렵다.

중요한 사실의 하나는 이러한 세계경제의 위기가 자본주의 경제의 필연적인 발전원리의 결과인지 아니면 강대국 또는 후발국들이 자국의 경제제도의 운용에서 원숙하지 못하여 추가적으로 겪는 어려움인지를 바르게 알아볼 필요가 있다는 것이다. 물론 자본주의 경제원리는 개인의 자유와 이익에 바탕을 둔 시장논리이며 경쟁논리이다. 경제문제의 해결기구인 시장은 경쟁을 통해서 그 사회의 경제적 과제들을 해결해나가는 것이 가장 효율적임을 이론적으로 입증하고 있다.

그러나 신자유주의를 비롯한 세계자본주의의 이론적 구조 속에는 자본주의적 지배논리가 작용하며 그것은 상대적으로 경쟁력이 열악한 상태에 있는 나라들에게는 일종의 '정글의 위기'와 같은 경쟁의 위기가 필요 이상으로 증폭된다는 점이다. 이를테면, 1997년 말에 우리나라가 겪은 경제위기나 남미나 동아시아와 같은 후발국들의 경제위기의 본질이 상당부분은 그 같은 세계자본주의의 이론적 구조 내에 존재한다고 볼 수 있다는 것이다.

동아시아의 경제위기와 한국경제의 경쟁력 저하와 같은 부분에 대해서는 이미 관련학계의 많은 전문가들이 진단하고 그 원인을 규명했다. 필자도 대부분의 한국경제내부의 책임론에 대하여 상당부분 동조하고 있다. 즉, 문제의 핵심이 한국경제의 내부에 있고 그것은 우리나라 경제구조가 내외의 경제환경변화에 잘 대처하지 못했으며, 경제현상을 둘러싸고 있는 여러 가지 여건들이 한마디로 비효율적이고 경쟁력을 갖지 못한데서 야기되었다는 주장이 그것이다.

다시 말하면 세계경제의 개방화의 물결은 이미 오래 전부터 기정화된 사실이었고 그것은 역사발전의 하나의 불가피한 법칙일 뿐이라는 것이다. 그러한 환경적 변화에도 불구하고 불공적, 불투명, 비능률의 반시장적 요인들이 산재해 있는 한국경제를 진작에 초국가경쟁력이 요구되는 세계화 시대의 틀에 맞게 신속하게 대비하지 못했기 때문에 그렇게 되었다는 시각이다.

그러나 다른 시각에서 본다면 우리나라의 새로운 시대에 대한 적응방법의 문제를 짚어볼 필요가 있다고 본다. 이 문제는 소위 세계화를 주도하는 신자유주의 경제철학의 본질과도 관련되는 부분이다.

이러한 시각은 古典的 自由主義가 새로운 이데올로기로서 西歐를 지배하던 산업혁명기에 영국에 맞서서 강력하게 자유무역에 저항했던 독일역사학파의 인식론과도 같은 맥락을 갖고 있다고 본다.

시장의 매력을 강조하는 자유주의 신봉자들은 끊임없이 시장의 효율성과 강점을 피력한다.

그러나 결코 시장이 모든 경우에 최선의 결과만을 초래한다고 볼 수만은 없다. 자본주의 자유시장논리에는 다분히 원천적인 불공정과 경제적 강자 중심의 부당한 이익의 논리가 존재하는 것이다. 이러한 자본주의 경제철학의 지배논리나 정치경제학적 특성은 신자유주의 경제학의 이론적 틀 속에도 엄연히 존재하고 있다.

본 연구에서는 우선 신자유주의 경제학의 경제철학과 이론적 틀을 살펴보고 그 내면에 존재하는 선진국의 지배논리를 현실적인 측면에서 구조적으로 살펴보고자 한다. 나아가 신자유주의의 세계화 논리가 피상적으로는 또는 적어도 이념적으로는 인류공영의 복지실현을 주창하고 있을 지라도, 내면적으로 또는 현실적으로는 결코 그러한 목표를 순탄하게 실현할 수 없음을 단언하고자 한다. 세계자본주의는 이미 인류가 오랜 세월을 통해서 경험해온 바와 같이, 세계경제의 안정적인 성장과 형평한 발전을 실현할 수 없고 상당한 부분에서 비도의적인 각국의 이기적적 행위로 인하여 약소국들은 경제적 불이익을 얻을 수밖에 없다고 본다. 그 대표적인 증거가 치열한 국가간 이익경쟁이며 투기자본의 횡포는 가장 單明한 실례이다.

2. 신자유주의 경제사상의 본질과 역사적 배경

1) 신자유주의의 역사적 배경

新自由主義 經濟哲學은 20세기 말엽에 이르러 재차 부각된 經濟思想이다. 그 本流는 이른바 古典學派 經濟學의 흐름이라고 볼 수 있다. 주지하는 바와 같이 A. Smith는 그의 著書 「국부론」(*An Inquirly into the Nature and Causes of the Wealth of Nations*, 1776)을 완성시킴으로서 경제학, 즉 古典經濟學을 탄생시켰다. Smith를 중심으로 하는 古典學派의 經濟思想의 중심사상은 自由主義이다. 古典경제학자들은 重商主義 經濟思想을 중심으로 하는 절대왕정적 국가주의 이념에 반대하고 한 나라가 부강하고 잘살기 위해서는 개인의 경제적 자유와 경제적 이기심이 보장되어야 한다고 생각했다. 즉, 한 국가 또는 사회의 구성원으로서 개인은 자신의 이익을 위하여 자유롭게 경제행위를 할 수 있도록 보장되어야 하며 그 개인의 행동은 적어도 도덕적 양심, 즉 도덕성이 준수하는 선에서 자신의 이익을 위하여 정정당당하게 남과 경쟁하여 창의력을 발휘할 수 있도록 保障되어야 한다는 것이다. 이와 같은 고전학파의 자유주의적 경제철학은 사회 전 분야에 걸쳐서 시대적 이데올로기로 받아 들여 졌으며 그것은 경제사상의 기본이 되었다. 자유주의 경제사상이란 곧 경제학의 본래적 사상이다. 이는 경제를 포함한 한 국가사회가 어떻게 발전해 나가야하는 것을 알려주는 시대철학이기도 하다. 고전학파의 자유주의 사상은 D. Ricardo, T.R. Malthus J.S. Mill 등의 이른바 고전학파의 전통적인 맥을 통해서 전수되었으며, 19세기 이후 등장

한 신고전학파 경제학 역시 큰 틀에서 자유주의 경제사상과 맥락을 같이 한다고 볼 수 있다.

신고전학파 경제학은 엄밀히 표현하면 '과학적 자유주의'라고 볼 수 있다. 고전학파의 경제사상이 다분히 정치적이고, 이념적이며, 추상적이라면 신자유주의 경제사상은 이러한 추상주의의 시대적 부적절성을 보완하고자 했던 실증경제학의 과학주의를 통한 새로운 자유주의의 조명이라고 볼 수가 있다.

사상적으로 보면 르네상스 이후 인류역사는 많은 부분에서 인간계몽을 지속해 왔다. 크게 보면 자본주의 사회에서 묻혀 있었던 인간성에 대한 재발견을 통하여 자연현상에 존재하는 정연한 법칙성에 대한 경외심 등이 사회현상에서도 적용될 수 있다고 믿었다. 경제학을 비롯한 사회과학분야에서도 사회현상 전체를 추상적으로 관조하던 시대에서 진일보하여 보다 실증적이고도 구체적으로 이해할려는 인식의 틀이 형성되어갔던 것이다.

뉴턴의 만류인력의 법칙을 비롯한 많은 과학적 사실의 발견은 결국 산업혁명에 의하여 경제적 수단을 혁신케 하는 과학주의를 일반화시켰으며, 인간의 인식의 틀을 변화시키는 대전환의 계기를 제공하였다.

고전학파의 추상적인 자유주의는 신고전학파의 실증적 자유주의로 전환되었고, 이는 한계효용학파와 캠브리지학파라는 두 개의 신고전학파경제학을 출현시켰다. 한계효용학파가 인간의 심리적 문제, 즉 효용의 문제를 중심으로 한 순수과학경제학에 치중하였다면 캠브리지학파는 고전학파의 추상경제학과 과학경제학을 복합시킨 학파라고 볼 수 있다.

L. Walras, C. Menger, S. Jevons는 분석의 정밀성에서 약간의 차이는 있지만 모두가 실증적 과학주의에 매달린 사람들이다. Walras주의 경제학은 철저히 실증적인 분석을 강조하였고, 경제문제의 해결에서 의도성을 띤 경제주체의 행동간섭을 철저히 배제시키고자 했다. 즉, 경제학에 있어서 순수주의와 자유주의를 강조했던 것이다. 이러한 부분이 캠브리지학파의 경우에는 경험적 사실, 인간적 측면이 강조되었기 때문에 과학적 분석과 자유시장의 메카니즘이 다소 덜 강조된 느낌이 든다. 그러나 본질적으로는 경제학을 인간구제의 학문으로 끌고 갈려고 하는 비전으로서의 학문 내지 인간주의 경제학을 강조했을 뿐, 경제문제의 해결에 있어서는 기본적인 틀은 Warlas류의 실증주의적인 한계효용학파들과 크게 다를 바가 없었다고 본다.

신고전학파의 과학적 실증주의는 경제분석을 시장중심으로, 수요·공급의 틀을 이용한 균형주의경제학으로 체계화시켜 나감으로써 경제분석의 틀을 현대적 과학주의경제학에 이르게 하는데 결정적인 기여를 했다. 경제분석에 있어서 시장모형이 일반화되는 데는 신고전학파의 과학적 실증주의 공헌이 지대했다. 자유주의사상은 자연현상의 과학적 탐구와 같은 접근방법으로 경제현상에서 야기되는 많은 추상적인 결정들을 구체화시키고 실증화해 감으로서 시시각각으로 발생되는 불균등의 문제를 균형론적 시각에서 이해할려고 했다. 신고전학파의 균형·불균형 혹은 효용분석들은 당시의 과학주의가 요구되던 시대에 부합했으며 또한 고전경제학이 갖고 있던 다소 추상적인 경제이데올로기의 과제들을 보다 명쾌하게 해명·해결하는데 큰 기여를 했다.

그러나 경제현상이 복잡해지고 경제과제가 더욱 다양해지며, 경제변수의 관련성이 제대로 계측할 수 없을 정도로 복잡성이 일반화되어 가는 상황에서, 경제문제를 과학적 균형현상으로만 해결하고 이해할 수 있다는 신고전학파 경제학의 인식론은 역시 많은 문제점이 있었다. 경제현상의 주체적 행위자는 이익과 욕망을 지닌 불확실하고 불합리한 인간이라는 점이다. 결코 개별경제주체자의 자기중심적인 자유로운 경제행위가 과연 얼마만큼 경제문제를 완벽하게 해결해줄 수 있는가에 대한 J. M. Keynes의 물음은 당연한 것이었다.

2) 시장의 불완전성과 자유주의에 대한 비판

古典學派 경제학을 원류로 하는 자유주의 경제학은 개인의 창의성과 경쟁을 통한 경제능률의 고취 등으로 경제문제의 해결에 있어서 효율성의 제고라는 측면에서 상당한 효과를 보았음을 부인하지 않는다. 그러나 시장과 경쟁 그리고 이익추구를 위한 경제행위의 변화는 경제현상을 매우 복잡하게 만들었다. 경제활동 범위의 확대는 시장의 확대를 가져오고 확대된 시장에는 또 다시 많은 경제주체와 이익추구의 경제행위들이 다양한 모습으로 시장에 출현하며 그것은 경제현상 그 자체를 그 누구도 제대로 알 수 없도록 혼돈스럽게 만든다.

사실 문제는 지금의 자본주의 시장경제를 안정적으로 관리할 수 있는 그 어떤 경제주체도 존재하지 않는다는 점이다. 개별경제주체의 자유스러운 경제행위가 보이지 않는 손에 의해 적어도 어느 정도까지는 안정적으로 조절될 수 있다는 자유주의자의 시각이 신뢰할 수 없는 상황에 이르렀다는 점이다.

많은 부분에서 논쟁의 본질은 철학의 차이에 있다. 물론 시장은 균형을 실현하기도 한다. 그러나 케인즈의 주장처럼 불균형이 일반적이다. 상황이 복잡해질수록 시장은 더욱 더 안정적인 균형력을 상실하게 된다. 우주의 질서의 논리를 경제현상에 막연하게 연결시킬려는 논리는 과학주의의 신앙처럼 보이지만, 그것은 경제현상을 보다 구체적으로 완전하게 관찰하지 못한데서 나오는 결과이다.

물론 균형의 의미를 어떻게 해석하느냐에 따라 다양한 주장이 나올 수 있다. 학설적으로 다양한 논리적 주장을 떠나서 적어도 현실적 측면에서 세계경제가 형평과 안정을 어느 정도만이라도 공인할 수 있는 경제적 균형은 과연 어떻게 존재하는가를 자문한다면 대답은 훨씬 더 명백해 질 수 있다고 본다.

수요와 공급은 상시적으로 예상 이상으로 불일치 한다. 1929년의 대공황은 이미 그같은 사실을 확실하게 증명해 주고 있다. 그리고 戰後의 경제번영은 케인지안의 신뢰성을 확인시켜주었다. 그러한 사실은 이미 자본주의 현실에서 끊임없이 증명되고 있다. 1970년대의 스태그플레이션은 무엇을 의미하는가? 지나친 정부팽창의 문제점을 지적해 주었고 물론 정부간섭의 문제점을 지적해 주었다. 그렇다면 1980년대의 선진국경제의 불안정과 1990년대의 남미 및 동아시아의 경제위기는 무엇을 의미하는가? 신자유주의의 성공을 의미하는가? 그것에 대한 신뢰의 근거는 전혀 보이지 않는다. 많은 시각들은 오히려 지속적인 세계경제의 불안정을 예견하고 있다.[1)]

신자유주의 경제학은 경제전반에 있어서 경제주체의 자율성을 중

1) 네이마사히로(이 균 옮김), 세계를 움직인 경제학의 명저, 한국경제신문사, 1998.
조지 소로스,시장자본주의의 위기, 한국경제신문사, 1998.

요하게 생각하고 있다. 경제문제의 해결에 있어서 경제주체의 자율적인 의사결정과 시장의 자동조정기능을 통해 경제 전체가 신축적으로 해결되고 조정되는 매카니즘을 신뢰하고 있다. 문제는 시장과 개별경제주체의 경제관리능력과 해결력이다. 경제현상을 둘러싸고 있는 시장상황과 경제주체의 경제력이 어떤 수준에 있는지에 따라 경제문제의 해결 결과는 엄청난 차이를 가져온다. 무조건 시장에서 얻어진 결과는 최선이라는 맹목적인 시장주의자가 있다면 그것은 별개이다. 그러나 보다 중요한 사실은 현실적으로 시장이 과연 어느 정도의 해결력을 갖고 있느냐 하는 문제이다. 우선 시장경제의 최선의 모형으로 인식되는 완전경쟁의 경제성이 보장되는 시장은 현실에 없다. 또한 설사 완전경쟁이 보장되는 시장이 있다고 하더라도 그 결과는 시장에서 생각만큼 유익하다는 보장도 없다. 만일 시장의 참여자가 경쟁력에서 대등한 수준을 갖고 있고 게임의 방법, 수준, 정보능력 등에서 비슷한 경쟁력을 갖고 있다면 문제는 다르다고 볼 수 있다. 그러나 현실의 시장은 그것이 국내이든 국제이든 엄청난 시장력의 차이를 갖고 있다.

케인지안이 중심이 되어온 이른바 New Economes는 이러한 시장경제문제를 관조하는 인식의 틀에서 차이를 갖고 있었다. 경제문제 역시 다양한 형태의 복잡한 논리적 난제를 숙명적으로 갖고 있으며 '구성의 모순'(falacy of composition)은 시장이 자의적으로 해결할 수 있는 과제가 아니다. 20세기 중반에 꽃을 피운 New Economic는 시장주의자들의 견제와 비판을 받으면서도 그런대로 1960년대까지는 경제학의 주류적 소임을 다했다. 그러나 1970년대 신형인플레 현상이 도래하면서 케인즈 경제학에 대한 비판의 소리가 높아졌다. 물가가 상승하며, 실업률이 높아지는 이른바 경기침체형 인플레가 구조화되기 시작했다. 많은 경제학자들은 케인즈 경제학의 理論的 틀 내에 이 같은 현상은 상존하고 있고 그 이유는 본질적으로 정부의 과대한 경제간섭에 있다는 것이었다.

3) 신자유주의 경제사상의 이론적 근거

신자유주의 경제사상의 분류를 어디에다 두느냐에 대해서는 학자들 간에 다양한 의견이 존재한다. 그러나 일반적으로는 1930년대 독일의 W. Eucken에 의하여 제창된 제2차 세계대전후 전후 독일의 사회적 시장경제론을 중심으로 하는 사상을 말한다. 이러한 사상은 Hayeck나 Friedman을 중심으로 주류경제학에 도입되었고, 케인즈주의에 대항하는 현대경제학의 주류적 이데올로기가 되었다. 그런데 이 신자유주의 경제학은 1980년대 세계 정치경제환경의 변화에 편승하여 한 시대의 새로운 이데올로기로 부각되었다. 이들은 현대자본주의의 경제체제 내에서 발생하는 경기침체나, 재정적자, 물가불안 등 제요인이 케인즈 경제학 때문이라고 보게 되었다.

신자유주의자들은 케인즈 경제학의 정부간섭, 경제개입을 반대하고 경제의 모든 활동을 기본적으로 시장에게 맡기자는 주장이다. 신자유주의는 기본사상이란 측면에서는 결국 구자유주의(고전학파 및 신고전학파) 경제사상과 크게 다를 바 없다.

1980년대에 이르러 공산권 국가들의 경제적 위기가 계속되고 드디어 소련을 위시한 공산권 체제가 무너짐으로써 세계 각국에 자유주의의 바람을 더욱 강하게 점화되었다. 체계적 통제에 의하여 움직여졌던 사회주의 국가들의 몰락은 상대적으로 자유주의적 이념의 강한 자본주의 체제의 우월성을 입증해준 결과가 되었다. 이러한 경제사정의 변화는 상당부분은 냉전시대의 문제를 종결지우는데 기여했으며 세계경제질서를 美國 중심으로 재편케 하였다.

1995년 12월 UR의 타결과 함께 WTO 체제의 출범은 세계자본주의 체제 내에 신자유주의의 바람을 한층 더 강하게 불어넣는 결과를 가져왔다. 세계경제의 주도권의 행방 그리고 신자유주의 경제학자들의 세력형성 등에서 상대적으로 우위를 차지하고 있는 영미권 쪽으로 신자유주의 경제학의 주류가 형성되었다. 이러한 경제사상적 흐름에 대하여 비판의 주장이 없는 것이 아니다.[2)]

일찍이 아담 스미드는 '보이지 않는 손'의 시장만능주의를 제창하여 자유주의 경제사상을 정통의 경제이론체계로 확립시켰지만 1930년대의 세계경제불황은 바로 이같은 자유주의 사상이 얼마나 황당한 주장인지를 확인시켰다. 이러한 공황적 경제위기를 타개하기 위한 케인즈 경제학은 1950년대와 1960년대에 세계경제의 번영과 안정을 구가하는데 크나큰 기여를 했다. 그러나 경제사회의 끊임없는 변화는 케인즈 이론 역시 萬古 不變의 진리일 수는 없음을 확인시켰다. 경제회복을 위한 재정정책의 지속적 확대는 1970년대부터 새로운 경제적 과제인 이른바 신형인플레이션 현상을 초래하였다. 정부지출의 확대와 통화팽창에 따른 물가상승 그 결과에 의한 민간수요의 부족으로 인한 경기침체가 바로 그것이다. 즉, 경기후퇴와 인플레이션이란 새로운 이중적 경제현상이 발생했던 것이다.

케인즈 경제학에 대한 비판과 함께 생시에 케인즈와 일대의 논쟁

2) 김성구, 경제위기와 신자유주의, 문화과학사, 1998, pp. 112~114.

을 벌렸던 하이에크의 자유주의 경제학이 케인즈의 자리를 물려받았다. 1947년 스위스에서 '몽펠랭' 협회를 결성하여 케인즈주의에 대하여 맹렬한 비판을 가했던 신자유주의는 공급경제학, 합리적 기대이론 등의 자유주의학파들에 의해 오늘의 세계 자본주의경제학으로 다듬어졌다.

3. 신자유주의 경제학과 구조적 관계

1) 신자유주의와 세계자본주의

자유와 지식정보가 움직이는 시장경제는 국가 자본주의 경제를 세계 자본주의 경제로 변화시키고 있다. 경제 UN으로 지칭되고 있는 WTO 체제는 사실상 세계 모든 나라를 열린 경제체제로 만들었고 세계를 단일 시장경제로 변화시키고 있다.

1970년대 이후 만성적인 경상수지 적자와 재정적자를 지속해오던 미국은 1980년대 중반을 넘어서면서 상대적으로 급성장 해온 일본, EU 등의 경제에 밀려 한때 세계자본주의의 종주국 자리 마저 위협받게 되었다. 1980년대 이후 미국은 이러한 경제적 약화현상의 원인을 면밀히 분석했고, 그 결과 미국은 경쟁력 제고를 위한 방안을 철저히 강구하였다. 즉, 미국 제조업경쟁력 제고조치, 세계시장의 공정한 개방요구, 세계시장에서 상대적으로 우위를 차지하고 있는 미국 산업의 세계 각국으로의 진출 등이 그것이다. 이를 위하여 미국은 세계화 시대에 합당한 구속력을 지닌 기구를 탄생시켰다. WTO가 바로 그러한 시도의 훌륭한 결과물이었다. 이것은 미국이 자국의 경쟁력을 바탕으로 하여 세계경제 질서에서 주도권을 잡기 위한 방편들이었다. 미국은 동아시아 경제 강국인 일본은 물론 한국 등의 신흥공업국가들에게도 미국의 투자보상을 위한 지적 소유권문제, 환경기준제시, 금융개방 요구 등을 자유롭게 제기할 수 있는 WTO 체제를 출범시켰다.[3]

이러한 국제경제 질서의 흐름은 개방된 시장경제, 공정한 자유경쟁 등을 통해 끊임없이 보다 나은 경제적 효율성이 보장된다는 시장경제론의 대의에 따른 지극히 일반적인 인식의 틀에 근거하고 있다. 미국으로서는 여러 가지 조건에서 세계자본주의 종주국으로 유리한 위치에 있기 때문에 세계경제의 주도권을 잡기 위한 충분한 대의명분이었다. 미국은 지금까지 개발도상국에게 제공되었던 교역 및 국제관계에서 특혜의 장벽들을 없애면서 경쟁력의 우위를 확보해 나갈 수 있는 제도적인 틀이 마련된 셈이다.

이러한 WTO의 출범은 세계자본주의에서 주도권을 잡기 위해 철저히 계산된 방안의 결과물이다. 역사주의적 시각에서 본다면 오늘날 동아시아의 경제위기는 이 같은 세계자본주의와의 과정에 적응치 못한 결과로 발생했다. 그 외부적인 주도원인은 세계자본의 출현과 달러 및 정보능력이다.

첫째, 세계자본의 이동과 달러는 미국이 갖고 있는 강력한 무기로서 세계적인 투기자본이 국경을 넘나들며 자유롭게 순식간에 이동한다는 사실이다. 개방화된 자본시장을 통해서 끊임없이 이익추구를 도모하는 국제투기자본이 순식간에 입출된다는 것은 국가의 경쟁력

3) 박천익, 시장과 복지, 홍익출판사, 2000, pp. 353~354.

이 작은 나라일수록, 경제적 자립능력이 약한 나라일수록 금융위기를 겪을 가능성이 높다. 또한 세계의 긴축통화가 달러체제가 되어있고 국제금융의 조절력이 결국 달러의 수급능력에 의존할 수밖에 없는 상황에서는 이를 관리하고 조절할 수 있는 미국이 상대적으로 세계자본주의를 주도해 나갈 수 있는 엄청난 유리함을 갖는다.

둘째, 국제정보력의 문제이다. 정보의 표현방법이 영어로 되어있는 미국을 비롯한 영어권 국가들에게 유리한 제도이다. 오늘날 정보는 지식의 근원이며 경쟁력의 원천이다. 이는 또한 생산성의 원동력이다. 미국을 중심으로 한 선진국들이 정보전쟁에서 상대적으로 유리한 위치에 있다는 것은 다방면에서 입증되고 있다. 정보의 정확성, 정보전달의 속도 및 정보의 관리를 위한 일반적 체계 등에서 상대적으로 영어를 국어로 사용하는 나라들이 유리함을 갖고 있기 때문이다.

2) 시장의 불완전성과 경쟁력 격차

오늘날 시장은 엄청난 기능을 하고 있는 사회적 조직이다. 사람들은 시장을 통해서 모든 경제적, 사회적, 문화적 욕구를 충족시켜 나간다. 시장은 결국 인간의 삶을 지탱해 주는 터전이다. 인간의 경제행위에 있어서 자유의 보장이란 결국 각 경제주체들의 시장행위에 대한 자유를 보장하는 것을 의미한다. 개인의 구매활동 기업의 생산활동 등을 포함한 모든 경제행위에 자유를 보장하는 것을 말한다. 자유와 보장된 시장에서는 각 경제주체들의 이익추구행위가 발생하고 그것을 곧 가격이라는 바로메타(barometer)에 의해서 적절히 조정된다.

특정의 시장 간섭자 또는 조절자가 없이 가격이라는 바로메타가

수요·공급을 포함한 시장행위를 적절히 근절해 나감으로써 경제전체는 가장 효율적이고 경제적인 기능을 갖게된다. 자유주의 시장론자들의 신념으로 받아들여지고 있는 시장의 자동조절기능, 시장의 경쟁성, 시장의 창의성, 시장의 경제성, 시장의 효율성은 그 기본적인 인식에서 충분히 설득력을 갖고 있다.

시장은 경제문제 해결에 있어서 그 무엇보다도 거대한 능력과 효율성을 지닌 초인간적인 기구이며 장치이다. 정보화 시대, 열린 사회, 인터넷 경제를 구가하고 있는 21세기 시장은 그런 측면에서 보면 과거의 시장보다는 더욱 탁월한 능력을 발휘할 만큼 발전했다. 그러므로 이제 시장에 있어서 관건은 과연 시장이 그 목적한 경제적 과제를 얼마만큼 성공적으로 해결할 수 있는가에 초점이 맞추어진다. 그것은 시장에 대한 정확한 이해를 통해서만 알 수 있는 일이다.

일반적으로 시장은 대부분이 경제문제를 일상적인 방법으로 처리해나간다. 적당한 수요자의 구매욕구가 적절히 조정되며 상품과 화폐의 순환이 계속되는 것이다. 물론 이러한 과정에서 적절한 경쟁이 있고 이를 위한 기술혁신과 상품 서비스가 발전한다. 그러나 시장은 이러한 경제적 목적을 수행해 나감에 있어서 많은 불완전성과 불확실성을 갖고 있다. 이미 현실적으로 실증된 대공황의 경제적 쇼크나 지금까지로 세계도처에서 끊임없이 발생하고 있는 경제혼란의 많은 부분이 시장기능의 불완전성에 기인하는 것이다. 시장이 왜 불완전할 수밖에 없는가에 대해서는 여러 가지 이유를 제시할 수가 있다.

첫째, 시장의 비윤리성 및 비도덕성의 문제이다.

물론 시장에 참여하는 경제주체들은 그 나름대로 그 사회가 안고 있는 윤리적 규범에 따라 법적·제도적 틀 안에서 질서를 유지시키며 경제행위를 지속해나간다. 시장을 통한 경쟁행위를 함에 있어서 경제주체들은 우선은 자신의 이익과 합치된 행위를 선택하게 된다. 인간은 공공의 이익을 우선 할 만큼 선량하지 못하다는 M. Friedmum의 지적처럼 이익의 향유가 윤리적 규범을 우선하는 경우가 빈번할 수 있다는 것이다. 몰론 시장에서는 '공정한 게임의 룰'이 존재하고 그 게임의 룰이 시장행위를 어느 정도 까지는 구속하지만 과연 모든 시장에서 어느 정도 수준으로 그러한 게임의 룰이 존재하느냐가 문제이다.

둘째, 시장의 불완전성과 불공정성이다.

시장은 끊임없이 불완전하고 불공정할 수밖에 없다. 인간의 개인적인 욕망 이기심이 공익에 앞서는 상황하에서 결코 시장은 완전과 공정을 창출해 낼 수가 없다. 시장을 규제하는 게임의 룰은 시장의 질서유지를 위한 일반적인 수준에 불과하다. 많은 경우에 있어서 경제적 강자는 약자보다 부당한 이익을 향유한다. 설사 시장제도가 시장의 질서유지를 위한 '게임의 룰'을 갖고 있다고 하더라도 그 자체가 시장참여자로서 경제적 강자와 약자에게 형평성 있는 기회와 모든 배분을 보장하기 못하게 된다. 시장의 틀은 마치 '정글의 집단'(group of jungle)과 같다. 경제적 강자에게 시장이 이익이 집중되기 쉽다.

셋째, 시장의 자원과용성의 문제이다.

시장의 참여자들에게 우선적인 것이 개인의 이익이다. 자원의 과용으로 인한 환경악화, 남용의 비능률의 문제를 해결할 수가 없다. 항상 시장에는 과대경쟁으로 인한 과대자원사용이 발생하고 그것이 곧 최적 경제환경(經濟環境)의 조성을 불가능하게 한다. 결국 경쟁이 지배하는 시장주의 경제철학하에서는 과잉자원의 문제가 발생할 수 밖에 없고 이는 결코 최적적인 자원배분 역시 실현할 수 없게 한다.

3) 신자유주의의 경제적 패권주의

일찍이 독일의 역사학파 경제학자들은 자유무역제도를 강력히 반대한 적이 있다. 독일 역사학파경제학의 거두였던 리스트(F. List)는 당시의 독일의 경제상황이 영국과는 너무나도 판이했기 때문에 오히려 독일산업에 대하여 강력한 국가의 보호가 필요하다고 주장했다. 당시의 독일은 39개의 영주국으로 분열되어 영국과 프랑스 등의 선진국들은 독일의 흩어진 국력을 이용하여 경제적 이득을 얻을 수가 있었다. 약소국가의 경제적 개방은 선진국경제의 이용물이며 점점 더 선진국에게 예속되고 유리한 경제관계로 길들어질 뿐이라는 것이다.

독일 역사학파의 보호주의 논리가 오늘의 세계자본주의 경제시대에 그대로 부합하느냐에 대해서는 논란의 여지가 있다. 그러나 기술력과 자본력 그리고 정보력에서 현저한 차이를 보이고 있는 후발국들에 선지자본주의의 시장력이 자유롭게 침투하는 상황이라면 경제상황은 강대국의 패권주의에 침몰당할 수밖에 없다.

최근에 이르러 일본을 위시한 아시아 홍콩, 말레이지아, 태국, 인도네시아 등의 신흥공업국가들과 남미의 브라질, 멕시코, 아르헨티나, 칠레 등의 신흥공업국가들이 새로운 경제위기에 직면하고 있음이 밝혀지고 있다. 그 원인의 상당부분은 개방화에 적응하지 못하는 후발국들의 공통적인 현상이다.

4. 신자유주의의 세계화와 자본주의의 위기

1) 신자유주의의 세계화와 투기자본주의

자본주의 경제는 신자유주의의 경제철학에 뿌리를 둔채 세계화의 시대를 접어 들었다. 자본과 기술을 무기로 한 경제적 강국들은 세계시장을 경제활동무대로 이익이 있는 곳이면 국경과 장소를 불문하고 투자의 대상을 찾는다. 세계 모든 나라는 다소의 장소의 차이는 있지만 기본적으로 그 나라의 국가제도가 허락하는 영역을 확대해야 한다. 이것은 세계 무역질서나 WTO의 목적과 규약 속에 내포되어 있다. 일찍이 해리 클리버(Harry CLeaver)는 신자유주의 위기의 첫 번째 요인은 변동환율제도의 채택에 있다고 지적한바 있다.[4] 선진국들은 늘어난 국가채무의 부담을 자국국민이나 국가가 아닌 외환시장으로 넘기려는 목적에서 이 제도를 채택하였다는 것이다. 그 결과 외환시장에서는 투기성 핫머니들이 지속적으로 급속하게 증가하게 되었고 규제되지 않는 시장이 제공하는 투기의 기회실현은 외환시장을 끊임없이 불안하게 만들었다.

두 번째의 위기는 오일달러의 재순환을 통해서 시도된 대규모 가치이전과 함께 발생했다고 했다.[5] IMF가 이 둘의 재순환을 관리하는데 중심적인 역할을 하였지만 대부분의 돈은 민간 국제은행 제도들에 의해 운용되었다. 북반구에서 자리잡지 못한 막대한 양의 오일

---

4) Harry cheaver, "신자유주의의 위기와 21세기 대안", 오스틴 택사스, 인터넷 자료, 1999. 1.

5) 앞의 글, 동면.

달러가 그러한 제도들에 대하여 규제가 없는 남반구의 민간차용자, 공공차용자에게 대부되었고 이것이 남미의 금융위기에 결정적인 영향을 주었다.

세 번째는 1970년대 미국금융규제 철폐 및 미국 중앙은행의 반인플레이션 통화정책 때문에 발생했다고 하였다. 미국내 금융시장 및 금융제도의 규제철폐는 부채 및 위기에 시달리는 채무국들을 위해 완전히 새로운 투기영역을 제공했다. 돈은 이익을 찾아 냉정하게 움직였고 많은 출판물들이 미국의 '카지노적 자본주의'를 우려했다.

국제금융시장의 투기화된 자본은 세계 도처에서 열려진 시장, 즉 신자유주의의 바람을 타고 순회하였다. 남미의 경제위기, 동아시아의 경제위기 등은 그 원인을 상당한 부분 국제 금융시장에 찾아든 신자유주의의 마력 때문이라고 할 수 있다.

흔히 1994년 '페소화 위기'에 이어 국제금융위기의 여덟 번째 중요한 위기로 지목되는 동아시아의 위기는 1997년 6월 태국에서 시작된다. 태국정부가 1994년의 멕시코와 마찬가지로 외환보유고가 바닥났음을 인정하고 급속한 절하를 야기하는 달러에 대한 비트화의 고정환율을 폐지하면서 시작했다. 인도네시아, 홍콩, 말레이시아, 필리핀, 한국으로 퍼져간 이 환율 불안정은 1997년 6월부터 1998년 4월 사이에 51%에서 23%까지 평가절하를 수반했다.

세계자본주의 시장에 정연하고 안정적인 시장메카니즘을 주장하기에는 이내 시장의 정보가 너무나 복잡하고 다양하다. 특히 국제금융시장에서 상품시장이 생각할 수 없는 고도의 Money game이 상존하고 있는 한, 신자유주의의 주장은 한갓 현실을 멀리한 아득한 순수 경제학의 古典主義로 밖에 이해할 수가 있다.

2) 시장의 불안정성과 조정능력의 상실

경제이론의 바탕에는 항시 균형을 찾아가는 시장메카니즘의 장점이 수없이 강조된다. 물론 이것은 일반적인 상태에서는 어느 정도 수긍이 가는 주장이다. 시장의 경쟁성 시장이 효율성이 적절하게 보장되는 상태에서 경제발전의 해결은 시장에 맡기는 것이 가장 바람직스럽다고 볼 수 있다. 흔히 말하는 자원의 최적분배가 보장되고 경제상태의 변화에 따라 시장은 거기에 적합한 모형을 스스로 창출해 낼 수도 있기 때문이다.

공정하고 투명한 시장제도의 구축을 위하여 모든 경제주체는 그 나름대로 시장을 관리하고 공동이 준수하는 게임의 룰을 만들 수 있다. 그러나 자본주의 경제는 그러한 게임의 룰을 보장할 수 있는가? 사회나 경제제도의 발전의 내면을 보면 발전과 변화의 요인에는 언제나 기존의 제도와 룰을 기술적으로 파괴해나가는 닳고 닳은 계산주의자들이 존재한다는 사실이다. 보다 많은 이익을 향유하려는 자, 경쟁에서 보다 유리한 고지를 선점하려는 자 등은 언제나 기존의 제도나 룰이 갖고 있는 허점을 이용한다. 때로는 권력의 힘으로, 또 어떤 때는 돈의 힘으로 또 다른 때는 지식과 기술의 힘으로 끊임없이 주어진 제도를 자신에게 유리하게끔 이용하는 것이다. 그리하여 기존의 틀은 시간이 지나면서 무력한 것으로 전락해버리고 새로운 제도와 규범이 나타나지 않으면 결코 시장은 엉터리없는 혼돈으로 기존의 제도는 무너지게 된다. 시장은 결국 강제에 의하여 부당하게 지배당하고 경제적 합리주의는 사라지게 된다. 시장은 그 자체로 조정력을 상실한 채 강자의 경제적 놀이터가 되어버린다.

3) 최적경쟁의 상실과 시장실패

최적경쟁의 문제는 시장경제의 가장 핵심적인 분야이고 경제이론 전체에서도 시장을 옹호하는 강력한 무기이기도 하다. 한편 시장실패의 문제는 시장경제의 미미한 일부분으로서 경제학자들에게 대수롭지 않게 다루어지는 부분이다. 최적경쟁의 문제는 그 만큼 시장경제의 장점을 대변하는 것이고 시장실패는 그러한 우수한 시장제도에 작은 티끌정도로 생각되는 부분으로 간주하곤 한다.

그러나 현실의 경제문제를 놓고 생각해보면 여기에는 많은 사고의 편견이 존재함을 알 수 있다. 그렇다면 시장은 과연 어느 정도 수준의 최적경쟁을 도출해낼 수 있는가? 물론 그것도 시장의 종류나 성격 등 각각의 시장이 갖고 있는 여건에 따라 얼마든지 다양한 수준의 최적경쟁을 기대할 수 있다.

경제이론이 지칭하는 최적경쟁시장이 현실에서 실현된다고 보는 사람도 있다. 그러나 우선 이론적으로 시장의 자율적 기능에 의한 최적경쟁의 실현은 일단 완전경쟁의 조건이 실현되었을 때 가능하다고 믿는다. 시장균형론(theory of equirbrium market) 또는 경제적 복지론(theory of economic welfare)에서는 Pareto Optimum의 조건을 제시하기도 한다.[6] 비록 엄청난 추상적 가정과 조건적 제약 그리고 비현실성이 존재하기는 하나 어쨌든 시장이 Pareto Optimum의 조건을 갖고 있다면 최적경쟁의 이익을 실현할 수 있다는 것이다.

그러나 현실의 시장은 어떤가? 대부분의 시장관계자들은 시장에서 경제행위를 함에 있어서 무엇보다도 자신의 이익을 앞세우는 경

---

6) 자세한 내용은 박천익, 시장과 복지, 홍익출판사, 2000, pp. 81~91 참조.

제인(homo economist)의 경향을 지닌다. 그들은 자신도 모르는 사이에 서로를 기만하고 자신의 양심마저도 잃어버리는 철저한 경제인으로 변할 가능성이 있다. 실제로 상행위에서 비도덕적, 비윤리적 이익행위가 비일비재하게 나타남은 특별한 경우가 아니다. 시장의 본성은 이익과 경쟁이고 이러한 이익과 경쟁이 주목적으로 작용하는 상황이 계속되는 한 시장에서 자연적인 경제윤리, 공정성, 형평성을 유지하기란 힘든 것이다.

시장은 자연상태로는 경제적 공정성이나 윤리적 기준을 유지해 나가기 어렵다. 따라서 적어도 어느 정도까지는 시장의 공정성, 투명성, 형평성을 확보하기 위한 인위적 간섭은 불가피하다. 많은 시장전문가들이 정책적 대안을 수립하고 시장상황에 따라 다양한 경쟁원리 또는 시장운영의 기준을 제시하지만 시장은 변화무쌍한 개성을 지닌 경제적 이해관계자들의 모임이기 때문에 장기간 지속성을 유지할 만큼 완벽한 시장관리제도는 존재하지 않는다.

시장을 통해서 발생하는 끊임없는 경제주체들의 이익실현행위는 수많은 경제집단들의 경제구조를 변모시킨다. 약자의 퇴출, 새로운 경쟁자의 등장, 상행위 및 경제행위의 고도의 전략적 변화 등이 계속적으로 진행된다. 과연 이 변화무쌍한 시장의 환경을 두고 어떠한 대책이 가장 무난하고 완벽한 처방이 되는지를 아는 자는 극히 드물다. 자유주의자들은 모든 것을 시장에 맡겨두라고 얘기한다. 그러나 공정한 질서와 투명한 경쟁은 보장할 수 있는 제도적 장치만은 세워두라고 한다. 과연 어떤 것이 공정하고 질서를 유지하고 투명한 경쟁을 보장하는 것인지 일반적으로 얘기하기는 쉽지가 않다.

결국 중요한 문제는 지극히 추상적인 답변에 불과한 '적절한 간섭', '적절한 규제', '시장의 자율성과 경쟁성'을 보장하는 정도의 기본적인 구조조정 등의 문제로 답변이 귀결된다. 시장의 자유경쟁은 엄청난 기술진보와 품질개선을 보장해주기도 한다. 그러나 경제과정 속에는 같은 정도로 시장의 비윤리성과 비인간성이 내재되어 있다.

시장의 비인간성과 비윤리성은 경제에 어떤 영향을 미칠까? 좋게는 합리적인 사회를 창조한다고 볼 수 있으나 나쁘게는 비인간화된 사회, 즉 정글사회를 만든다. 그것은 모든 가치기준을 지속적으로 이익위주로 만들어버릴 것이고 그 결과로 경제 사회는 비인간화된 사회로 전락하고 만다. 공정이니 형평이니 공동체 복지의 질에 관한 문제의식의 영역은 좁아지고 지극히 계산주의적인 사회가 도래한다.

오늘날 시장론자들이 주장하는 자유방임 또는 간섭의 최소화는 과연 시장을 완전경쟁의 집단으로 변모시킬 수 있을 것인가? 여기에 대한 대답도 분명치 못하다. 시장주의자들은 마치 경쟁이 최선인 것처럼 생각한다. 그러나 결코 그러한 보장은 있을 수 없다. 무한대의 경쟁이 보장하는 것은 인간성이 메마른 기계화된 인간사회의 탄생으로 이어질 것이다. 문제는 '최적경쟁의 개념'(conception of optimal competition)으로 볼 수 있는 최선의 시장모형 또는 경제모형에 대한 모색이다.

시장의 지속적인 발전과 안정을 위해서는 최적경쟁에 대한 집단적 합의가 모색되어야 한다. 시장의 특성과 규모에 따라 그 시장의 발전이고 안정을 유지하면서 공정한 경쟁의 원칙이 보장되는 상태를 말한다. 최적경쟁의 개념적 틀은 경쟁을 통해서 주어진 시장이 경제행위에 양적, 질적인 측면에서 손실을 발생시키지 않는 한도내의 경쟁을 의미한다.

경쟁의 정도에서 시장의 안정성과 발전성을 동시에 보장하는 최적 점을 모색하기란 어렵다. [그림 16-1]은 최적경쟁도를 압축적으로 나타낸 것이다.

그림 16-1 최적 경쟁도

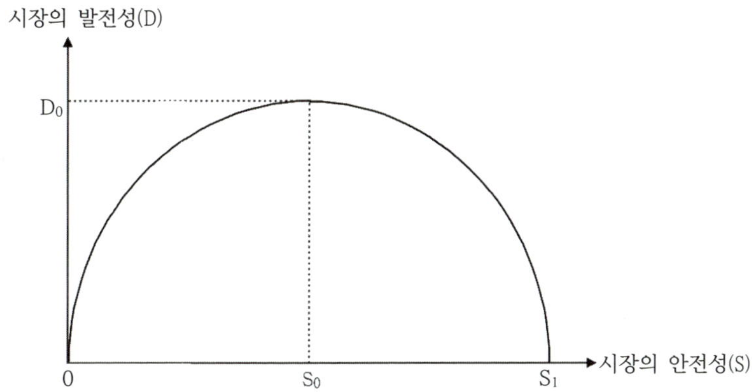

[그림 16-1]은 몇 가지 한계성을 갖고 있다. 우선은 시장의 발전성과 안전성을 대립의 개념으로 볼 수 있는지의 문제이다. 일반적인 경제현상에 따라 정리된 모형일 뿐이다. 횡측의 S_0점과 종축의 D_0점이 만나는 C점에서 최적경쟁이 이루어짐을 뜻한다. 최적경쟁의 개념이 제도적 효율성과 윤리적 공평성을 모두 포함하고 있다는 주장 역시 임의적인 가정에 불과하다. 이 최적경쟁의 개념적 구체성에 대해서는 아직도 많은 추가적인 분석이 필요하다. 그러나 [그림 16-1]의 최적경쟁도가 제시하는 이념적 틀은 적어도 중요한 의미를 지닌

다고 본다. 시장은 그 특수성과 내용에 따라 적정개념의 모형을 타진해볼 필요가 있으며 이는 시장의 안정성과 발전성을 기본적으로 고려해야 한다. 이들의 기준에는 윤리적 기준, 형평성의 기준, 효율성의 기준이 동시적으로 고려되어야 하며 이들의 구성비를 어떻게 할 것인지도 구체적인 연구의 과제이다.

제도학파 경제학자들은 주류경제학을 비판하면서 신고전파 경제학은 실제대상을 고려하지 않고 교실바닥에 앉아 쓸데없는 수학곡선만 그리고 있다고 비난한 바 있다.[7] 우선 구제도학파의 참여자인 T. B. Veblen은 시장의 실패는 생각보다도 크며 그 피해도 심각하다. 어떻게 보면 태초에 경제학자들이 시장에 대해서 지나친 기대를 했고 그럴듯한 모습으로 이론적 포장을 했다.

학자 특성, 학문에 대한 과대한 몰입 등으로 기대 이상의 결과를 이론과 모형 속에서 얻고자 했던 것이다. 실재의 시장은 훨씬 더 복잡하고 난해하고 불확실하다. 경제이론이 이래 엄연하게 제시하고 있는 것처럼 시장실패는 그 유형과 내용 및 정도 면에서 시장의 절반의 실패라고 단정할 수 있을 만큼 크고 충격적이다. 그것은 시장이 복잡해지고 다양해지며 세계화되어 질수록 더하다. 경쟁시장이 절대적인 조선으로 제시하고 있는 정보의 완전성, 경쟁의 형평성이 현실적으로 충족되기에 너무도 어려운 과제이기 때문이다.

그렇다면 신자유주의 경제철학이 제시하는 경쟁과 개방의 경제이론은 수정되어야 한다. 신자유주의는 자본주의 경제의 강자들을 위한 모형이 아니라고 주장할 근거를 잃고 있는 것이다.

7) 이승환 역, 앞의 책, p. 238은 수요법칙과 임금 및 노동문제에 대하여 신랄하게 비판하였다.

이상으로 살펴본 바와 같이 신자유주의의 세계화는 저개발국을 포함한 경제적 약소국가들에게 결정적인 타격을 주는 경제 이데올로기이다.

일반적으로 경제적 자유와 시장의 자동조절 능력이 경제문제를 해결하는데 상당한 효력을 갖고 있음을 부인하지 않는다. 그러나 문제는 시장경제 그 자체를 어떻게 운용하느냐 하는 문제이다. 전통적인 경제정책의 상당한 부분을 부정하는 신자유주의의 경제관은 어디가지나 충돌적 주장에서만 설득력을 지닌다고 본다. 문제와 핵심은 경쟁력 및 경제능력의 격차와 시장의 실패를 현실적으로 어떻게 해결하느냐에 있다.

국내의 각 부문시장을 포함해서 세계시장의 각 부문을 어떻게 관리해나가야 하는 문제가 중요하다. 경제현상이나 경제제도는 시간과 여건에 따라 변하고 또 각 시장이 갖고 있는 능력의 차이에 따라 대응과 생존의 방법도 달라진다.

오늘날 서구선진국들이 중심이 된 신자유주의의 세계화를 하나의 시류적 흐름으로 볼 수 있으나 경제적 약자들에겐 그러한 흐름을 맹목적으로 추종할 수 있는 뚜렷한 이유들이 존재한다.

국내적으로 보면 경제 각 부문이 급진적인 제도변화를 잘 적응하지 못해서 이른바 '변화의 손실'이 존재한다. 회생가능기업, 성장잠재력이 있는 경제가 적응력을 상실하여 패망하는 경우가 많다. 새로운 신흥기업(벤쳐기업중심)이 엄청난 에너지를 낭비한 채 도산하기도 한다. 개혁의 소용돌이 속에서 사회와 조직을 지탱하는 중심적인 기반이 무너지고 그것이 사회 전체를 불안정하게 만들기도 한다. 신자유주의가 제창하는 시장의 자율성을 중시하되 한 경제나 조직이 갖고 있는 근원적인 문제점을 정확하게 진단하고 그 해결을 위한 구체적인 방안을 찾아야 한다. 특히 시장실패, 최적경쟁모형 등의 부문에서 공정한 게임의 룰(최적게임의 룰), 시장에 대한 최선의 간섭 또는 조정정책이 어떤 것이어야 하는지를 보다 면밀히 찾아보아야 한다.

국제적으로 보면 시장의 개방은 결코 선진국 一邊倒로 이루어져서는 안 될 것이다. WTO체제 출현 이후 일방적인 세계경제의 리더로서 부각되고 있는 미국의 전횡은 견제되어야 한다. 국제 효율시장, 자본시장, 상품시장들과 정보시장 등이 상호 복잡하게 얽혀 있는 상황에서 경제발전의 역사적 문제는 당연히 존중되어야 한다. 오늘날 국가적·체계적 영역이 구별이 되어있는 상황에서는 세계화 메카니즘을 맹목적으로 모든 나라에 획일화시키는 것은 적절하지 못하다. 시장의 능력과 시장의 한계, 경제발전의 역사적 과정 등을 심도 있게 고려하여 각국들은 신자유주의의 경제위기에 대처해야 한다.

이는 과거의 경제사적 사실이 충분히 실증하는 일이다. 18세기 당시 독일역사학회의 존재, 1929년의 대공항, 최근의 남미, 서남아시아, 동아시아 각국들의 경제위기의 진원이 무엇인지를 예의 주시하면서 새로운 경제모형의 틀을 모색해 보아야 한다. 한국경제의 현실도 이러한 시대적인 현상, 즉 신자유주의의 세계화에 커다란 충격을 받고 있음은 분명한 사실이다.

5. 자본주의 경제철학과 한국자본주의의 과제

1) 개인의 자유와 경쟁의 보장

(1) 세계자본주의의 기본성격

개인의 자유와 경쟁의 보장을 통한 자본주의적 부의 성장을 지속해온 국가자본주의는 이제 세계자본주의의 형태로 전환되었다. 특히, 미·소 냉전체제가 종결되고 공산주의가 몰락해버린 지구촌은 미국을 축으로 하는 세계자본주의 단일시장 경제체제를 지향하고 있는 느낌마저 들게 한다. 이러한 세계경제질서의 흐름은 WTO체제의 출범을 가능하게 하였으며 1990년대 이후 글로발화를 급속하게 진행시켰다. 이제 미국이 중심이 된 세계자본주의는 정보, 금융, 자본, 상품, 서비스 등 모든 시장에서 세계자본주의적 속성에 의해 거대화되어 가고 세력화되어 간다.

WTO체제 출범 이후 세계경제는 상품금융자본, 노동, 기업 등의 세계화가 진전되는 가운데 공평한 경쟁환경의 확립을 요구하고 있으며 각국의 제도, 문화, 관행의 세계화가 추진되고 있다.

자본주의 경제를 구성하는 상품시장, 금융자본시장, 노동시장 등이 세계화되어 감에 따라 이를 이행하는 모든 제도 관습 등도 세계화되어 가고 있다. 점차적으로 국내적 기준에 의하여 만들어졌던 각종 경쟁의 제한조치들이 철폐되고 있다. 이제 세계자본주의는 국가간의 시공을 초월하는 거대시장을 무대로 하여 자유로운 경쟁행위를 보장받고 있는 샘이다. 모든 정보가 인터넷 등을 통하여 세계각국에게 공유되어지는 가운데 각 분야에서 치열한 경쟁이 계속되고 있다. 그러한 가운데서도 이익에 따른 국적을 지닌 금융자본은 상품시장의 글로벌화보다 더 빠른 속도로 진행되고 이는 앞으로도 세계경제의 흐름에 커다란 영향력을 미칠 것으로 보인다.

일찍이 존 나이스비트(John Naisbitt)는 인류사회의 10메가트랜드(mega Trends)[8]를 주장한바 있는데 이는 세계화 사회를 맞이한 지구촌의 대변화를 전망한 것이다.

세계자본주의는 여러 가지 관점에서 그 특색을 정리할 수 있는데 자본주의적 경쟁과 이익의 실현이라는 측면에서 살펴보면 다음과 같다.

첫째, 국제간 자유경쟁의 보장이다. 상품, 금융자본, 노동 등 자본주의 경제의 근간을 이루는 3대 시장에서 자유로운 경쟁실현으로 상품시장은 물론 금융, 자본시장에서 거대한 자본주의적 이익실현이 이루어진다. 특히 금융자본시장은 정보시스템의 첨단화로 국제시장을 제약 없이 넘나들며 끊임없는 이익추구행위를 지속하게 된다. 전략적인 자본이동, 투기적 자본의 국제화, 금융시장의 신속한 변화 등으로 다양한 시장적 경쟁이 지속됨으로써 정보의 경쟁이 한층 더 치열해진다. 이러한 경쟁시스템화에서는 정상적인 자유경쟁의 메커니즘에 의한 긍정적인 효과와 함께 상당부분 불안정한 금융의 투기행위가 일반화될 소지가 있다. 오늘날 국제투기 자금인 헤지펀드 규모가 2조달러 이상이며 이러한 헤지펀드의 투자기업을 이용하는 일반 펀드까지 감안하면 엄청난 국제자금의 투기화로 금융시장의 불

8) John Naisbitt, Megatrends ASIA, Nicholas Brealey Publishing, London, 1996, pp. 5~110.

안정한 요소는 끊임없이 존재한다.

둘째, 기술격차에 의한 이익실현의 심한 격차가 발생한다는 점이다. 상품시장에서 기술경쟁력 및 가격경쟁력에 의한 이익실현의 격차는 물론, 금융, 자본시장에서 정보의 차이 투자자금(투기자금 포함)의 관리에 있어서 자금의 크기와 노하우의 차이 등으로 인하여 엄청난 이익격차가 발생한다는 점이다. 이는 외환시장에서의 자금조달방법, 자금사용방법은 물론, 세계금융시장에서 자금수급방법의 차이 등으로 실물시장에까지 심각한 타격을 주고 된다. 높은 이익을 실현한 거대자본은 자본의 생리상 더욱 큰 이익과 자본집중을 지속적으로 실현할 경향이 높다. 이러한 자본의 흐름은 국제간의 부의 형평을 파괴하고 금융·자본시장의 구조를 파행화 시킬 소지가 높다. 금융시장과 상품시장의 긴밀한 유지는 상품시장에서도 엄청난 외부적 요인으로 작용할 가능성이 높다. 즉, 거대자본의 상품시장 유입은 투자자본의 심각한 격차를 초래하고 이는 다시 기술격차, 상품판매이익의 격차를 가져옴으로서 지속적인 시장지배를 가능하게 한다.

셋째, 정보의 비대칭성이다. 세계자본주의의 진행은 경쟁에 의한 효율적 정보배분을 실현할 것으로 예상하기 쉬우나 이익을 전제로 한 경쟁체계에서는 사실상 불가능하다. 일반적으로 각국 및 각 기업은 경쟁에서 보다 높은 이익의 실현을 위하여 새로운 정보에 대한 공유를 적어도 일정기간 동안은 허락하지 않게 된다. 이에 정보의 비대칭성 문제는 시장경제내에의 일반화된 이론이다. 국제간, 기업간 이익을 위한 세계자본주의의 체제에서는 더욱 심화된 조짐이 있다. 세계의 기업들은 기본적인 상거래의 에티켓은 나누지만 적어도 자기기업의 이익보장에 결정적인 영향을 줄 중요정보에 대해서는 비공개할 가능성이 높다. 이러한 정보의 비대칭성은 산업간, 각국간 정보경쟁력의 격차에 따라 이익실현에 확실한 영향력을 주게 되고 일반적으로 선진국의 경우 항상 유리한 위치를 점유하게 될 것이다.

넷째. 경쟁자본의 거대화이다. 세계자본주의는 전문적인 집중자본에 의하여 세력화되어 간다. 월스트리트의 투기자금과 같은 일반금융자금, 헤지펀드 등등의 각종 세력화된 자금이 금융·자본시장 등에 커다란 영향력을 행사할 것이다.

다섯째, 벤처산업과 퇴출산업의 속출이다. 경쟁적 상황에서 새로운 산업의 등장과 기존산업의 퇴출은 당연한 산업현상의 하나이다. 새로운 기술과 정보에 의하여 기존의 산업에 경쟁하고 도전하는 벤처기업은 지속적으로 발전할 것이며 그렇지 못한 기존의 산업 또는 벤처기업은 곧 퇴출될 것이다. 이러한 기업의 출현과 흥망은 자유시장경제의 경쟁체제하에서는 끊임없이 지속될 것이다. 기업 또는 산업의 흥망성쇠가 지속되는 상황에서 국가는 자원의 낭비를 최소화시킬 수 있는 방안을 모색하여야 한다. 21세기는 기업사회 또는 경제사회의 시대가 될 것이다. 그리고 이러한 경제사회는 자유경쟁의 글로발화를 통해 한층 더 치열한 경쟁시대를 구가하면서 지구촌 경제공동체 의식을 한층 더 실감나게 성취해 나갈 것이다. 경쟁과 협동 이것은 새로운 지구촌시대가 적절히 관리해야 할 시대적 과제이다.

2) 동아시아 경제구조와 유교자본주의

(1) 공동체자본주의의 가치관

앞에서도 언급하였듯이 동아시아 경제위기의 근원을 아시아적 가치체계에서 찾고자하는 주장이 제기되고 있다. 서구적 가치에 대한 당대가치로서 동아시아적 가치의 뿌리는 유교적 가치관이며 이는 서구의 개인주의적 자본주의 철학과 맞서는 사상이다. 농업사회를 다스리는 사회윤리규범으로서 유교는 아시아적 공동체자본주의제도의 뿌리이다.

일반적으로 서구의 자본주의가 기독교사상에 바탕을 둔 개인주의적 자본주의라면 아시아의 자본주의는 유교적 가치에 바탕을 둔 공동체적 자본주의라고 지칭한다.[9)]

동아시아 자본주의 모델은 동아시아의 대부분의 국가들이 유교적 가치관을 바탕으로 한 정통적 공동체 사회에 자본주의적 생활양식이 접목된 공동체자본주의 사회이다. 하버드 대학의 롯지(George, G. Lodge)와 보겔(Ezra F. Vogel) 교수는「국가경쟁력과 이데올로기」에서 "영미식 자본주의는 개인주의적 자본주의이고 동아시아의 자본주의는 공동체적 자본주의"라고 하였다. 이러한 공동체자본주의는 한 때 개인주의적 자본주의에 비해서 국가경쟁력이 앞서는 것으로 평가되 있었다.[10)]

한국자본주의는 서구의 자본주의제도를 수용하여 제도적 특성인 사유재산인정, 자유경쟁보장, 개인의 영리추구보장 등을 기본적으로 인정하면서도 서구의 그것과는 다른 농업사회중심의 전통적 집단주의의 특성을 함께 갖고 있다. 따라서 생활양식에 있어서 공동체 속의 개인을 중시하며, 전체적인 것을 무시하는 개인주의적 행동을 인정하지 않는다. 경제주체로서 개인은 공동체내에서의 경쟁보다는 화합을 강조하여 기업의 조직도 공동체적 성격을 띤 그룹 또는 재벌의

9) 송병락, 한국경제론, 박영사, 1995. pp. 177~179.
10) 송병락, 위의 책, pp. 177~208.

형태로 나타난다.

한국사회에서 공동체의식의 바탕은 가정종교인 유교와 농업사회에서의 속성인 협동성에서 출발한다고 볼 수 있다. 반만년 동안의 긴 역사의 대부분을 농업중심의 단일민족공동체로 살아왔으며 이는 유교적 가치관이 수용되는 좋은 자연조건을 갖추었다고 볼 수 있다.

공동체자본주의 모델에서는 가족공동체로서의 생활규범이 존재하여 기업 및 사회에서는 사회공동체로서 행동규범이 존재한다. 가족관계에서는 가족구성원을 위한 희생과 봉사, 협동과 양보 등이 기본적인 생활규범이 되므로 경쟁의 개념은 수용되지 않는다.

직장 및 사회생활에 있어서도 상하간 예의와 순종을 미덕으로 생각하여 동료들간에 잘 협조하는 구성원을 이상적인 직장인의 모형으로 생각한다. 이러한 공동체관은 삶에 있어서 모든 희노애락을 공유하여 민족공동체 또는 인류공동체로서 상부상조하는 협동적인 생활이 이상적인 모형으로 받아들여진다. 우리나라의 경우 많은 종류의 공동체적 삶의 긍정적인 모습들이 실증되어 있으며 최근의 국가적 위기를 타파하기 위한 '수재민 돕기', '국민참여', '금모으기운동' 등을 민족공동체로써 국민적 협동심을 표현하는 좋은 예이다.

(2) 공동체자본주의의 자본주의 관

동아시아의 공동체자본주의는 공동체사회의 미덕과 자본주의적 가치의 융합이라는 다소 상반되는 가치관의 합성어적 개념이다. 따라서 아시아적 가치와 서구 자본주의적 가치가 혼합된 개념이다. 아시아적 가치인 공동체윤리는 협동과 안정을 중요하게 생각하지만 자본주의적 가치는 이익과 경쟁이다. 서구의 자본주의 논리는 자유,

이익, 경쟁의 원리를 보장하고 있다면 아시아적 가치인 공동체윤리는 규제, 안정, 협동의 개념이 뿌리깊게 내려있다.

오늘날 시장자본주의가 세계경제를 주도하는 가치관으로 인식되고 있고 경제논리가 일반적 사회논리를 지배하는 상황에서 공동체자본주의관은 많은 문제점을 갖고 있음을 부인할 수 없다. 한국을 비롯한 아시아적 가치에서 공동체자본주의는 개인의 이익보다는 공동체의 이익을 앞세운다. 이러한 가치관은 부모에게는 효도를, 형제에게는 우애를, 상사나 동료에게는 겸손과 협력을 그리고 전체조직을 위해서는 희생을 높은 덕목으로 여긴다.

서구자본주의논리는 개인주의가치관이 바탕이 되고 있다. 개인의 이익과 자유가 보장되는 조직과 사회는 사회 전체의 이익을 가장 잘 보장하게 된다는 논리이다. 즉, '보이지 않는 손'(invisible hand)에 의하여 개인의 이익은 물론 사회의 이익도 최선의 보장을 받는다는 것이다.

사회는 어떤 형태이든 생활공동체이다. 따라서 사회는 공동체의 윤리규범이 존재하지 않고는 결코 온전한 번영과 안정을 유지할 수가 없다. 아시아적 공동체자본주의관은 조직이나 집단의 이익을 앞세우는 가치관이다. 개인도 물론 중요하지만 전체 속에서 개인을 파악하자는 것이다. 적어도 순수한 의미에서 공동체자본주의관을 분석해본다면 기본적으로 큰 문제는 없다. 오히려 한 사회가 지속적으로 번영하고 안정되기 위하여서는 개인주의적 자본주의 이상의 가치를 지녔다고 본다.

그러나 문제는 공동체의식이 바르게 서 있지 않는데 있다. 경제생활의 모든 과정에서 공동체와 개인의 윤리규범이 바르게 실행되지 않는데 있다. 질서를 다스리는 법과 인간관계를 다스리는 윤리규범간에 적절한 가치기준을 마련하지 못하고 있거나 실행의 미흡에 있기 때문이다. 결코 공동체자본주의 가치관의 기본이 잘못된 것은 아니다. 유교자본주의는 단순하게 가족관이나 인간관계를 중심으로 한 도덕적 성숙만을 가르치는 순수윤리의 범주에서 만 생각해서는 안 된다. 이제 유교자본주의는 자본주의의 철학과 혼합되어야 하며 그것의 시대적 적절성은 충분한 설득력을 갖고 있다.

(3) 동아시아의 딜레마

동아시아 후발개발국들은 일종의 경제개발의 딜레마적 어려움에 처해있다. 그것은 단순한 후진국이다. 선진국들이 겪지 못하는 특수한 후발국의 과제이다. 현재 경제적 어려움을 겪고 있는 동아시아 후발국들은 국민의 의식수준, 소비패턴. 경제제도, 정치, 사회, 문화 등의 분야에서 일종의 전환기적 어려움에 처해 있다. 사회가치는 전통가치와 서구적 가치가 혼합되어 사회적 통합성이 이루어지지 않고 있으며 경제적으로 부문마다 다양한 소비구조 및 생산구조를 갖고 있다. 일종의 루이스(A. Lewis)의 3중고가 여기는 해당된다.

소비수준은 선진국에 이르고, 문화적 소양은 후진국을 벗어나지 못했으며, 생산에서는 후진국과 선진국 사이에서 샌드위치적인 위협을 받고 있다.

이러한 동아시아의 상황에서는 국민적 지도력, 합리적 경제행위, 투명성 있는 의사결정 및 거래행위 등이 강력하게 요구됨에도 현실은 이를 충족해주지 못하고 있다.

앞으로 동아시아 각국들이 경제위기에서 벗어나기 위해서는 이러한 문제들에 대하여 지속적인 해결의 방향을 찾아야 한다.

6. 동아시아 경제위기의 해결방안과 과제

1) 시장자본주의의 수용과 아시아적 가치의 재정비

삶의 양식으로서 자본주의 논리는 이미 세기를 넘어 검증된 비교우위의 가치로 실증되고 있다. 따라서 한 국가사회가 정상적인 발전을 이루기 위해서는 어떤 형태로든 주어진 여건에의 역사적으로 검증된 자본주의논리를 수용하여 이를 창조적으로 계승해 나갈 필요가 있다.

시장자본주의 논리는 자유로운 경쟁을 통해 개인 또는 집단의 이익을 실현해 나가자는 것이며 이를 위해서는 매사 합리의 원칙이 준수되어야 한다는 것이다. 자유가 보장되는 시장에선 최선의 가치는 합리의 실현이다. 비합리적인 제도나 관행은 그만큼 비효율적인 것이며 비효율은 이익실현에 그만큼 불리하다.

시장자본주의제도는 자유와 경쟁을 통한 이익의 실현이 가장 바람직한 사회적 선택이며 시장은 이상의 모든 것을 해결하는 이상적 제도이며 장치이다. 시장은 자연발생적 현상이며 동서고금을 막론하고 자유의 의지를 존중하는 인간적 욕구의 실현을 위한 최선의 선택이다. 그럼에도 불구하고 농업생산이 중심이 된 아시아적 공동체사회에서는 시장적 요소가 덜 발달했다. 그것은 유교정신의 중심가치관이 낳은 물질 경시관의 결과라고 볼 수도 있다. 유교의 四民思想(士, 農, 工, 商)은 상대적으로 정신적 가치에 중심을 둔 나머지 물질적 관리를 소홀히 취급한 면이 없지 않다. 한 마디로 선비주의가 자본주의제도의 틀을 발전시키지 못했다. 이제 세계자본주의 시대가 거

역할 수 없는 역사적 흐름으로 진행되고 있는 오늘날 아시아적 가치체계를 재정비해야 할 필요성이 있다.

아시아적 가치의 본질은 결코 자본주의적 가치와 전적으로 배치되는 것은 아니다. 무엇보다도 우선하는 인본주의사상은 인간관계에서 상하간에 상호존중과 동료애를 소중하게 생각하는 가치관으로써 한 사회를 끌고가는 지도적 가치로서 충분한 의미를 갖고 있다. 그러나 지금 유교를 바탕으로 하는 공동체가치관은 전통적인 방향의 수정이 없이는 새로운 시대가치로서 기능을 할 수가 없다. 그것은 다름 아닌 세계자본주의를 유교자본주의로 수용하는 일이다. 그 방향은 유교적 가치를 자본주의적 가치와 구체적으로 비교 검토하여 새로운 공동체자본주의 모델을 제시함으로써 가능하다.

2) 신공동체자본주의 모델의 체계화

이제 우리 사회에서 중요한 것은 세계자본주의 시대에 적합한 이데올로기의 정립이다. 한 시대, 한 사회의 가치체계를 어떤 하나의 통일된 형식으로 정립한다는 것은 어려운 일이다. 더욱이 오늘날과 같은 민주사회에서는 더 더욱 어려운 일이다.

그러나 전통적인 가치와 서구적 가치가 혼재되어 사회적 규범이 혼란스럽고 그것이 나아가 사회발전에 영향을 미친다면 생각은 다르다. 적어도 국가나 사회는 새로운 사회를 안정적으로 인도하고 관리할 수 있는 정도의 가치체계는 세워나가야 한다.

우리 사회에 있어서 중요한 문제는 기존의 전통가치와 새로운 자본주의적 시장가치가 시대환경의 변화에 부응하여 잘 조화되지 못하고 있다는 점이다. 일반적인 이해에서 이 두 가치는 많은 면에서 상충되며 그것이 국가사회발전에 저해요인이 될 수도 있다. 유교는 수기치인(修己治人)의 윤리규범으로서 한 인간이 옳게 살기 위한 방법과 윤리를 제시한 가치규범이다. 삼강오륜의 인간관계를 중시하는 문치사상으로 정신을 중히여긴 나머지 상공업을 중심으로 한 물질을 경시하는 일종의 선비주의사고가 바탕에 깔려 있다. 사민사상이 뿌리 깊이 깔려 商工業을 상대적으로 천하게 생각하기 때문에 산업사회로의 발전문제를 다소 경시한 면이 없지 않다. 인간관계에서 仁과 중용(中庸)을 강조하다보니 효율성과 합리성을 중시하는 정도가 서구의 자본주의적 가치에 비해서 약하다. 이는 경제발전에 있어서는 대단히 중요한 부분이다. 대체로 이러한 온정주의, 선비주의 사고는 우리나라 경제가 산업사회의 성숙을 통한 새로운 변화와 발전을 이룩하는데 장애요인이 된다. 조선조 500년 동안의 빈곤은 유교철학이 낳은 결과라는 지적도 있다.[11)]

세계자본주의가 지구촌을 단일생활권으로 변모시키고 경제를 비롯한 경쟁력의 문제가 생존의 문제와 직결되어 있는 지금 우리는 새로운 가치체계를 정립하지 않으면 안 된다.

그 방향은 시장자본주의 논리를 우리의 전통적 가치와 결합시키는 것을 기본으로 하여야 한다. 그렇게 해야하는 이유는 안정적이고 성공적인 번영을 위해서이다. 한때 아시아적 가치는 세계경제 속에 주목할만한 이데올로기로 등장되기도 했다. 가까운 역사로는 1960년대와 1980년대 한국, 대만, 싱가폴 등이 눈부신 발전을 했고, 80년대 일본경제는 미국경제를 능가하는 것으로 보여졌다.[12)] 동아시아의

11) 정해구, "경제위기와 아시아적 가치" 수범시사논고, 1998. 11월호(제42호) pp. 4~8.

이 같은 성장은 구미선진국이 일본을 비롯한 동아시아의 기업경영을 연구하게 하였고 스탠포드 대학의 아오끼(Aoki Masahiko) 교수의 일본기업 J모형("J" Firm Model)은 미국기업모형을 능가하는 효율성을 지닌 것으로 분석되었다.[13)]

P. A. Samuelson도 그의 유명한 경제학 논문에서 일본의 성장률을 높이 평가한 바 있다.

그러나 1990년대에 접어들면서 사태는 급전하게 되었다. 자동차, 철강, 조선 등 많은 산업부분에서 일본에서 밀리기만 하던 미국은 강력한 구조조정과 WTO체계를 출범시켜 금융, 서비스를 비롯한 전 산업부문을 자유경쟁시장으로 끌어내어 경쟁력의 우위를 확보해 나갔다. 미국의 강력한 성장과 경쟁력제고는 상대적으로 동아시아 각국들을 경제적 위기에 빠지게 하였다. 한 마디로 미국은 지금까지의 온정주의를 버리고 자국의 이익을 위하여 냉엄한 세계자본주의를 선언했던 것이다.

그렇다면 왜 그러한 환경변화가 발생하였는가? 지금 아시아 각국들이 놓치지 말아야 할 과제는 바로 이것이다. 미국의 주도하고 있는 WTO체제는 자유롭고 공정한 시장의 게임을 세계각국에게 요구하는 것이다. 일본을 비롯한 동아시아 각국들이 60년대~80년대까지 눈부신 성장을 하였던 것은 일종의 보호주의와 특혜주의가 보장해 준 것이었다. 만약 미국을 중심으로 한 선진각국들이 처음부터 온정

12) Ezra, Vogel, Japan as Mumber One, 1979.
사세휘, 일본이 미국을 추월하고 한국에게 지게되는 이유, 한국경제신문사, 1986.

13) 정해구, 앞의 논문, 동면참조.

주의를 배격하고 냉엄한 자유경쟁의 개방경제를 요구하였다면 선진 각국들이 처음부터 온정주의를 배격하고 냉엄한 자유경쟁의 개방경제를 요구하였다면 동아시아의 60년대와 80년대의 성장은 불가능했을 것이다. 그렇다면 지금 세계자본주의 시대를 맞이하여 한국을 비롯한 동아시아는 경제운용에 있어서 새로운 모델을 수립하지 않으면 안 된다.

Paul Krugman 교수는 동아시아 경제번영을 시대적 환경에 맞지 않는 '죽마경제'(竹馬經濟)라고 평가하면서 동아시아의 경제성장은 이 지역의 국제단기금융자금 위에 세워 놓은 사상누각에 불과하다고 언급하였다. 동아시아의 지금까지의 성장이 보호주의, 온정주의를 바탕으로 한 유교적 공통체자본주의 덕택이었다면 이제 그러한 경제모델은 수정되어야 한다. 많음 부분에서 좀더 구체적이고 철저한 모델분석이 필요하다.

지금까지 아시아 각국의 성장모델이었던 공동체적 집단주의, 가족주의, 위계질서주의, 교육열, 근면성 등은 부정적인 시각에서 집단적 이기주의, 정경유착, 혈연 등 연고주의(nepotism), 연공서열, 정실주의(crony capitatism) 등으로 지적되고 이들이 경제위기의 근원인 것으로 인식되고 있다. 그것은 아시아적 모델의 근본이 잘못되었다고 보기보다는 유교가치의 현대경제학적 이해와 실행에서 엄정하지 못했기 때문이다. 유교철학 또는 유교적 가치판단을 현실에 적용함에 있어서 정밀성이 결여되었기 때문이다. 사실상 현대의 한국병 또는 한국경제를 위기에 처하게 하는 많은 지적들, 이를테면 정실주의, 연고주의, 정경유착의 병폐 등이 결코 유교적 가치가 찬양하고 추종하는 것들이 아니다. 분명히 유교는 엄정하고 정확한 처세를 지향하고 있으나 행하는 자의 실천이 이를 준수하지 못한 탓이다. 많은 한국적 과제들을 유교적 가치 본질에다 맡기는 것은 온당하지 못하다.

21세기 세계자본주의 시대를 직면하고, IMF경제위기에 처해있는 동아시아 각국들은 이제 새로운 경제모델을 정립해 나가야 한다. 그것은 지금까지 아시아 각국들이 지향하여 왔던 공동체자본주의 모델을 세계 자본주의시대에 투영시켜 그 장단점을 분석하고 장점은 계승발전시키고 단점은 보강하는 방향에서 재정립되어야 한다. 그 기본방향은 대략 다음과 같은 것들을 고려하여야 한다고 본다.

첫째, 전통적 가치의 현대적 접근이다.

공동체모형에서 중시되는 협동, 안정, 조화의 개념을 시장자본주의의 원리에 맞도록 해석하고 조정하여야 한다. 협동은 각 개별적 경제주체들이 자신의 일에 충실함으로써 전체적으로 협동이 이루어지도록 해야한다. 조직을 위한 의도적인 것이 아닌 자신의 주어진 업무에 충실함으로써 협동을 실현시키도록 해야 한다. 안정은 사회적 공동운명체의식의 함양을 통한 제도적 틀, 사회안전망체계의 구축을 통해 현실적 안정이 이루어지도록 해야 한다. 조화의 개념은 균형의 의미에서 사회 전체를 불편무사한 삶의 터전으로 공정의 개념이 강조될 필요성이 있다.

둘째, 경쟁의 원리를 시장의 기본가치로 하되 개별적 경쟁의 개념이 강조되어야 한다. 일반적으로 경쟁은 사회 및 개인의 발전과 이익의 증대를 위해 반듯이 필요한 것이므로 공정하고 도덕적인 경쟁의 게임이 보장되는 자유시장 자본주의제도의 기반을 다져 나가야 한다.

셋째, 구체적인 행위의 규범이 만들어져야 한다. 각각의 경제행위 등을 엄정한 기준에 의하여 평가하고 판단할 수 있는 각 분야마다의 철저한 행위 원칙과 규칙이 만들어져야 한다. 예를 들면 다양한 생활현장에서 구체적으로 준수되어야 할 세칙과 행위들을 사회의 기본가치와 부합되게 합리적으로 만들어 놓아야 한다.

넷째, 엄정한 감시자가 있어야 한다. 사회의 룰과 규범을 준수하는 자와 그렇지 않는 자를 정확하게 판별, 검증할 수 있는 시스템의 구축이다.

다섯째, 전문인과 전문분야가 끊임없이 발전되어야 한다. 세계자본주의 시대는 전문가의 시대이다. 경쟁력을 높이고 경제적 이익을 보장하기 위해서는 사회구조를 전문가 중심조직으로 경합시켜 새로운 경제모형을 만들어야 한다.

그러기 위해서는 장기적이고 거시적인 관점에서 아시아적 가치와 서구적 가치를 성공적으로 결합시켜 새로운 경제모형을 만들어야 한다.

[그림 16-2]에서 보는바와 같이 아시아적 가치를 (X)로 하고 서구적 가치를 (Y)라 하면 이들을 성공적으로 결합한 X-Y = Z이론이 만들어져야 한다. Z이론은 유교적 가치(선비주의)와 시장적 가치(상인주의)가 현실사회에서 구체적으로 조화된 모형이다. 즉, 경쟁(competiton)과 협동(cooperation)에 의해 복지(welfare)가 최적적으로 결합되는 Optimum Value(최적가치)이다.

그림 16-2 경쟁, 협동 및 복지

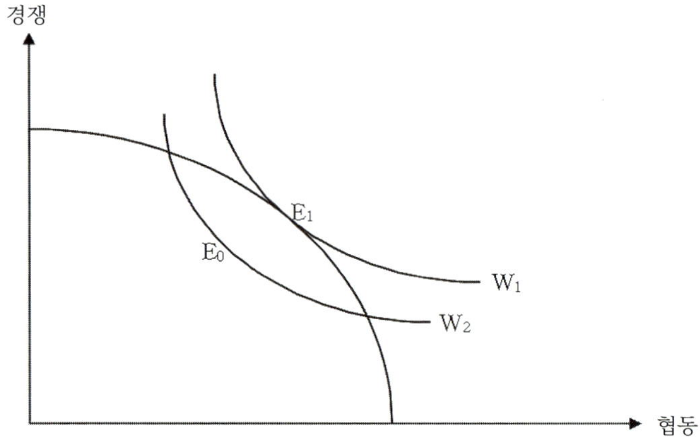

[그림 16-2]는 경쟁과 협동의 조화에 의한 최적수준의 복지(W_1)가 실현되어야 함을 나타낸다. 현실적으로 W_1이 어디에 존재하든지 실증하기는 어렵다. 그러나 분명히 W_1은 적어도 Pareto Optimum적 의미가 실현성을 갖고 있다. 세계자본주의하에서 동아시아적 가치는 서구적 가치를 수용함으로써 W_1의 해는 E_1 점에서 실현될 수가 있다.

이러한 역사적 변화의 과정에서 동아시아 각국들은 경제위기에 봉착하였다. 위기발생의 직접적인 원인들은 구체적인 처방들이 부족했던 탓이다. 그러나 보다 근원적인 것은 아시아적 가치의 실행과 그것이 세계자본주의 가치와 잘 조화되지 못하는데 있다. 한 시대나 사회의 흥망성쇠는 그 시대를 살고 있는 사람들의 의식과 행위의 결과라고 본다. 의식과 행위는 생각만큼 쉽게 변하지 않는다. 동아시아 경제위기의 뿌리는 아시아적 관행의 결과이다. 가깝게는 경제관행이 불합리한데 있지만, 기본적인 원인은 아시아적 가치 자체에 총체적 불합리성에 있다. 즉, 공동체자본주의의 근원이 되는 유교적 가치를 현실 속에 실행함에 있어서 본질에 대한 이해와 현실성이 부족했던 탓이다. 유교는 한 인간으로서 인격적 수양을 통한 도덕적으로 완전한 인간을 이상향으로 삼고 있지만 현실의 많은 사람들은 이러한 유교의 이상적 인간상과는 너무나 괴리가 있는 삶을 살고 있다. 불완전하고 불확실한 인간의 본성에 비하여 유교는 지난치 이상주의를 강조하고 있다고 볼 수도 있다. 많은 사람들은 생각만큼 양심적이지도 못하고, 기대하는 만큼 이상적이지도 못한채로 불완전하고 불안정한 상태에서 현실적인 삶을 영위해 나가고 있다. 아시아적 가치의 본질은 결코 잘못된 것이 아니다. 다만 구체적인 현실생활에서 유교가 제시하는 이상적 가치에 미흡한 생활들이 인간생활의 현실적이어야 할 필요가 있다.

수많은 이해관계, 복잡한 계산, 다양한 행위들에 대하여 실용적인 규범이 될 수 있도록 유교적 가치는 구체화되어야 할 필요가 있다. 포괄적인 이념만으로는 해결하기 어려운 많은 사실들이 현실에서 끊임없이 일어나고 있으며 각각의 사건(경제사상)에 대하여 구체적이고 현실조건인 판단이 수반되지 않고는 결코 바람직한 생활을 할 수가 없다. 유교는 한편에서는 백성을 우상으로 생각하면서도 다른 한편으로는 군왕을 신처럼 받드는 가치관의 난해성을 갖고 있다. 이러한 복잡하고 혼란스러운 가치관은 구체적인 사실들에 대하여 모호한 판단을 내리기 쉽게 되고 나아가 행위에 대한 임의성을 용납하게 한다. 국가 또는 사회지도층이 정확하고 세밀한 행위의 규범을 제시하지 못하는 한 개인의 경제행위는 불합리성과 불투명성에 흐르기 쉽다.

일찍이, 밀턴 프리드먼은 인간은 공익을 앞세울 만큼 도덕적이지 못하다고 하였다.[14] 시장자본주의는 이러한 문제들을 기본적으로 시장에게 맡기는 제도이다. 개별적인 이익의 보장을 통해 모든 개인이 행위의 효율성 제고를 위한 엄정한 감독자이며 동시에 행위자가 된다.

세계자본주의하에서는 시장의 영역이 세계로 확대고 각인은 어떤 경제행위를 하든지 합리성과 효율성을 준수하지 않고는 자연법칙의 낙오자가 된다. 동아시아의 공동체자본주의는 자율시장의 경제메커니즘에 엄밀하고 구체적이지 못했던 탓으로 많은 비능률과 불투명 그리고 불합리를 낳았다. 국정운영의 불합리, 기업경영의 비합리, 금융기관의 무책임 등등 수많은 경제행위에 비합리와 도덕적 해이가 상종했다.

우리는 지금 세계자본주의 시대를 효율적으로 대처하기 위한 새로운 가치체계가 필요하다. 이는 단순히 아시아적 가치와 서구적 가치 중의 택일의 문제로 해결되는 것이 아니다. 서구적 가치에도 심각한 부정적인 측면이 노출되고 있다. 나아가 그것이 미래에도 지속적으로 우수한 가치가 될지는 미지수이다. 또한 설사 국제사회에서 온정주의와 보호주의가 보장되었다고는 하나 적어도 지난 30여년간 아시아적 가치는 나름대로 유력한 경제모형의 뿌리가 되어있었다. 그렇다면 장기적으로 볼 때 최선의 선택은 아시아적 가치를 근

14) M, Fridman, “The Methology of Positive Economics”, Essay on Positive Economics, University of Chicago University, 1953.

간으로 하는 새로운 가치체계를 정립하는 일이다. 아시아적 이념의 모델이 바탕이 되면서도 구체적인 시장자본주의의 모델이 수용되는 방향이다. 이를 위해서는 다음과 같은 기본적인 요소들이 고려되어져야 한다.

첫째, 아시아적 가치와 서구적 가치의 본질을 정확하게 이해하는 일이다. 도덕적 기본에서도 가치는 사실상 별반 차이가 없다. 문제는 현실 속에서 기본이념들을 어떻게 실행하느냐에 있다.

둘째, 시장경제의 경쟁의 원리, 합리의 원칙 등은 끊임없이 지켜지고 받아들여져야 한다. 시장은 효율성을 유도하는 설득력 있는 제도적 장치이다. 특이 유교적 관념들이 시장행위 속에서 구체적으로 실현되는 세부적인 경제모델이 필요하다.

셋째, 구체적인 경제행위에 대한 명확한 규범이 정립되고 그 실행이 검증되어야 한다. 많은 후발국가들의 경우 경제정의와 경제행위에 대한 감독성과 책임성이 결여되어 있다. 모든 경제시스템을 효율성의 원리에 기초하여 자동제어능력을 갖도록 지속적인 구조조정을 하여야 한다.

결국 이 같은 경제가치의 모형정립은 아시아적 가치와 서구적 가치의 조화적인 결합에 의해서 가능하다. 이러한 신공동체자본주의의 모형은 경제적 이익의 중심을 아시아에 두는 것을 우선으로 한다. 세계자본주의는 지구촌적 가치를 필요로 하지만 사고의 중심은 국가이기 때문이다.

7. 한국경제의 비전과 경제철학의 정립

1) 한국경제의 현실진단

지금 한국경제는 매우 심각한 불황기에 처해있다. 금년 8월 23일을 기해 IMF로부터 차용한 자금 117억 달러를 갚음으로서 IMF 채무국으로서의 큰 부담을 덜기는 했지만 아직은 근원적인 불황의 늪에서 벗어나지 못하고 있다. 경제성장률이 2.7%대로 낮아졌고, 수출이 현저히 줄고 있으며 무역흑자의 폭이 100억불에도 미흡한 것 같다. 기업의 설비투자도 줄고 실업률은 증가하여 국민들의 생활경제는 불안하고 고통스럽다.

맥킨지 보고서는 「비전 2010. 한국경제」를 통해서 한국경제의 실상을 매우 심도 있게 구체적으로 진단하고 그 해결의 방안을 찾고 있다. 한국경제의 위기의 진단 첫째는 잠재 부실채권으로 보고 있다. 잠재 부실채권액이 245조원으로 천문학적 숫자이다. 상장최대 총부채의 78%가 잠재부실의 위험에 빠져 있다고 지적했다.

둘째의 요인을 실패한 워크 아웃에 두고 있다. 한국의 워크 아웃 정책이 부실기업의 연명수단이 되고 있음을 지적했다. 매일경제신문의 조사에 의하면 104개의 워크 아웃 대상기업 가운데 소기의 성과를 얻어 낸 기업은 36개에 불과하다고 했다. 조기 졸업한 업체는 동양물산, 대우전자부품, 아남반도체, 강원산업, 대구백화점 등 15개 사이면 자율추진하고 있는 업체는 제철화학, 백산, 일동제약, 영창악기제조, 고려산업 등 21개 사이다. 워크 아웃을 지속해야 하는 업체는 32개 사이고, 그 중 17개 사는 합병되있고, 20개 업체는 워크 아웃 중단, 혹은 탈락해서 워크 아웃에 실패했다. 결국 무사히 워크 아웃에 성공한 기업이 35%에 못 미친다.15)

한국기업의 실제가동률은 25%에 불과하며, 가동중인 기계설비 가운데서도 설비 효용 손실이 41%에 불과하다고 했다.

위기의 세 번째 요인은 한국기업의 낭비와 비효율에 있다고 했다.16) 기본에만 충실해도 총비용의 20%를 절감할 수 있다고 했다. 맥킨지는 우리나라의 저조한 경제성과의 원인이 무엇보다도 낮은 노동생산성 때문이라고 했다. 한국은 미국에 비해 140%의 노동을 투입하고 산출량은 미국의 36%에 불과하다고 했다.

영업과 마케팅분야에서도 한국기업 중 소비자를 이해하고 소비자 욕구를 수용할 준비가 되어 있는 기업은 극소수에 불과하다고 했다. 상품개발과 디자인 과제에서도 한국기업들은 독특한 고객의 수요에 맞출려고 애쓰기보다는 디자이너와 기술자가 기술적으로 가능한 자에 초점을 맞추고 있다고 했다. 원가절감 운동은 두산 그룹이 15개월만에 295억 원의 비용을 줄이는데 성공했고, 삼양그룹 역시 6개월만에 70억 원을 줄이는 성공을 거두었으나 아직은 많은 기업이 제대로 알지 못하고 있음을 지적했다.

그러면서 맥킨지는 한국이 특별히 관심을 기울여야 할 것이 무형자산이라고 했다. 무형자산이란 사람, 관계, 명성, 지식 등 눈에 보이지 않는 자산을 인재, 네트워크, 브랜드, 지적자산으로 변화시키는데서 창출된다고 보았다. 무형자산이란 다른 회사들이 모방할 수 있으며 동시에 물리적 자산을 획득하는 것처럼 현금을 한꺼번에 필요

15) 매일 경제 신문사, 비젼 2010 한국경제, 2001, pp. 40～45.
16) 앞의 책, pp. 46～50.

로 하지 않는다는 면에서 가장 바람직한 형태의 기업자산이라고 했다.[17)]

이어 맥킨지는 한국의 선택 4가지로 부실대책, 금융기관이 사는 길, 기업의 수익경영, 실업에 대한 정면대응의 방안을 제시하였다. 그 내용들 가운데 우리가 특히 경제 철학적 측면에서 새겨야 할 지적은 경영의 기본에 충실하고 무형자산의 가치를 인식하며 기업경영의 ABCD에 충실하자는 지적이다.

2) 한국경제의 비젼과 경제철학

맥킨지 보고서는 다행하게도 한국이 향후 10년 뒤에는 세계 7위의 풍요한 나라가 될 수 있음을 지적해 주고 있다. 한국은 분명히 기나긴 역사와 전통을 지닌 문화민족 국가이다. 우선 세계에서도 중국 다음으로 오랜 독립국가의 역사를 가졌으며 유학을 주종으로 하는 정신문화의 사상적 뿌리가 깊다. 조선 후기 실학의 등장이나, 한 말의 개화사상 등 일찍부터 합리주의와 시민사회를 향한 선지자들의 결집된 의지가 있었음에도 뿌리 깊은 전통사회가 이를 수용하지 못하여 시민사회와 체계적인 시장 자본주의체제의 도래가 늦어졌다. 한국에서 20세기 전반은 크나큰 민족적 수난기 였다. 1905년 을사보호조약을 필두로 1910년 한일합방이 이루어졌으며 그로부터 36년이란 긴 세월을 일제의 치하에서 자주성과 자치력의 함양을 억제 당해왔다. 1945년 8월 15일 해방을 이루었으나 정치적 혼동 속에서 1950년 6·25를 맞게 되었고 1953년 휴전을 얻었으나 국가운영의 지식

17) 앞의 책, p, 57.

적 훈련이 일천했던 우리나라는 1960년 4·19 로 이승만 초대 대통령을 독재정권에서 추방시켜야 했다.

진정한 한국의 조국 근대화는 1961년 5·16 군사혁명 이후였다고 볼 수 있다. 군사혁명으로 인하여 정치적 자유가 구속당했음은 사실이나 당시의 시대적 상황으로 볼 때 한국의 경제부흥을 위해서는 경제개발 5개년 계획의 정당성을 부여함이 옳다고 본다. 어쨌든 한국경제는 1960년대 이후 지속적인 경제성장을 이루었고 1991년 11월 24일 IMF 경제위기를 맞기까지 약 36년간을 세계화가 공인하는 한국경제의 중흥적 성과를 얻었다. 이러한 증거는 신유교적 경제철학이 시대적 여건에 잘 부흥하여 이루어낸 성과이다. 능률 제일주의를 표방하는 군대식 제도와 유교적 전통가치가 새로운 시대적 요구에 맞게 변화되어야 하나 불행하게도 우리나라는 1993년 IMF위기 이전까지는 새로운 경제철학이나 기업윤리를 일반화시키지 못했다.

21세기는 지식정보사회라고들 얘기한다. 지식가치가 다른 무엇보다도 중요한 기능을 하는 시대를 말하는 것이다. 세계적으로 지식함양에 대한 욕구가 강한 나라가 우리나라라면 21세기의 시대적 변화는 우리나라의 환경적 여건과 부합하는 시대라고 생각할 수 있을 것이다. 이제 문화는 한국인의 욕구에 상응하는 합리적인 가치체계의 전집이다. 그것은 올바른 경제철학 및 경제사상의 정착과 관련되는 문제이다. 경제적 비용을 최소화하며 효율을 최대화하는 가치란 곧 집단적 이익의 크기를 최대화하는 것이다. 경제를 움직이는 주체가 감성과 이성을 동시에 지닌 사람이라면 사람을 중심으로 하는 바람직한 경제관을 정립하는 일이 곧 모든 것에 앞서는 기본요소가 된 것이다. 경제철학의 바탕이 공리와 공평, 능률과 합리, 그리고 시간과 변화의 시각에서 정확하게 인식되어야 한다. 가장 우수한 경제모형이란 가장 바람직한 경제철학의 모형과 일맥상통한다고 본다. 시간과 환경의 변화를 새로운 변수를 추가시키지만 어떤 상황에서든지 본질은 크게 변하지 않는 법이다. 기본에 충실한 것이 가장 능률적인 것일 수 있다면 굳건한 경제철학의 정립이야말로 기업이든, 개인이든 그 어떤 경제주체에게도 가장 절실한 과제라고 볼 수 있을 것이다.

8. 한국 경제학과 경제철학

한국인의 경제학 연구는 중추적으로 한국 경제학의 연구로 직결되어야만 학문적 정체성을 지닌다. 현대경제학은 소위 주류경제학이 중심이 되어 왔다. 고전학파에서 신고전학파를 거쳐 케인즈 경제학파 신자유주의 경제학이 주류를 이루고 있으나 현대경제학은 지극히 추상적이며 기계적인 분석의 틀에 매여 있다는 비판을 면치 못하고 있다. 경제학의 이론적 명료화를 위하여, 과학적 분석도구로서 통계학이나 수학 등의 압축적인 모형이 사용되고 있다. 이러한 분석들이 지나치게 정치(精致)하여 때때로 논리 그 자체의 수수께끼에 얽매인 나머지 정작 우리가 관심은 갖고 있는 경제적 의미나 해석의 문제에 대해서는 핵심을 놓쳐버리는 경우가 허다하다.

경제학이란 현실의 문제는 인간과 물질의 관계를 연구하는 학문이다. 우리가 한국 경제의 문제를 올바르게 이해하기 위해서는 우선 한국적 경제문제와 관련한 한국적 현상을 한국경제학이 올바르게 정립되어야만 가능하다. 물론 그것은 매우 복잡한 문제가 얽혀있다. 우선 우리는 말할 것도 없이 기존의 경제학의 학문체계 속에 정리되어 있는 많은 경제이론을 일반이론의 탐구하는 차원에서 알아야 한다. 주류경제학은 말 그대로 주류이기 때문에 적어도 지금까지의 경제현상을 설명하고 이해하는데는 다른 이론보다 비교적 높은 설득력을 지니고 있다고 볼 수 있다. 그러나 이 외에도 경제학의 역사 속에서 나름대로 가치 있는 이론적 체계를 구축하고 있는 모든 이론에 대해서 우리는 바르게 알아야 한다. 역사학파, 제도학파, 마르크스주의 그리고 경제학에 대하여 새로운 시각을 보여주고 있는 많은 지류경제학에 대해서도 관심을 가져야 한다. 그리고 한국경제의 기본적 배경이 되고 있는 한국의 역사, 한국의 문화, 한국의 정치, 한국의 사회관계 등에 대해서도 깊숙한 이해가 필요하다. 물론 그 많은 사항들을 고려하여 감히 어떻게 경제학이란 학문을 독자성있게 완성할 수 있느냐에 대한 의문을 가질 수도 있다. 그러나 보다시피 경제학 자체로 초기보다는 얼마나 많이 변해왔는가? 한국경제의 분석에도 주류인 신고전파 종합적 분석에다 역사학파, 제도학파 및 마르크스 경제학까지 가세되고 있음을 우리는 볼 수 있다.

한국경제학의 궁극적 목적이 보다 보람있고 행복한 한국인의 삶의 질 보장에 있다면 경제학의 학문적 틀을 얼마든지 다양하게 수용될 수 있어야 한다. 등소평의 얘기처럼 검은 고양이든 흰 고양이든 쥐만 잘 잡을 수만 있다면 어떤 제도이든 우리의 연구의 대상이 될 수 있어야 한다. 문제는 어떤 분석의 틀이 보다 더 한국경제의 현상을 탐구하는 데 합당한가하는 것이다. 이러한 가치론의 뿌리에는 결국 경제철학의 문제가 깊이있게 자리하고 있다.

한국경제학의 탐구는 경제철학의 정립에서부터 출발해야 한다. 경제현상에 대한 깊이있는 인식과 그러한 인식이 바탕이 된 경제학 방법론이 다듬어져야 한다. 한국인은 오랜 세월동안 공동체적 삶에 길들여진 민족이다. 혈연공동체, 생활공동체로서 생산과 소비를 포함한 모든 경제생활에서 공동체적 연대를 중요하게 생각했다.

오늘날 미국식 세계화는 철저한 개인주의, 이익주의, 경쟁주의를 바탕으로 하고 있다. 한국의 가치는 개인보다는 공동체를 개인 경쟁보다는 집단적 경쟁을 추구함으로서 조직체의 유대와 인간적 상호협조와 신뢰를 소중하게 생각하였다. 이것으로서 한국적 자본주의의 바탕은 충분히 갖추어져 있다고 본다. 한국 경제현상을 서구의 그것과 혼합하여 독창적으로 탐구할 수 있는 모형이 만들어져야 한다. 그리고 그 모델이 기존의 경제모형보다 더욱 가치있고 보람있는 삶을 보장해 준다면 그 결과는 금상첨화가 될 것이다.

한국경제학은 한국 경제학파를 탄생시킴으로서 보다 체계적인 연구가 가능한 것이고 한국경제학의 뿌리는 경제철학에 대한 깊이있는 이해의 바탕 위에서 정립되어야 하며 얼마든지 주류 경제학을 능가하는 비교우위의 성과를 얻을 수 있다고 믿는다.

9. 세계화 시대에 한국경제의 과제

1) 세계화 시대의 도래와 글로벌 경제

오늘의 경제상황을 두고 우리는 세계화 시대의 경제 또는 글로벌 경제체제라고 일컫는다. 과거의 경제체제를 국가경제 또는 지역경제

등으로 얘기할 수 있다면 오늘날의 경제는 세계경제 또는 지구촌경제라고 볼 수가 있다. 그렇다면 국내경제 또는 지역경제와 세계경제는 어떻게 다른가? 그것은 곧 경제문제의 해결방식 또는 해결장소가 과거의 국가 또는 지역에서 이제는 세계로 변했다는 것이다. 경제문제의 기본단계인 생산・소비・교역・서비스 등이 국경을 넘어 세계시장을 상대로 이루어지고 있고, 거의 대부분의 경제적 과제가 국경을 넘나들며 시공을 초월하여 이루어지고 있다. 세계 각국들이 WTO(세계무역기구)체제를 합의하고 그 규약에 따른 국제경제 관계를 준수하고 있다. 이로 인해서 세계 모든 나라들의 경제적 과제들이 세계시장을 통해서 해결되고 있는 것이다.

우리나라의 제품과 용역이 세계시장에 마음대로 팔려나가고 미국・일본・EC・중국・러시아 등 각국에서 생산된 상품들이 한국시장에서 판매되고 소비된다. 외국의 기술, 외국의 문화, 외국의 교육, 외국의 돈(자본) 등이 끊임없이 우리나라 각 부문의 필요를 충족시키고 있다.

우리는 지금 매일의 생활을 통해서 외국의 정보에 접하고 있고 세계와 관계를 맺고 있다. TV, 컴퓨터, 신문, 도서책자, 통신 등 수많은 정보매체들을 통해서 외국과 교류하며 개개인의 생활이 세계화의 품속에서 이루어지고 있는 것이다.

자원이 부족하고, 국토가 좁으며, 인구밀도가 높은 우리나라는 이제 수출을 하지 않고는 못사는 나라가 되었다. 과거에는 경제성장의 20~30%에 불과하던 수출이 이제 70%를 육박하고 있다. 수출이 제대로 되지 않으면 한국인은 넉넉하게 살 수 없는 시대가 되었다. 우리는 외국에 물건을 가능한 한 많이 팔아야 하고 그러기 위해서는 또한 외국의 상품들도 어느 정도는 사주어야 한다.

과거에는 수출과 수입에 장벽이 많았다. 흔히들 얘기하는 관세장벽, 비관세장벽과 같은 무역장벽이 그것이다. 과거에는 국제자본의 유입이 자유롭지 못했고, 외국문화 유입 역시 제한이 많았다. 그러나 지금은 모든 것이 거의 완전하게 개방된 사회가 되어가고 있다. 개방된 사회에서 경제, 정치, 문화 모든 것이 자유롭게 서로간에 영향을 주고받으면서 살아가는 이른바 지구촌시대가 된 것이다.

경제가 글로벌화되었다는 것은 사실상 모든 것이 세계화되었다는 것을 의미한다. 외국의 상품, 돈, 기술, 정보 등 모든 것이 국내의 그것과 경쟁하며 또한 외국의 것들끼리도 서로 경쟁하는 복잡한 자유시장 경제체제가 도래한 것이다.

이제 세계는 경제적 국경이 없는 시대가 되었다. 누구든지 자유롭게 스스로의 경제적 이익을 위해서 노력하며 살 수가 있다. 중국의 칭다오(청도)에는 2,000여개의 한국기업이 나가 있고 동아시아, 남미, 유럽, 러시아, 북한 등 많은 나라에 한국의 기업들이 생산활동을 벌리고 있다. 또한 우리나라에도 많은 외국의 기업들이 들어와 있다. 은행, 보험회사, 제조기업, 학교 등등 이루 헤아릴 수 없는 기관과 다국적기업들이 한국에서 한국인을 상대로 돈벌이를 하고 있다.

이러한 시대에 한국인이 살아가기 위해서는 모든 의식을 세계화 시대에 맞추어야 한다. 세계의 수준에 상응하는 기술, 정보, 경제, 정치, 사회, 문화적 능력을 키워가지 않으면 안 된다.

2) 한국경제의 현실과 구조적 특성

세계화 시대란 누구든지 어느 나라이든지 세계시장을 이용해서 돈을 벌고, 경쟁하며 자유롭게 경제활동을 할 수 있는 시대를 말한다. 이는 마치 밀림의 자연상태에서 자유롭게 먹고 먹히는 경쟁질서가 보장되는 사회를 말한다. 즉, 약육강식의 '정글의 논리'가 지배하는 사회를 말한다.

그렇다면 이러한 경제적 현실을 직면하고 있는 한국경제는 어떠한가? 주지하는 바와 같이 우리나라는 1960년대 이후 약 30여년간 빛나는 고도성장을 이룩하였다. 무역액 세계 10위권, 1인당 GNP 29위, 세계 10위권의 경제대국, 올림픽을 개최했던 잠재력 있는 나라, 2002년 월드컵을 개최하는 나라, 세계 1위의 기능올림픽 국가 등등으로 세계에서 인정받는 나라가 되었다. 그러나 우리나라는 1997년 11월 외환결제 자금이 부족하여 IMF로부터 금융지원을 받는 경제위기국이 된 바도 있다.

왜 우리나라는 그렇게 되었는가? 경제구조를 세계화 시대에 맞게 갖추지 못했고 운용하지 못했기 때문이다. 1980년대 중반까지만 하더라도 세계경제의 여건을 우리 나라에게 매우 유리한 상태에서 처해 있었다. 국제교역에 있어서 한국은 아직도 개도국의 본보기로 인정받고 있었다. 1986년부터 국제수지 흑자를 연속적으로 4년간 실현했던 우리나라는 세계가 부러워하는 초고속 성장국이기도 했다. 그러한 호시절에 우리는 세계경제의 파고를 예견하지 못했다.

국내경제의 거품현상은 기술투자와 경쟁력 재고를 외면하고 안이하게 돈벌이하려는 근시안적 경제구조를 만들었다. 정치적 분열, 경제의 비능률, 사회질서의 혼란 등등이 한국적 가치와 혼재되어 한국경제의 전반적인 운용의 틀을 비능률화 시켰다.

IMF경제위기의 가장 중요한 핵심적인 요인은 한국경제의 경쟁력 약화와 경제구조 및 경제운용의 비능률화에 있다. 1990년대 초부터 지속적인 국제수지 적자가 시작되었고 외환은 고갈되기에 이르렀다.

기업의 경쟁력 약화는 생산성을 떨어뜨렸고, 고가품들을 비롯한 외국제품에 대한 수입과 소비는 증대되었다. 개방화 시대를 맞아 해외유학, 해외관광 등 외화유출이 늘어났으며 한국의 각종 시장에서 외국인의 돈벌이가 점점 증가하였다.

이러한 요인으로 인하여 한국의 외환보유액은 급격히 감소되었다. 외환위기 당시 보유외환이 50억 달러도 채 안 되었다는 사실은 한국경제의 외환지불능력이 거의 바닥 상태가 되었음을 의미한다. 이미 수차에 걸쳐서 지적되었다시피 한국의 IMF 경제위기의 요인은 다음 몇 가지로 요약해 볼 수 가 있다.

첫째, 기업의 경쟁력 약화이다. 우리나라 기업은 재벌구조화의 선단식 경영에서 벗어나지 못하고 있었다. 재벌 그룹은 수없이 많은 기업을 거느리면서 우선 쉽게 돈이 벌리는 사업에는 업종을 가리지 않고 뛰어들어 쉽게 돈벌이 하는 방법을 찾았다. 업종의 전문화를 통한 세계경쟁시대를 대비하지 못했던 것이다. 또한 기업은 순수한 경제원리에 상응하는 기업경영 외에 정치논리, 사회논리 등에 매달려 효율성 제고를 외면해왔다. 기업경영의 많은 부문에서 정치적 간섭과 정규업무 이외의 거래관계에 엄청난 낭비가 일반화되었던 것이다. 기업의 R&D 투자가 부족하고, 기업의 경영마인드가 시장화, 전문화되지 못했던 것이다.

둘째, 정경유착의 불공정 경제운용이다. 기업이 정치의 손에 의해 좌우되고 많은 기업자금이 정치자금으로 쓰여졌으며 정치는 정치적 목적성취를 위해서 일일이 기업에 대하여 반대급부를 이행해 왔었다.

셋째, 한국기업의 부실화이다. 한국의 금융기관, 기업 등 경제주체들이 엄청난 부실에 휩싸여 있었다. 유명한 맥킨지 분석에 의하면 1999년을 기준으로 했을 때 우리나라 GDP 84조원 가운데 39%가 투자자산에서 벌어들이는 수익이 부채비중에도 못 미치는 것으로 나타났다. 한 마디로 말하면 손해보는 장사가 40%인 셈이다.

넷째, 한국경제의 거품현상이다. 한국사람들은 허세를 좋아한다는 얘기가 있다. 무조건 큰 것이 제일, 겉으로는 화려한 것 등을 좋아한다는 것이다. 1986년 국제수지 흑자 이후 그와 같은 현상은 두드러졌다. 투자에서 얻는 순수한 가치증식 보다는 돈 놓고 돈 먹는 장사를 좋아한 셈이다. 투기적 거래행위로 인해 물건값이 몇 갑절 오르면 우리나라 화폐소득과 화폐적 자산이 몇갑절이나 커졌다.

실질적 가치의 증식이 없는 경제 각 부문에 외형 부풀리기 현상 때문에 한국경제는 1989년 이후 근 10년간 거품현상에 들떠 있었고 그것이 빠지는 데도 역시 상당한 시간이 소요되었던 것이다.

다섯째, 진정한 구매력을 지닌 '매이드 인 코리아'(made in korea)가 적었다. 우리나라 기업의 상품경쟁력이 경쟁국인 일본, 중국, 대만 등에 비해서 낮다는 것은 이미 오래 전부터 지적되어 온 사항이다. 한국을 대표하는 삼성전자, 포항제철 등과 같은 전문화된 일류기업들이 적기 때문에 세계시장에서 경쟁에 밀리고 있다는 것이다.

이와 같은 한국경제의 구조적 특성이 초국가경쟁력이 요구되는 세계경쟁시장에서 어려움을 겪는 중요한 이유인 것이다.

3) 한국경제의 나아갈 길

(1) 시장경제 질서의 확립

글로벌 경쟁시대란 곧 세계자유시장 경제체제를 말한다. 경제의 국경이 무너지고 세계의 모든 기업이 세계시장을 통해서 경제활동을 할 수 있는 시대를 말한다. 정부의 개입을 축소하고 시장을 통해서 민간의 자율적인 판단에 의해 자원을 배분하고 경제적 부담을 최소화시킬 수 있는 공정하고 효율적인 시장경제질서를 확립시켜야 한다. 독과점 등 불공정 거래행위 근절, 거래적 효율과 복지수준을 높일 수 있는 발달된 시장여건 조성이 필요하다.

모든 경제부문에 적당한 정부의 감독과 개입이 필요하다. 금융시장, 노동시장, 서비스 시장 등등에서도 자유롭고 효율적인 시장기능이 작동할 수 있도록 여건을 조성해야 한다. 공명정대한 능률적인 시장제도의 구축이야 말로 선진경제실현의 핵심적 과제이다.

(2) 지속적인 구조조정과 경쟁의 능률 제고

기업은 새로운 경영환경을 충분히 인식하고 끊임없이 능률적인 구조로 변화되어야 한다. 한국식 문어발형 재벌구조는 해체되어야 한다. 한국의 기업이 세계시장에서 경쟁력을 갖출 수 있는 수준으로 전문경쟁력을 키워야 한다. 그러기 위해서는 각 기업을 우선 최고의 효율성을 보장할 수 있는 경제구조로 갖추어 나가야 한다. 이를테면 삼성전자, 포항제철, 현대자동차, 일부 벤처기업 등등의 단일업종기업으로 세계적 경쟁력을 키워나가야 한다. 금융은 금융전문회사, 정보는 정보전문회사, 기타의 특별서비스는 서비스 전문회사로 초국가적인 경쟁력을 키워나가야 한다. 동시에 비정상적인 쾌락성 유흥 서비스 업종의 비대화는 시급히 개선되어야 한다. 최근 한국의 삼성전자와 현대차그룹의 세계시장에서의 질주는 한국의 모든 분야(정부·기업·민간)가 성실하게 배워야 할 중요 본보기이다.

(3) 정부 및 공공서비스의 공명화

정부, 공무원 등 공공서비스가 정직하고 투명하며 깨끗하여야 한다. 공무원의 의사결정은 무엇보다도 깨끗하여야 한다. 공무원의 의사결정은 무엇보다도 정직하고 부정이 없어야 한다. 행정서비스의 효율화란 곧 부정이 없는 의사결정에 있다. 정치와 공공서비스는 어디까지나 민간의 경제활동을 능률화시키는데 초점을 맞추어야 한다. 선진국일수록 공무원의 부정이 적고, 경제적 사기행위가 없다는 것을 주목해야 한다. 엄격한 부정관리, 공명한 공공서비스야말로 세계화 시대의 경쟁력 제고를 위한 최선의 외부경제(External Economy)이다.

(4) 공동체 생산적 복지경제제도의 구축이다.

경제의 궁극적 목적은 삶의 질이 향상된 복지로운 사회를 만들기 위함에 있다. 한 국가 한 사회가 지속적인 경쟁력을 갖기 위해서는 경제나 경쟁구조를 인간 중심 체제로 만들어 나가야 한다. 단순하게 경쟁을 위한 경쟁, 경제 만능주의에서는 진정한 경쟁력이 장기적으로 보장될 수 없다.

한국인의 문화, 삶의 역사성, 가치의 정체성을 경제구조 속에 뿌리깊이 간직하고 있어야 하며 그것이 경쟁력 제고에 지속적으로 긍정적인 역할을 해야 한다. 그러기 위해서는 경제구조 전체가 인간 중심의 틀 속에서 이루어져야 한다.

그러기 위해서는 첫째, 지속적인 문화개발과 인력개발이 이루어져야 한다. 인간의 지식, 기술, 정보는 모든 생산의 원천이다. 교육과 훈련을 통해 인간성과 능력성을 함께 지닌 유능한 인력을 길러내야 한다.

둘째, 경제관계에서 참여와 협력이 이루어져야 한다. 과거의 전통적 권위주의는 새로운 민주적 협력주의로 바뀌어야 한다. 노·사·정이 각자의 위치에서 상호 협조하고 이해하여 창조적인 지적능력과 인간적인 조화를 발휘할 수 있도록 원만하고 상호인정적인 조직관계를 이끌어 나가야 한다.

셋째, 공동체적 경제환경과 자연환경을 조성해야 한다. 경제성장과 자연환경은 동일한 수준에서 취급되어야 한다. 오늘날 '지속가능한 경제성장'의 개념이 중요하게 인식되고 있다. 경제환경, 자연환경 모두가 인간의 삶에 있어서 매우 중요한 요소이기 때문에 이들은 언제나 적절한 조화의 시각에서 해결되도록 국민적 노력이 필요하다.

다섯째, 경쟁의 패자를 포용하는 생산적 복지사회를 만들어야 한다. 사회는 지속적인 경쟁이 보장되어야 하나, 모든 국민이 자신의 능력과 적성에 따라 적당한 삶의 터전을 누릴 수 있도록 국가는 복지공동체를 만들어 나가야 한다. 각종 사회보장제도, 국민기초생활보장 등을 통해서 즐거운 경쟁사회가 되도록 해야 하며 최소의 근로능력 조화, 생산적 활동에 모범이 될 수 있는 복지공동체를 구축해야 한다.

경제는 특별한 묘술과 재주에 의하여 발전하는 것이 아니라 정직하고 근면한 국민정신에 의하여 번영하기 때문이다.

참고문헌

강태권, 『복지경제정책의 위기국면과 재편전략에 관한 연구』 박사학위 논문, 동아대대학원, 1995. 2.

경제과학심의회, 절대빈곤층에 관한 연구, 1981.

경제기획원, 『한국의 사회지표(해설편)』, 한국개발연구원, 1978.

――――, 『한국의 사회지표』, 1990.

고용보험연구기획단, 『고용보험제도 실시방안연구(종합편)』, 한국노동연구원 1993.

곽효문, 『산업복지론』, 제일법규, 1995.

국민경제연구소, 「나라경제」, 1995. 6.

권순원, "소득분배의 실상과 분배구조의 개선방향", 한국개발연구원, 1990.

――――, 『KDI정책연구 : 신복지구상과 복지정책 개혁방안』, 한국개발연구원, 1995 가을.

――――, 『국민생활수준의 국제비교분석』, 한국개발연구, 1991 가을호, 한국개발연구원.

――――, 『소득 및 부의 공정분배를 위한 정책수단』, 한국개발연구원, 1990.

———, 『소득분배문제의 실상과 분배구조의 개선방향』, 한국개발연구원 1990.
———, 『중장기 사회보장제도의 발전체계와 저소득층 생활향상대책』, 한국개발연구원, 1991. 8.
권순원 외, 『분배불균등의 실태와 주요정책 과제』, 한국개발연구원, 1992.
————, 『저소득층의 생활안정과 자립대책』, 보건사회연구원, 1993.
권영달, 『민주주의론』진명출판사, 1995. 2.
김민정, 『객관적 가계경제복지와 주관적 가계경제복지의 상호관계』, 박사학위논문, 서울대 대학원, 1994.
김상균 외, 『한국형 복지사회의 모색 : 한국형 복지사회의 이상과 현실』, 민족지성통권, 50호 1990. 4.
김상균, 한국복지정책의 당면과제, 1991, 한림대학교 사회복지 세미나 자료.
김상하, 『한국자본주의 : 현상과 과제』, 대한 상공회의소, 1990.
김성구, 경제위기와 신자유주의, 문화과학사, 1998.
김승우 외, 『환경경정체계 구축방안 연구』, 한국기술개발원, 1994.4.
김영모, 『한국사회복지의 제문제』, 한국복지정책연구소, 1986.
김영종, 『복지정책론』, 형설출판사, 1992.
김우택 외, 『시장경제와 한국의 자본주의』, 도서출판 소화, 1995.
김윤환, 『현대자본주의론』, 청사, 1981.
김인영·이승욱 역, 『복지국가의 정치경제학 : Irn Gough, The political economy of the welfare state』, 도서출판 한울, 1994.
김일곤, 『복지국가이야기』, 한국경제신문사, 1994.
김태성·성경륭, 『복지국가론』, 나남 1993.
김한주·황진수 역, 『현대복지국가론』, 고려원, 1993.
김효명, 『경제정책의 이해』 한국경제신문사, 1994.
———, 『현대경제정책』, 박영사, 1995.

김희동, 『프랑스의 사회보장제도』, 서울대학교 출판부, 1980.
나라경제, 1995. 6월호.
대구대학교, 경상논집, 제3장, 1983.
———, 사회복지연구, 제12장, 1984.
D.R. 퍼스펠트, 『경제학사 입문』, 정연주・장상환 공역. 비봉출판사. 1983.
매일경제신문사, 주간매경, 제813호. 1995. 7. 5.
민주식, 『우리나라 빈곤의 원인과 대책』, 한국보건사회연구원, 1993.
보건사회부, 『보건사회백서』, 1991 및 1992.
박세일 외, 『도덕적 감정론』, 비용출판사, 1996.
박천익, "한국형 경제복지모형의 개념적 범주", 포산 배연수 박사 회갑기념 논문집, 1995.12.
———, "구조조정기에 있어서 빈곤정책의 함의", 한국경제연구, 1998.
———, "복지경제학의 비전과 학문적성격", 대구대학교 경상과학연구소 학술세미나 발표논문, 1994. 6.
———, "복지주의 경제사상의 경제학설사적 배경", 경상과학, 대구대학교사회과학연구소, 1996.
———, "세계자본주의와 동아시아 경제위기", 한일경상논집, 17집, 1997.
———, "후생경제학의 연구대상과 방법론적 과제" 청담 이원달 박사 회갑기념 논문집, 1991. 12.
———, "후생평가기준에 관한 연구", 영남대, 박사학위논문, 1985.
———, 『파레토 복지경제학』, 대구대학교 출판부, 1998.
———, 복지주의 경제학의 경제사상적 배경, 사회과학연구, 제3권, 대구대학교 사회과학연구소, 1997.
———, 『시장과 복지』, 홍익출판사, 2000.
변형윤, 『분배적 정의』, 집문당, 1996.
변형윤・이정선, 『분배의 정의』, 집문당, 1994.

변형윤 · 정윤형, 『경제석학의 생애와 사상(下)』, 매일경제신문사, 1984.

서상목 외, 『빈곤의 실태와 영세민대책』, 한국개발연구원, 1981.

성병탁, 『복지의 정치경제학』, 형설출판사, 1995.

———, 『복지주의 경제정책의 목적론적 체계에 관한 연구』, 박사학위 논문, 경희대 대학원, 1982.

송대희, 『복지국가와 재정의 역할』, 송대열 · 권순원(편), 『국가예산과 정책목표』, 한국개발연구원, 1990.

송병락, 『한국 경제론』, 박영사, 1995.

신섭중 역, 『복지국가와 사회정책』, 서울대학교 출판부, 1987.

신용대 외, 『스웨덴 복지국가 모델에 관한 연구』, 산업연구원, 1994. 5.

앤드류 슈무클러, 시장경제의 환상(박성철 역), 매일경제신문사, 1998.

연하청, "21세기 한국의 선택 : 삶의 질 선진화", 대구대 사회개발대학원 세미나 발표자료, 1996. 10.

———, 『국민경제와 복지연금제도』, 한국개발연구원, 1988.

연하청 외, 『국민경제와 복지연금제도』, 한국개발연구원, 1982.

————, 『삶의 질』, 세계화를 위한 국민복지의 기본구상, 국민복지기획원, 1995.

————, 사회보장제도의 정책과제와 발전방향, 한국개발연구원, 1987.7, 1988.

————, 중산층 실태분석과 정책연구, 1991. 1.

유광호, 『복지국가이념의 사상적 근원』, 국경제학회(편), 『경상논총』제 3호, 1985.

윤석범, 『한국경제와 빈곤』, 한국개발연구원 국민경제교육연구소, 1995.

윤영득, 『복지경제학』, 형설출판사 1995.

이계식, 『사회보장 재정지출의 증대와 재원조달정책방향』, 한국개발연구원, 정책연구자료 8801, 1988.

이만우, 공공경제학, 법문사, 1987.

———, 후생경제학, 법문사, 1986.

21세기 경제장기구상위원회, 『21세기 한국경제의 위상』, 한국개발연구원, 1996. 5.

이정우, 『소득분배론』, 비봉출판사, 1991.

이준구, 『소득분배의 이론과 현실』, 다산, 1989.

이현송, 『한국인의 삶의 질 : 인간개발을 중심으로』, 한국보건사회연구원, 1995.

임창호 외, 『도시빈곤층 대책에 관한 연구』, 국토개발연구원, 1989.

장현섭 외, 『가족영역의 삶의 질과 정책과제』, 한국보건사회연구원, 1994.

정구현 외, 『21세기 한국의 사회발전전략 : 성장 · 복지 · 환경의 조화』, 나남출판사, 1994.

정세호, 『후생경제학과 후생정책』, 비봉출판사, 1995.

주명건, 『경제학사』, 박영사, 1993.

주명건 공저, 『경제윤리』, 박영사, 1987.

차동세 편, 『한국경제반세기』, 한국개발연구원, 1995.

창작과 비평사, 『창작과 비평 : 부루스 커밍스, "비교론적 시각에서 본 시민사회와 민주주의』, 1996년 여름호.

토드부크 홀츠, 이승환 역, 죽은 경제학자의 살아있는 아이디어, 김영사, 1997.

한국개발연구원, 『국민생활수준 및 경제의식조사』, 1988.

──────, 사회보장제도의 정책과제와 발전방향, 1987. 7.

한국보건사회연구원, 『사회복지 장기발전계획』, 1992. 4.

──────, 『한국인의 삶의 질의 현황과 국제비교』, 1996.

──────, 『한국적 복지모형의 정립과 정책방향(Ⅰ · Ⅱ)』, 한국보건사회연구원, 1995. 12.

한국사회경제학회편, 『한국경제론강의』, 도서출판 한울, 1995.

한국사회과학연구소편, 『신경제정책과 한국경제의 미래』, 도서출판 녹두, 1993.

한국정치경제학회, 『한국의 산업사회와 정치과정』, 도서출판 신유, 1994.

한림대학교 사회복지연구소, 『비교사회복지 제1집 : 복지국가와 사회복지유형』, 을류출판사, 1991.

Alkinson, A. B. & Stiglitx, J.E. "Lectures on Public Economics," McGraw-Hill. 1980. p. 411.

Anand, Sudhir and Amartya Sen. "Human Development Index : Methodolohgy and Mcasurement," Human Development Report 1993, UNDP, 1993.

Archibald, C. & Donaldson, D. "Non-Paretonalism and Externalities," Canadian Journal of Economics, 9. Agust. 1972. pp. 492~507.

Auerbach, A. J, and Kotlikoff, L. J., Dynamic Fiscal Policy, Cambridge University Press, 1987.

Auerbach, A. J, Kotlikoff, L. J. and J. Skinner, "The Efficiency Gains from Dynamic Tax Reform," International Economic Review, 1983. 2.

Ballard, Charles L. "The Marginal Efficiency Cost of Redistribution," American Economic Review, 1985. 3.

Ballard, Charles L., John B. Shoven, and J. Whalley, "General Equilibrium Computations of the Marginal welfare Cost of Taxes in the United States," American Economic Review, 1985. 3.

Baumol, W. J & Bradford, D. F., "Determental Externalities and Non-convexity of the Production Set," Economics, May. 1972. pp. 160~172.

Baumol, W. J., "On Taxation and the Control of Externalities," AER, June. 1972. Vol. 62. pp. 307~332.

Belmont, California, 1979.

Belmont, and Jess G., Schwarts A Critique of Economics Theory, Penguin Education, 1972.

Bronfenbrenner, M and Y. Yasuba, "Economic Welfare in K. Yasuba and Y. Yasuba(eds.) The political Economy of Japan. Vol. 1, 1987.

Bronwing, Edgar K., "On the Margenal Welfare Cost of Taxation," American Economic Review, 1987. 3.

Browning, Edgar K., William R. John, "The Tradeoff Between Equality and Efficiency," Journal of Political Economy, 1984. 4.

Capitalism and Freedman, 1962.

Carley, M. Social Beasurement and Social Indicators, George Allen and Urwin : London, 1983.

Coase, Ronald H., "The Proble of Social Cost," Journal of Law and Economics, Vol. 3., October, 1960. pp. 1~4.

Diamonol, P. A. & Mirless. J., "Aggregate Production with Consumption Externalities," Quarterly Journal of Economics, February 1973. pp. 1~24.

Dobb, M., Theories of value and Distribution since Adam Smith, Cambridge University Press, 1973.

———, Political Economy and Capitalism. London Routledge and Kegan Paul, LTD, 1937.

Ellwood, David T., Poor Support : Poverty in the American Family, Basic Books, 1988.

Fair Rat C., "The Optimal Distribution of Income." Quarterly Journal of Economics, 85, 1971, pp. 551~579.

Feldman, A., Welfare Economics and Social Choice Theory. Martinus Nijhoff Publishing Boston, 1979.

Feldstein, M. S., "Onthe Optimal Progressivity of the Income Tax." Journal of Public Economics, 2. 1973, pp. 357~376.

————, "Wealth Neutrality and Local Choice in Public Education." American Economic Review, 65. 1975. pp. 75~89.

Filder, F. Wealth and Poverty, Basic Books. 1981.

Galbraith J. K., Rational and Irrational Consumer Preference, Economic Journal, 1938.

Gider, G., Wealth and Poverty, Basic Books, 1981.

Graaff, J, de. V., "Theoretical Welfare Economics", London, Cambredge University Press, 1957.

Handerson A. M., The Pricing of Public Utility Undertakings, Manchester School of Economic and Social Studies, 1947.

Harcourt G. C., Some Cambridge Controversis in the Theory of Capital, Cambridge University Press, 1972.

Harsanyi J. C., "Cardinal Welfare, Individualistic Ethics, and Interpersonal Comparisan of Utility." Journal of Political Economy, 1950.

Hayek F. A., Studies in Philosophy Politics and Economics, London Rautledge & Kegan Paul, 1967.

Hefferman W. J., Introduction to Social Welfare Policy, Peacock Publishers, INC., 1979.

Henderson and Quant, Micro Economic Theory, Third Edition, International Itudents Edition, 1980.

Hicks J. R., "The Foundations of Welfare Economics", Economic Journal, 1939.

————, Value and Capital, The Claredon Press Oxford, 1939.

————, Wealth and Welfare, Blackwell, 1981.

————, "The Rehabilitation of Consumer's Surplus," Review

of Economic studies, 1941.

Higgins, J., The Poverty Business : Britain and America.(신중섭(역), 『영미의 빈곤정책 비교연구』, 대학출판사, 1986.

Hirthur J., Justice and Economic Distribution, 1978.

Hochman, Harold M. and James D. Rodgers, "Pareto Optimal Redistribution," American Economic Review, Vol 59, 1969. 9.

Hutchison T. W., Knowledge and Ignorance in Economics, The University of Chicago Press, 1977.

Hunt E. K., History Economic Thought, Wadsworth Publish Company. Inc

International Management Development, The World Competitive Report, 1996.

International Monetary Fund, International Financial Statistics, 1994.

Jevons W. S., Theory of Political Economy, Prints of Economic Classics, New York, 1965.

Johnson Harry G., The Theory of Income Distribution, Gary-Mills Publishing LTD.

Just R. E., Hueth D. L., Applied Welfare Economics and Policy, Prentice-Hall, USA, 1982.

Kahn R. F., "Some Notes on Ideal Output", Economic Journal, 1935.

Kaldor N., "Welfare Propositions of Economics and Interpersonal Comparisons of Utility", Economic Journal, Sept., 1939.

Kaneco, M. & Nakamura, K., "The Nash Social Welfare Function." Economics, 47, 1971. pp. 423~435.

Kelly W. A., Microeconomics, Prentice-Hall, 1981.

Keynes J.M., General Theory of Employment, Interest and Money, 1936.

Koutsoyiannis A., Modern Microeconomics, 2nd, ed, Macmillan Press, 1979.

Kuznets, S., "Economic Growth and Income Inequality," American Economic Review, Vol. 14, 1995.

Lange O., "The Foundations of Welfare Economics", Econometrica. (1942). pp. 215~228.

Leibenstein, H., "Allocative efficiency vs X-efficiency", American Economic Review, 56(1966), June.

Leijonhufvud A., On Keyenesian Economics & The Economics of Keynes, New York, Oxford University Press, 1968.

Lekachman Robert, A History of Economic Ideas, MacGraw-Hill Book Company, 1959.

Lener A. P., The Concept of Monopoly and Measurement of Monopoly Power, Review of Economic Studies, June, 1932.

――――――, The Economics of Control, 1944.

List F., National System of Political Economy, Prints of Economic Classics, 1885.

Little I. M., Welfare Economics, The Clarendon Press Oxford, 1950.

Majumdar T., The Measurement of Utility, Greenwood Press, 1958.

Malthus T. R., Principles of Political Economy1836, Reprints of Economic Classics, 1978.

Marshall A., Principles of Economics, Macmillan, 1870.

Meade J. E., An Introduction to Economic Analysis and Policy, 1936.

――――――, and Fleming J., (1944) "Price and Output Policy of Sate Enterprise a Symposium." The Economic Journal, 54.

Menger C., Principles of Economics, The Free Press, Glencoe, Illinois, 1950.

Mill J. S., Principles of Political (I · II), University of Toronto University, 1965.

Mirrlees, J. A., "An Exploration in the Theory of Optiumum Income Taxation," Review of Economic Studies, 38. 1971. pp. 175~208.

Mishan E. J., Welfare Economics, London, London School of Economics, 1964.

Mizoguchi T. and N. Tadayama, Equity and Poverty under Rapid Economic Growth : The Japanese Experience, Kinokuniya Co. Ltd, Tokyo, 1984.

Moore W.E., Indicators of Social Change, Russell Sage Foundation, New York, 1968.

Moss M., The Measurement of Economic and Social Performance, New York, 1973.

Munasinghe, Mohan and Wilfrido Cruz, Economywide Policies and the Environment : Lwaaons from Experience, World Bank Environment Paper No. 10, The World Bank, Washington, D.C. 1995.

Musgrave R. A., Public Finance in Theory and Practice. Second Edition, MacGraw-Hill, 1973.

Myint H., Theories of Welfare Economics, Reprints of Economic Classics, 1982.

Nash John F. Jr., "The Bargaining Problem." Econometrica, 18. 1950. pp. 155~162.

Newman P. H. & Gayer A.D., Source Readings in Economic Thought. W.W. Norton & Company, 1976.

Ng. Yew-Kwang, "The Economic Theory of Clubs : Pareto Optimality Conditions." Economics, 40, August. 1973, pp. 291~298.

――――――――, "The Economic Theory of Clubs : Pareto Optimality Conditions." Optimal Tax, 1, Subsidy, Economic, 41. August.

1974. pp. 308~321.

OECD, Urban Environmental Indicators, Paris, 1978.

Partinkin D., Money, Interest and, Prices, Harper & Row Publishers, New York, 1965.

Pearce, D. W. and Warford, J. J., World Without End : Economics, Environment, and Sustainable Development, Washington, D.C : World Bank, and New York : Oxford University Press, 1993.

Pigou A. C., The Economics of Welfare, Macmillan, 1920.

———, The Economics of Welfare. 1992.

Porter T., Wealth How to Achieve it, Reston Publishing Company INC, 1979.

Quirk and Saponik, Introduction to General Equilibrium Theory and Welfare Economics, 1979.

Radomysler A., "Welfare Economics and Economic Policy, Economica," 1946. N.S.13, 190-204.

Raws J., A Theory of Justice, Harvard University, 1971.

———, Distributive Justice, Blackwell.

———, "Reply to Alexander and Musgrave." Quarterly Journal of Economics, 87. 1973, pp. 633~655.

———, "Concepts of Distributional Equity : Some Reasons for the Maximin Criter," American Economic Review, 64, 1974.

Reder T., Theory of General Economic Equilibrium, Academic Press, New York, 1972.

Ricardo D., Principles of Political Economy, Cambridge University Press.

Robbbins L., An Essay on the Nature and Significance of Economic Science, 2nd ed. 1937.

Robinson J., Contributions to Modern Economics Blackwall, Oxford, 1979.

―――――, The Accumulation of Capital, Second Edition, Macmillan, 1966.

―――――, Economics of Imperfect Competition, Macmillan, 1969.

―――――, The Economics of Imperfect Competition, Second Edition, Macmillan, 1969.

―――――, "Interpersonal Comparisons of Utility, Economic Journal," Dec., 1938.

Rohert Lekaman, A History of Economic Ideas, Mc Graw-Hill Book Coupany, 1975.

Samuelson P. A., "The Evaluation of Real National Income," The Oxford Economic Papers, M.S., 1950.

―――――, Foundation of Economic Analysis, Havard University Press, 1948.

―――――, Faundations of Economic Analysis, Harvad University Press. 1997.

Schall, L. D., "Interdependent Utilities and Pareto Optimality" Quaterly Journal of Economics, 86, Feberuary, 1972. pp. 19~24.

Schumpeter J. A., History of Economics Analysis. Sondon, George Allen & Unwin, 1954.

Scitovsky T., "A note on Welfare Propositions in Economics," The Review of Economic Studies.

―――――, "Two Concepts of External Economics," Journal of Political Economy, 1954.

Seneca J., Environmental Economics, Prentice Hall, 1974.

Smith A., An Inquirly into the Nature and Causes of Wealth of Nutious, 제1판, 1776, 제5판, 1789.

———, Theory of Moral Sentiments, Edited, by D.D. Raphael and A.S. Macfie, Calarendon Press, Oxford, 1974.

———, An Inquiry into The Nature and Causes of The Wealth of Nations. The Modern Library, 1937.

Solow, R., "On the Intergenerational Allocation of Natural Resources," Scandinavian Journal of Economics, Vol. 88, No 1. 1986.

Sowell T., Classical Economics Re-Considered, Prinston University Press, 1974.

Spiegel, H. W., the Growth of Economic Thought, 1983.

Sraffa P., Production of Commodities by Means of Commodities, Cambridge University Press, 1960.

Starrett, D., "Fundamental Nonconvexities in the Theory of Externalities," Journal of Economic Theory, 1972. pp. 180 ~ 199.

Stern N. B., "On the Specification of Model of Optimum Income Taxation." Jouranl of Public Economics, 6, 1976. pp. 123~162.

Stuart, Charles, "Welfare Cost per Dollar of Additional Tax Revenue in the united states, " American Economic, Vol. 85. 1971

———, "Welfare Cost per Dollar of Additional Tax Revenue in the United States," American Economic Review, June, 1984.

Sugdon R., The Political Economic of Public Choice, Martin Robertson, Oxford, 1981.

Theil H., Microeconomics, The University of Chicago Press, 1979.

Thurow, Lester C., "The Income Distribution as a Pure Public Good," The Quarterly Journal of Economics, Vol. 85. 1971.

UNDP, Human Development Report, 1991～1995.

UNESCO, Cultural Statistics and Cultural Development, 1982.

Usher D., The Measurement of Economic Growh, Basil Blackwell, Oxford, 1980.

Van Praag, B. M. S., "The Relativety of The Welfare Concepts," in Martha Nussbaum and Amartya Sen ed., The Quality of Life, Clarendon Press. Oxford, 1993.

Walras S., Elements of Pure Economics, Prentice-Hall, 1978.

Williamson, J.G. and P. H. Lindert, American Inequality, Academic Press, 1980.

Witer, S. G., "Simple remarks on the Second Oprimality theorem of welfare Economic Theory," June. 1969, pp. 99~103.

Yeon, Hacheong, Social Development in the Republic of Korea : Considerations of Equity versus Efficiency Issue in Policy-Making, Korea Development Institute, 1989.

——, Hacheong, et al. Social Development in Korea : an overview, Korea Institute for Health and Social Affairs, 1995.

Yohe W. G., Microeconomic Analysis, W.W. Norton & Company Inc, 1979.

찾아보기

ㅂ

ㅇ

ㅈ

ㅌ

ㅍ

ㅎ

□ 저자 주요약력

대구대학교 경제학과 졸업
영남대학교 대학원 경제학과 석·박사과정 졸업(경제학 박사)
미국 University of California at Berkeley 연구교수(국비파견)
일본 일한문화교류기금 초빙교수
경상북도 교원연수원 강사
경상북도 금고심의위원
대구시 및 경상북도 지방공무원시험출제위원(경제학, 재정학)
국회 사회안전망포럼 자문위원
한국대학교육협의회 대학종합평가 위원
한국경제학회 국제학술대회 준비위원
한국경제연구학회 이사 및 감사
한일경상학회 부학회장
영상아카데미 부회장
한국복지경제연구회 회장
대구대학교 교무처장
현재, 대구대학교 평의원회 의장
　　　대구대학교 경제학과 교수

〈저서 및 논문〉

『구조조정기에 있어서 실업대책과 사회안전망 구축』, 집문당, 2003
『경제철학과 사상』, 유풍출판사, 2002
『시장과 복지』, 홍익출판사, 2000
『파레토 복지경제학』, 대구대학교 출판부, 1998
『경제논리와 한국경제의 이해』, 백천출판사, 1994
『경제현실과 정책의 이해』, 대구대학교 출판부, 1992
"세계자본주의와 동아시아경제위기" 한일경상논문 17집, 한일경상학회, 1999
"구조조정기에 있어서 빈곤정책의 함의" 한국경제연구 1집, 한국경제연구학회, 1998
"Restructuring of Korean Economy and Poverty-Reduction Policy" KOREAN STUDIES, Central Asian Association for Korean studies Volume 1, Number 2, 2001.
"Market Economy and Productive Welfare" 일한문화연구 4집, 2004 외 다수

저자와의
협의하에
인지생략

경제사상의 이해

2014년 5월 10일 1판 1쇄 인쇄
2014년 5월 20일 1판 1쇄 발행

저 자 박 천 익
발행인 김 광 식
조 판 아 람 기 획

121-856
발행처 서울특별시 마포구 토정로 222 B동 208호
도서출판 탑 북 스
등 록 2009.12.21 제 2013-000101 호
전 화 02)365-2223 팩스 02)365-2224

정가 19,000 원
ISBN 979-11-85647-06-7-93320